Lewis D. Solomon
Das kabbalistische Totenbuch

Lewis D. Solomon

DAS KABBALISTISCHE TOTENBUCH

Aus dem Englischen von Astrid Ogbeiwi

1. Auflage 2012
© der deutschen Ausgabe:
Crotona Verlag GmbH & Co.KG
Kammer 11 • D-83123 Amerang
www.crotona.de

Amerikanischer Originaltitel:
The Jewish Book of Living and Dying

First published in the United States
by Jason Aronson, Inc. Lanham, Maryland, USA.
Reprinted by permission. All rights reserved.

Umschlaggestaltung: Annette Wagner
unter Verwendung von 9817996 © Alexey Zaitsev – 123rf.com

Druck: C.H. Beck Nördlingen
ISBN 978-3-86191-031-2

INHALT

♦

Im Gedenken
an meine Mutter
sowie an unsere Gespräche
über Kanarienvögel und das Leben nach dem Tod.

♦

DANKSAGUNG

Zwei Menschen schulde ich tiefsten Dank: Erstens meinem Mentor Rabbi Dr. Joseph H. Gelberman, der mich in die Ideenwelt des Spirituellen Judentums eingeführt hat, und zweitens Dr. Simcha Paull Raphael und seinem Werk *Jewish Views of the Afterlife*, das mit seiner beeindruckenden wissenschaftlichen Brillanz ein Quell kreativer Inspiration für mich war. Alle Leserinnen und Leser meines Buches sollten auch Dr. Raphaels Werk lesen; denn sie werden darin eine detaillierte Darstellung jüdischer Schriften und Erzählungen finden.

Viele Menschen, darunter Robert M. Hausman, Laurence E. Mitchell, Simcha Paull Raphael und Robert E. Sheperd, gaben mir hilfreiche Anregungen, als mein Manuskript seiner Vollendung entgegenreifte. Danken möchte ich auch den Teilnehmerinnen und Teilnehmern an meinem Kurs *Das Leben nach dem Tod aus jüdischer Sicht* am Jewish Study Center in Washington D. C. Ich habe sehr viel von ihnen gelernt.

John Miller und Erica M. Ostlie, Auskunftsbibliothekar bzw. Fernleihe-Koordinatorin an der Jacob-Burns-Bibliothek der Juristischen Fakultät der George Washington University, haben mich bei der Suche nach schwer auffindbaren Materialien mit ihrem unfehlbaren Gespür unterstützt. Mein Sekretär Dale T. Wise jun. hat das Manuskript mit der ihm eigenen großen Sorgfalt abgetippt.

Zu guter Letzt wurde ich bei den Vorbereitungen zu diesem Buch und in meinem Vorhaben, auf der Grundlage jüdischer Quellen eine universell anwendbare Vorstellung vom Jenseits zu entwerfen, sehr ermutigt durch Max I. Dimont und seine Worte in *Jews, God and History*:

Im Laufe der Jahrhunderte hat die Trinität aus Jehova, Thora und Propheten zufällig oder gezielt zwei Gesetzeskomplexe hervorgebracht, den einen zum Erhalt der Juden als Juden und den anderen zum Erhalt der Menschheit. In den ersten zweitausend Jahren ihrer Geschichte nutzten die Juden jenes Drittel der Thora …, in dem es um Priesterschaft und Opfergaben geht, um sich in einer Welt heidnischer Kulturen als jüdische Entität zu behaupten. In den zweiten zweitausend Jahren ihres Bestehens verwendeten sie jenes Drittel der Thora und des Talmud, welches sich mit Ritualen und Ernährungsvorschriften befasst, um ihre ethnische Einheit auch in einer Zeit zu bewahren, in der sie die universellen Aspekte des jüdischen Humanismus in der ganzen Welt verbreitet haben. Nun sind von der Thora und dem Talmud nur noch die universellen Inhalte übrig – jenes Drittel, in dem es um Moral, Gerechtigkeit und Ethik geht. Deutet dieser Verlauf der Geschichte darauf hin, dass das Judentum nun bereit ist, seinen Glauben einer Welt zu verkünden, die in der Lage ist, seine prophetische Botschaft anzunehmen? Wird dies die Bestimmung der Juden im dritten Akt sein?[1]

---

1   Max I. Dimont, *Jews, God and History*, durchgesehene und aktualisierte Auflage, Signet, New York 1994.

VORWORT

Eine Geschichte über den chassidischen Meister Rabbi Simcha Bunam von Pžysha erzählt von den letzten Augenblicken seines Lebens. Als er auf dem Sterbebett lag, übermannte der Kummer seine Frau, und sie brach in Tränen aus. Ruhig und gefasst sah der sterbende Rebe sie an und fragte liebevoll: „Warum weinst du? Mein ganzes Leben war doch nur dazu da, dass ich Sterben lerne." Kaum waren ihm diese Worte über die Lippen gekommen, verschied er friedlich. Er hatte sein Schicksal als endlicher Mensch voll und ganz angenommen.

Immer wenn ich an diese Szene auf dem Sterbebett denke, frage ich mich, was es wohl bedeutet, sein ganzes Leben lang *Sterben zu lernen*. Schließlich ist das nicht unbedingt eine geläufige Vorstellung. Das Judentum gilt üblicherweise als eine lebensbejahende Religion. Schon sehr früh wird Kindern beigebracht, die Feiertage und heiligen Augenblicke im jüdischen Jahreslauf einzuhalten. Jugendliche werden durch die Vorbereitungen auf Bar und Bat Mitzwa ins jüdische Religionsleben eingeführt, und Familien sind gehalten, aktiv in der jüdischen Gemeinde mitzuwirken. Selbst ältere Menschen erhalten inspirierenden Rat, wie sie länger leben und das Leben genießen können. Die Folge ist ein stillschweigendes Verleugnen der Ängste und Befürchtungen, die wir im Zusammenhang mit dem Sterben haben. Um die Wahrheit zu sagen, abgesehen von Jiskor, der Seelenfeier zum Totengedenken, ist der Tod im jüdischen Leben kein großes Gesprächsthema.

Als eine Gesellschaft, die stolz ist auf ihr Leben und ihre Lebensführung, tun wir im Grunde alles, um das Thema Tod zu meiden. Und doch: Sterben müssen wir! Diese Realität gehört nun einmal zur Natur des menschlichen Lebens.

Wie also können wir lernen zu sterben, oder besser noch, jeden Augenblick im Bewusstsein unserer Sterblichkeit zu leben, damit wir bereit sind, dem Tod gegenüberzutreten, sobald er am Horizont unseres Lebens aufscheint? Wer werden die Lehrer und Führer sein, von denen wir lernen, dem Tod mit Weisheit und Würde zu begegnen?

Diese Aufgabe hat Rabbi Lewis Solomon übernommen, als er *Das kabbalistische Totenbuch* schrieb. Solomon führt die wissenschaftliche Forschung mit seinen eigenen Erfahrungen in Pastoral und Lehre zusammen und nimmt seine Leserinnen und Leser mit auf eine Entdeckungsreise zu der unendlichen Weisheit, die das Judentum zu den Themen Tod, Sterben und Seelenweg im Jenseits anzubieten hat. Rabbi Solomon verbindet mythische und mystische jüdische Schriften mit modernen psychologischen Erkenntnissen und vermittelt uns so eine einfache, doch zutiefst bedeutende Botschaft: Der Tod ist nicht das Ende des menschlichen Lebens, sondern nur ein Übergang in eine andere Bewusstseinswelt. Wir erfahren mehr über kaum bekannte jüdische Lehren über das Leben nach dem Tod und können dadurch besser vorbereitet in die Begegnung mit Sterben, Tod und Trauer gehen.

Zwar sprechen viele jüdische Lehrer, Schriften und Überlieferungen vom Überleben einer ewigen Seele, doch detaillierte Informationen darüber, was genau nach dem Tod mit dem menschlichen Bewusstsein geschieht, sind oft nur schwer aufzutreiben. In der Regel entdeckt man leichter, was der Tibetische Buddhismus, die amerikanischen Ureinwohner oder die Römisch-Katholische Kirche über das Leben nach dem Tod lehren, als was das Judentum zu diesem Thema zu sagen hat. Doch in Rabbi Solomons *kabbalistischem Totenbuch* finden Sie eine gut lesbare und übersichtliche Karte für den Weg der Seele im Jenseits. Diese Karte fußt auf jener uralten jüdischen Weisheit, die auch in unserem modernen Leben Bestand hat und praktisch anwendbar ist.

Der Tod, so stellt Rabbi Solomon fest, ist kein schmerzhafter Augenblick, sondern eher so, als „zöge man einen Faden aus der Milch". Die Seele lässt den physischen Körper hinter sich und betritt eine übernatürliche Welt – jenseits aller üblichen Einschränkungen durch Zeit, Raum und Geographie – in der sich das Bewusstsein auf völlig neue Wege begibt. Der Jenseits-Begriff der jüdischen Mystik ist am ehesten als vielstufige Bewusstseinsreise zu verstehen. Zunächst treten verschiedene Visionen auf – strahlendes Licht, Engelwesen, liebe Freunde und Angehörige sowie eine umfassende Schau des eigenen Lebens. Dynamisch und in steter Veränderung begriffen, führt diese nachtodliche Reise das entkörperlichte Wesen durch den Prozess der Ablösung vom physischen Körper in einen Reinigungszustand hinein, in dem ungelöste emotionale Überreste des Lebens entfernt werden. Darauf folgt eine Zeit intellektueller Versenkung in himmlische Glückseligkeit und schließlich die spirituelle Vereinigung mit dem Göttlichen oder die Vorbereitung auf die Wiederverkörperung, die Reinkarnation.

Die meisten Juden wissen ebenso wenig wie die meisten Nicht-Juden, dass das Judentum über ein sehr differenziertes, multidimensionales Modell für das Leben nach dem Tod verfügt. Diese Kartographie der jenseitigen Welt bereits lange vor dem Tod zu kennen, hilft uns, effektiver mit Tod, Sterben und Verlust – und letzten Endes natürlich auch mit dem Leben – umzugehen.

Als praktischer Ratgeber zum Thema Tod bietet *Das kabbalistische Totenbuch* nicht nur ein Modell des Jenseits, sondern auch konkrete Hilfen für Sterbende und Trauernde. Im Angesicht einer unheilbaren Krankheit und des bevorstehenden Todes fühlen sich die Betroffenen oft alleingelassen und haben Angst. Angehörige kommen sich hilflos und ohnmächtig vor, erst recht in einer erdrückend technisierten Umgebung. Lewis Solomon wendet jüdische Jenseits-Lehren auf die heutige Lebenswirklichkeit an und erschafft damit wirksame jüdische Instrumente, die den Menschen helfen können, bewusst zu sterben: Meditationen für den eigentlichen Moment des Todes und als Hilfe für die Seele auf ihrem Weg im Jenseits.

Ähnliches gilt für die Hinterbliebenen: Auch Sie werden in diesem Buch großen Trost für ihr wundes Herz finden. Der Verlust eines geliebten Menschen, sei er Elternteil, Ehepartner, Kind oder Freundin bzw. Freund, kann eine zutiefst einsame und schmerzhafte Erfahrung sein. Mit dem Tod erscheint die Beziehung auf drastische Weise durchtrennt. Doch dieses Buch betrachtet die uralte jüdische Ansicht, wonach selbst nach dem Tod der Verbindungsfaden zwischen der Welt der Lebenden und der Welt der Toten fortbesteht, als Tatsache. Basierend auf seinem Verständnis klassischer jüdischer Trauerrituale, stellt Rabbi Solomon besondere Meditationen und andere Übungen vor, mit denen Trauernde den Heilungsprozess mit Verstorbenen fortsetzen und ihren Kummer lindern können.

Es ist wahr, der Tod ist eine Realität des Lebens, die oft einen tiefen Verlustschmerz und den Verzicht auf liebevolle Verbundenheit mit sich bringt. Doch das Band zwischen Menschen überdauert die physische Sterblichkeit. Wenn wir mehr über jüdische Spiritualität erfahren, können wir lernen, in unser Leben ein wachsendes Bewusstsein für jene göttliche Welt jenseits der unseren einfließen zu lassen, in der unsere Lieben sind. Wenn wir Herz und Geist den unsichtbaren jenseitigen Reichen öffnen, dann können wir der Trauer einen Sinn geben, ein wundes Herz heilen und der Seele den Blick für die tieferen Geheimnisse von Leben und Tod erschließen.

Das *kabbalistische Totenbuch* ist ein wunderbarer Beitrag zur wachsenden jüdischen Literatur über Tod und Sterben. Es ist ein dringend notwendiger moderner jüdischer Ratgeber rund um das Thema Tod. Im Ringen mit der Begegnung des Menschen mit dem Tod muss jeder seinen eigenen Weg gehen. Kosten Sie dabei die Weisheit aus, die dieses Buch Ihnen für ein bewusstes spirituelles Leben schenkt.

Dr. Simcha Paull Raphael
Philadelphia, Pennsylvania, USA.

Kapitel Eins

EINFÜHRUNG

Wir werden alle sterben. Der Tod ist für uns das letzte und schrecklichste Geheimnis. In diesem Buch versuche ich, mich mit eben diesem Geheimnis auseinanderzusetzen, das eines Tages für uns alle gelüftet wird – endgültig. Aus dem jüdischen Glauben schöpfend, vertrete ich die Auffassung, dass der Tod für unsere unsterbliche Seele nicht das Ende des Lebens ist.

Wenn wir todkrank sind, packt uns die Angst. Wir fürchten uns vor dem Schmerz, sowohl beim Sterbeprozess als auch im Moment des Todes, und vor dem nachtodlichen Unbekannten. Außerdem haben wir Angst vor unserer eigenen Bedeutungslosigkeit.

Wenn wir den Tod eines lieben Angehörigen erleben, dann versinken wir in einer Trauer, die nahezu unvorstellbar und unaussprechlich ist. Doch die Begegnung mit Verlust und Leid gehört auf dieser Welt zum Menschsein unmittelbar dazu.

In unserem tiefen Kummer vermögen wir uns kaum vorzustellen, dass wir jemals wieder Freude am Leben empfinden könnten. Wir fragen: Warum ich? Wie konnte Gott so etwas zulassen? Es ist schwer, jetzt einen Sinn oder eine Aufgabe im Leben zu erkennen. Im Angesicht des Todes, sei es unser eigener oder der eines lieben Menschen, zerbricht oft unser Glaube an das Leben oder an Gott. Doch in allem liegt ein Sinn.

Dieses Buch möchte Ihnen helfen, auch mitten in Ihrem Schmerz, Ihrer

Angst, Ihrer Trauer und Ihrem Verlust über den Sinn von Tod und Sterben nachzudenken. Es präsentiert die Vorstellung vom Leben nach dem Tod aus der Sicht des Judentums, einer der großen Weltreligionen.

Auch wenn Worte in Zeiten emotionaler Verletztheit den Schmerz kaum zu lindern vermögen, hoffe ich doch, dass ich ein gewisses Maß an Trost spenden kann: Denjenigen, die von einer tödlichen Krankheit betroffen sind; Gesunden, die sich mit dem bevorstehenden Tod eines geliebten Menschen auseinandersetzen müssen; und den Hinterbliebenen, gleich ob jung oder alt, die über den Tod eines Angehörigen oder guten Freundes trauern. Dieses Buch wendet sich auch an Menschen, die mehr über die spirituellen Lehren der verschiedenen Religionen, in diesem Fall des Judentums, erfahren möchten, um im Rahmen ihrer Lebensauffassung ein sinnvolleres Verständnis des Todes zu entwickeln. Daher können also alle spirituell Suchenden, unabhängig von ihrer spirituellen oder religiösen Richtung, die jüdische Jenseitsvorstellung nutzen, um besser mit ihrem Leid zurechtzukommen.

Ich bitte Sie nur um die Bereitschaft, den tröstlichen Glauben, dass es ein Leben nach dem Tod gibt, zumindest anzuhören oder vielleicht sogar anzunehmen. Die jüdischen Jenseitslehren mögen Ihnen dabei helfen, ein individuelles Glaubenssystem aufzubauen, das Ihnen die Akzeptanz des Todes leichter macht – Ihres eigenen oder eines geliebten Menschen.

Denken Sie einmal darüber nach, wie es wäre, wenn man uns als Kindern beigebracht hätte, dass es auch nach dem Tod möglich ist, mit denjenigen in Verbindung zu bleiben, die diese Welt verlassen haben. Stellen Sie sich vor, wie anders wir wohl über das Leben und den Tod dächten, wenn wir gelernt hätten, uns auf jene unsichtbaren Welten jenseits der physischen, die wir Leben nennen, einzustimmen.

Malen Sie sich aus, wie es wäre, wenn die Menschen offen darüber sprächen, wie sie diese Verbindung zwischen der Welt der Lebenden und den jenseitigen Reichen der Verstorbenen empfinden. Stellen Sie sich vor, wie es wäre, in einer Gesellschaft zu leben, in der der Glaube an ein Leben nach dem Tod und Erfahrungen damit ganz normal sind.

Zu Beginn des 21. Jahrhunderts, so glaube ich, sind wir dabei, eine solche Welt zu erschaffen, in der das jenseitige Leben als organischer Bestandteil im Kreislauf des Lebens begriffen wird: Leben, Tod, jenseitiges Leben und Wiedergeburt. Der Kreislauf des Lebens, niemals endend und sich stets verändernd: Leben, Tod, jenseitiges Leben und Wiedergeburt.

Wir sind auf unterschiedlichste Weise mit unseren Lieben vereint, sogar nach dem Tod. Die Auffassung, dass es ein Bewusstsein gibt, das den Menschen nach dem Tod erfahrbar ist, erscheint unserem westlichen rationalistischen Denken fremd. Doch der jüdische Glaube, der diesem Buch zugrunde liegt, lehrt seit Langem, dass der Tod des Körpers nicht das Ende unserer Existenz ist.

Die Grundaussage dieses Buches ist recht schlicht. Zu allen Zeiten hatten die jüdischen Weisen viel über das Weiterleben nach dem körperlichen Tod zu sagen. Der jüdische Glaube lehrt, dass der Tod die Existenz der Seele nicht beendet. Das Leben – unsere Essenz, unser Geist – überlebt das Hinscheiden des Fleisches. Der Tod stellt einen Übergang von einem Bewusstseinszustand zu einer anderen Bewusstseinsebene – zu einem entkörperlichten spirituellen Bewusstsein – dar.[2] Nach dem körperlichen Tod betritt die menschliche Seele verschiedene nicht-materielle Welten. Dort durchläuft sie eine Reihe transformierender Erfahrungen, durch die sie gereinigt werden soll und die zugleich der Festigung der Lektionen aus dem eben beendeten Leben dienen. Das Leben nach dem Tod stellt also einen Entwicklungsweg des Bewusstseins dar. Dieser besteht aus verschiedenen Lernstufen und bewirkt, dass die Erlebnisse des Verstorbenen aus seinem unmittelbar vorangegangenen Leben integriert werden. Die Kenntnis der besonderen Dynamik dieses Weges kann Ihnen helfen, die rätselhaften Geheimnisse um Leben, Tod und Jenseits besser zu verstehen.

In dieser Phase nach dem Tod und vor der Wiedergeburt in einem neuen physischen Körper wird die Seele der Verstorbenen veredelt und transfor-

---

2   Jeffrey Mishlove bietet in seinem 1993 bei Oak Council Books erschienen (und nicht ins Deutsche übersetzten, d. Ü.) Werk *The Roots of Consciousness: The Classic Encyclopedia of Consciousness Studies Revised and Expanded* einen ausgezeichneten Überblick über die Bewusstseinsforschung. Das Buch ist eine Einführung in historische und moderne Bewusstseinsstudien auf der ganzen Welt.

miert. Schließlich werden fast alle Seelen wiedergeboren. Daher ist die Vorstellung von der Wiedergeburt also universell auf nahezu jeden Menschen anwendbar.

Kurzum, die jüdischen Lehren vom Leben nach dem Tod enthalten eine dauerhafte Botschaft der Hoffnung, nicht der Verzweiflung. Wir, die Lebenden, sollten den Tod nicht fürchten. Der Tod stellt vielmehr ein Erhobenwerden auf eine andere und höhere Lebensebene dar, die nicht mit den Leiden des physischen Körpers verbunden ist. Der Tod bietet uns die Möglichkeit, in eine Welt aufzusteigen, die frei ist von allem, was uns auf der Erde behindert. Wenn wir weniger Angst vor dem Tod haben, so schwer uns das fallen mag, dann werden wir mitten im Leben neu in die Freude und Fülle des Lebens hineingeboren.

Betrachtet man die jüdische Weisheit über den Tod und das Leben danach, so versichert uns das Judentum, dass zwischen unserer Welt und der Welt der Toten ein Fenster liegt – und keine Mauer. Wenn Sie aus dem Erbe der jüdischen Jenseitslehren schöpfen, werden Sie allmählich erkennen, dass es zwischen unserer Welt der Lebenden und der Welt der Toten ein hauchdünnes, aber wahrnehmbares Kommunikationsfenster gibt. Die Lebenden und die Verstorbenen können miteinander verbunden bleiben und sind dies tatsächlich auch oft. Wird dieser Gesichtspunkt in die moderne jüdische Lehre wieder eingebunden, so vermittelt er die notwendige Weisheit für ein spirituell begründetes Modell von Sterben und Trauer, wie wir es für die Lebenswirklichkeit im 21. Jahrhundert brauchen.

Jüdische Glaubensquellen
über das Leben nach dem Tod

Bevor wir nun unsere Rundreise auf dem Weg der Seele im Jenseits beginnen, müssen wir uns vergegenwärtigen, dass der jüdische Glaube seine Auffassung vom Weiterleben der Seele nach dem Tod aus vier Quellen schöpft:

1.   Biblische
2.   Rabbinische
3.   Mittelalterliche
4.   Mystische Quellen[3]

Biblische Quellen

Zu den biblischen Schriften gehören die fünf Bücher Mose (Genesis, Exodus, Leviticus, Numeri und Deuteronomium) sowie die Propheten und verschiedene andere Schriften, wie etwa die Psalmen und die Sprüche Salomos. Diese biblischen Schriften wurden hauptsächlich zwischen dem 10. und dem 5. Jahrhundert vor unserer Zeitrechnung verfasst.

Rabbinische Quellen

Das rabbinische Judentum entstand mit der Zerstörung des Zweiten Tempels in Jerusalem vor etwa eintausendneunhundert Jahren. Im Laufe der darauffolgenden fünfhundert bis neunhundert Jahre unserer Zeitrechnung, bis hinein ins europäische Mittelalter, entstand eine umfangreiche Literatursammlung, die sozusagen das schöpferische Ferment der Rabbinen widerspiegelt. Die rabbinische Literatur besteht aus zwei Teilen: Der erste ist der Talmud; er ist hauptsächlich ein rechtlicher Diskurs über alle Aspekte des jüdischen Lebens, enthält aber auch Material, in dem es nicht um die Einhaltung der Gebote und Gesetze, sondern unter anderem um Jenseitslehren geht. Der zweite ist der Midrasch – Deutungen verschiedener biblischer Abschnitte in Allegorien, Parabeln, Analogien und Geschichten, die den Sinn der Bibelverse veranschaulichen sollen.

Im Einklang mit der Überlieferung durch die biblischen Propheten ver-

---

3   Bezüglich des Hintergrundwissens zum rabbinischen, mittelalterlichen und mystischen Judentum stütze ich mich auf Robert M. Seltzers 1980 bei Macmillan erschienenes Werk *Jewish People, Jewish Thought: The Jewish Experience in History* und dort auf die Seiten 243-314 bzw. 373-450 sowie auf Edward Hoffman, *The Way of Splendor: Jewish Mysticism and Modern Psychology*, erschienen 1992 bei Jason Aronson. S. 7-40.

traten die Rabbinen übereinstimmend die Auffassung, dass am Ende eine neue göttliche Weltordnung, ein geschichtsübergreifendes irdisches Reich des Weltfriedens, der sozialen Gerechtigkeit und der Einheit aller Menschen an die Stelle der existierenden soziopolitischen Welt treten wird. In den Lehren der Rabbinen ging es hauptsächlich darum, wie man in der Gemeinschaft der Menschen leben soll, und nicht um eine Deutung der Geheimnisse des Kosmos.

Zweitausend Jahre lang vertrat die rabbinische Überlieferung allerdings eine ethische Haltung von Lohn und Strafe. Das göttliche Gericht nach dem Tod brachte demnach Belohnung oder Bestrafung mit sich, je nach den Werken, Worten und Gedanken des betreffenden Menschen, insbesondere im Hinblick auf die Einhaltung einer ganzen Ansammlung jüdischer Gesetze und Rituale. Rechtes Verhalten wurde mit einem glückseligen Leben im Jenseits belohnt, sozusagen mit einer herrlichen Suite mit Meerblick auf einem Kreuzfahrtschiff. Alle diejenigen jedoch, die auf Kosten anderer auf materiellen Profit aus waren, müssen in der Hitze des Maschinenraums schmoren.

Mittelalterliche Quellen

Der mittelalterliche Blick auf das Jenseits zeigt sich hauptsächlich in zwei Quellen: In der mittelalterlichen Literatur (einschließlich des die Bibel auslegenden Midrasch) und in philosophischen Schriften. Die mittelalterlichen Legenden, die im 10. bis 14. Jahrhundert unserer Zeitrechnung entstanden, behandeln ein breites Spektrum jüdischer Themen, darunter auch das Leben nach dem Tod. Diese visionären, fantasievollen Werke, die man mit der *Göttlichen Komödie*, Dantes epischem Gedicht über Himmel und Hölle, vergleichen könnte, zeichnen die Erfahrungen nach dem Tod anschaulich nach, angefangen vom Grabesschmerz, über die Qualen des Fegefeuers bis zur Glückseligkeit im Paradies.

Neben dem Midrasch entstand in der Zeit zwischen 900 und 1300 u. Z. auch eine Fülle mittelalterlicher jüdischer philosophischer Schriften, in denen sich rabbinisches Judentum und Philosophie, insbesondere das griechische philosophische Denken und dessen Glaube an eine spirituelle Unsterblichkeit, miteinander verbanden. Diese Schriften enthalten Lehren über das Wesen der unsterblichen Seele und ihren Weg im Jenseits. Seit diesen Werken der mittelalterlichen jüdischen Philosophen wird dem Schicksal der Seele in den nachtodlichen Reichen allgemein sehr viel mehr Aufmerksamkeit gewidmet.

Mystische Quellen

Die jüdischen mystischen Lehren (zusammengefasst in der Kabbala) sind aus Akademien für jüdische Mystik hervorgegangen, wie es sie im 13. bis 15. Jahrhundert in Spanien und Frankreich sowie im 16. Jahrhundert in Palästina gab. Ihre Schriften, insbesondere der *Sohar* (Das Buch des Glanzes) – ein mystischer Kommentar zu den fünf Büchern Mose, der Ende des 13. Jahrhunderts unserer Zeitrechnung erschien – enthalten mit die detailliertesten und komplexesten Ansichten des Judentums über das Leben nach dem Tod. Wenn sich diese Schriften – im Rahmen des Interesses ihrer Verfasser am Gesamtbild des Kosmos – mit dem Leben nach dem Tod befassen, dann konzentrieren sie sich auf die Seele; insbesondere ihre verschiedenen Dimensionen, ihre Beziehung zum physischen Körper und ihre Fähigkeit zur transzendenten Wahrnehmung Gottes. Der mittelalterliche Midrasch und später auch der mystische *Sohar* stellen vielleicht die besten, umfassendsten und vielseitigsten Quellen für das Verständnis der jüdischen Jenseitsauffassung dar.

Zur mystischen Literatur gehören auch die Erzählungen der Chassidim, einer jüdischen Volksbewegung, die Ekstase und Freude an Gebet und Gottesdienst betont. Sie entstand im 18. Jahrhundert und besteht bis heute fort. Die chassidische Bewegung brachte breiten Schichten der jüdischen Bevölkerung die Mystik nahe und verbreitete die Legenden der Chassidim, die in Form von Geschichten über das wundersame Leben und die Werke verschiedener chassidischer Rabbinen (Rebejim oder *Zaddikim*, weit fortgeschrittener, gerechter spiritueller Führer) berichten, beginnend mit Israel ben Elieser, dem Baalschemtow oder Begründer der chassidischen Bewegung, der von 1698 bis 1760 in Polen lebte. Doch die Erzählungen der Chassidim verherrlichen nicht nur das Leben und die Werke der verstorbenen Rebejim, sondern sind auch eine reiche Quelle für Lehren über das Jenseits sowie insbesondere einen dauerhaften Glauben an die Unsterblichkeit und das Weiterleben der Seele nach dem Tod.

Eine bestimmte chassidische Legende über den Weg der Seele im Jenseits vermittelt den Kern der jüdischen Lehre von der Seelenwelt. Es ist eine Geschichte über Elimelech von Lisensk, der von 1717 bis 1786 in Polen gelebt hat.[4] Rebe Elimelech vertiefte sich ins Studium der Thora, insbesondere in dessen mystische Form auf der Grundlage der kabbalistischen Lehre. Er wurde einer der großen chassidischen Führer.

Rebe Elimelech hatte einen guten Freund namens Chaim, einen nahezu vollendeten, gerechten Menschen. Die Freundschaft zwischen Rebe Elimelech und Chaim war sehr tief.

Plötzlich erkrankte Chaim schwer und war dem Tode nahe. Als Rebe Elimelech ihn besuchte, weinte Chaim, der Witwer war, und bat ihn: „Nimm Abe, mein einziges Kind, zu dir; denn ich werde es bald verlassen." An Chaims Sterbebett versprach Rebe Elimelech, Abe zu sich zu nehmen und ihn in jüdischem Denken und Handeln zu unterweisen, allerdings unter der Bedingung, dass „Chaim zu ihm komme und ihm sage, wie es auf der anderen Seite ist". Mit einem Handschlag besiegelten die beiden ihr Versprechen, und Chaim verschied.

Rebe Elimelech erfüllte seine Pflicht, zog Abe auf, schickte ihn in die besten Schulen und richtete ihm eine üppige Bar Mitzwa aus. Den Gepflogenheiten seiner Zeit entsprechend, arrangierte der Rebe für Abe eine sehr vorteilhafte Heirat mit der Tochter eines reichen Mannes.

Am Tag der Hochzeit warteten die Gäste verzweifelt auf Rebe Elimelech, der die Trauzeremonie halten sollte. Eine Stunde verging, dann eine

---

4   Nacherzählt nach Simcha Paull Raphael, *Jewish Views of the Afterlife,* Jason Aronson 1994, S. 394-397.

zweite. Durch das Schlüsselloch seines Studierzimmers erspähten etliche Gäste Rebe Elimelech tief in Gedanken und Meditation versunken.

Nach drei Stunden erschien der Rebe und vollzog die Trauung.

Beim anschließenden Empfang erzählte Rebe Elimelech den Gästen von seiner Vereinbarung mit Chaim. Der Rebe berichtete, er habe sich bereit erklärt, Abe großzuziehen, und als Gegenleistung sollte Chaim ihn wissen lassen, wie es ihm vor dem himmlischen Gericht ergangen sei. Wenige Augenblicke vor dem geplanten Beginn der Trauzeremonie, so erzählte der Rebe, „kam Chaim zu mir. Er erschien mir wie ein vollkommen lebendiger Mensch. Ich fragte ihn: ‚Nun, wie war's denn?‘"

„Der Augenblick des Todes", berichtete Chaim, „war ganz schmerzlos. Es war, als zöge man einen Faden aus der Milch."

Chaim berichtete, er habe zugesehen, wie sein Körper für die Beerdigung hergerichtet wurde, und kam dann darauf zu sprechen, dass er sich am Grab gar nicht bewusst gewesen sei, dass er tot war. „Nachdem man meinen Körper ins Grab gelegt und mit Erde bedeckt hatte, wollte ich den Friedhof verlassen und wieder in mein altes Haus gehen. Ich machte mich also auf den Nachhauseweg und folgte einem Pfad, der über einen kleinen Bach führte. Ich versuchte, den Bach zu durchqueren, aber plötzlich wurde das Wasser sehr tief. Ich bekam Angst und wollte nicht weitergehen. Bei Sonnenuntergang verspürte ich immer noch ein brennendes Verlangen, in mein altes Zuhause zurückzukehren. Sollte ich gehen oder bleiben – dort oder hier – was sollte ich bloß tun?

Dann sah ich ein großes Licht und trat ein in die Welt der Wahrheit. Nach einem Lebensrückblick, bei dem mir noch einmal jeder Gedanke, jedes Wort und jede Tat meines Lebens vor Augen geführt wurde, stand ich vor dem Himmlischen Gericht. Dort wurde meine Lebensgeschichte abgewogen.

Ich sah die Frevler im Fegefeuer. Ich entdeckte alte Freunde und hörte ihr schmerzerfülltes Schluchzen.

Ich sah aber auch die weiten spirituellen Höhen und die Glückseligkeit der Gerechten im Paradies.

Sodann sprach ich mit einem Vertreter des Himmlischen Gerichts", berichtete Chaim. „Und ich sagte ihm: ‚Sprich zum Himmlischen Gericht und sage ihnen, ich sei ein guter Freund von Rebe Elimelech gewesen, der, wie ich meine, vor Gott Wohlgefallen findet.' Sie deuteten an, ich hätte einen Platz im Paradies verdient. Da ich jedoch Rebe Elimelech in die Hand versprochen hatte, dass ich zu ihm kommen und ihm berichten würde, was geschehen sei, würde ich erst ins Paradies gelassen, wenn ich mein Wort gehalten hätte.

Heute bin ich nun zu Rebe Elimelech gegangen, um mein Versprechen zu halten."

Und Rebe Elimelch schloss seine Erzählung mit den Worten: „Chaim hat mit mir gesprochen und mich gebeten, euch heute, an Abes Hochzeit, seine Geschichte zu erzählen. Ich bat ihn, hier zu bleiben und an der Zeremonie sowie am Empfang teilzunehmen, aber Chaim sagte: ‚Halte mich jetzt, da ich mein Versprechen erfüllt habe, nicht auf. Ich kann dir die unvergleichliche Glückseligkeit im Paradies nicht mit Worten beschreiben. Alles Irdische hat für mich keine Bedeutung mehr.'"

Eine universell anwendbare Jenseits-Vorstellung

Auf der Grundlage jüdischer Quellen will dieses Buch eine spirituell orientierte, universell anwendbare Vorstellung vom Leben nach dem Tod anbieten, die allen spirituell Suchenden, Juden wie Nicht-Juden, offen steht und für alle Bedeutung haben kann. Es erklärt die jüdische Philosophie über den Weg der Seele im Jenseits und bietet spirituelle Leitlinien zum Verständnis der Begegnung des Menschen mit dem Tod.

Bei meiner Erkundung des Weges der Seele im Jenseits behandele ich in diesem Buch: 1) Wegweiser des Spirituellen Judentums zum Leben und Sterben (Kapitel Zwei); 2) was den Tod überlebt, wobei ich mich auf die unsterbliche Seele konzentriere (Kapitel Drei); 3) die Trennung der Seele vom physischen Körper: den Sterbeprozess und den Moment des Todes (Kapitel Vier); 4) die Trennung der Seele vom physischen Körper: Visionen im Moment des Todes (Kapitel Fünf); 5) die Trennung der Seele vom physischen Körper: den Grabesschmerz (Kapitel Sechs); 6) die Reinigung der Seele im Fegefeuer während eines begrenzten Zeitraums (Kapitel Sieben); 7) die himmlischen Visionen der Seele im Paradies (Kapitel Acht); 8) die spirituelle Vereinigung, bestehend aus der Rückkehr der Seele zum Ursprung allen Lebens und ihrer Wiedergeburt (Kapitel Neun); 9) ein Verständnis des Todes als Hilfe zum Verständnis des Lebens (Kapitel Zehn).

Wie wir über den Tod und das Jenseits denken, hat Einfluss darauf, wie wir unser Leben führen (und wie wir es führen sollten) – und zwar in jedem Alter. Der Tod rückt unser Leben in die richtige Perspektive. Ich möchte Ihnen die Instrumente an die Hand geben, mit denen Sie Ihren Standpunkt im Leben ermitteln und, wenn nötig, verändern können, um eine spirituelle Reinigung und schließlich einen glücklicheren Übergang ins Jenseits zu erreichen.

Auf vier Punkte möchte ich gleich zu Beginn hinweisen.

Erstens: Dieses Buch schöpft hauptsächlich aus der mystischen Überlieferung – wie zum Beispiel anhand der Legende um Rebe Elimelech deutlich wird – wobei diese hier in die Begriffe der universell anwendbaren Konzepte des Spirituellen Judentums gefasst wird.

Wie in Kapitel Zwei noch näher ausgeführt wird, schreibe ich dieses Buch im Kontext des Judentums – des *Spirituellen Judentums*, wie ich es bezeichne, eines ethischen, werte-orientierten, monotheistischen Systems[5] – allerdings fernab jeglicher Einzelheiten traditioneller Gesetzesvorschriften und Rituale, die zur Gestaltung des Alltags erdacht wurden.

Das Spirituelle Judentum will unseren spirituellen Hunger stillen, unserem Leben einen Sinn geben und eine Verbindung zum Transzendenten herstellen. Deshalb ist es ein undogmatischer Weg ohne formelle Gesetze. Es ist ein Weg, auf dem wir über Gott und die spirituellen Tiefen unseres Seins nachdenken, fühlen und glauben – und auf dem es nicht um Regeln,

---

5   Der ethische, werte-orientierte Monotheismus, als wichtigstes dem Judentum zugrundeliegendes Prinzip, wird dargelegt in Leo Baeck, *Das Wesen des Judentums*, Erstauflage 1948, 1995 erneut erschienen im Marixverlag, sowie in Rabbi Morris Lichtenstein, *Judaism: A Presentation of Its Essence and a Suggestion for Preservation*, Society of Jewish Science, 1934, S. 21-34, 57-101.

feste Rituale und förmliche Gebete geht. Das Spirituelle Judentum heißt alle Menschen willkommen, die sich auf die Gegenwart Gottes in ihrem Leben einstimmen möchten. Es stellt ein persönliches, intimes Erleben Gottes als Ursprung von Gesundheit, Freude, Liebe, Fülle und Ganzheit in Aussicht. Es ist darauf ausgelegt, uns beim Umgang mit den Krisen, auf die wir im Leben wie im Sterben treffen, zu helfen.

Das Spirituelle Judentum ist auf eine praktische Spiritualität ausgerichtet – auf eine spirituelle Lebensweise, die befreit, die unsere inneren menschlichen Möglichkeiten fördert und entwickelt und uns hilft, in uns und in den Menschen in unserem Umfeld das Beste zu entfalten.

Das Spirituelle Judentum bemüht sich, zwei grundlegende Fragen zu beantworten: Wie finde ich selbst Zugang zu Gott, wie kann ich Ihn erleben und eine Beziehung zu Ihm entwickeln? Wie kann ich durch ethisch verantwortliches Verhalten und die Umsetzung bestimmter Werte und persönlicher Eigenschaften mein Leben und das der Menschen in meiner Umgebung Tag für Tag ein wenig besser machen? Daher kann das Spirituelle Judentum Anregungen für unser Leben, unser Denken, Reden und Handeln geben – gleich ob wir einundzwanzig, dreißig, fünfzig oder achtzig Jahre alt sind. Es ist ein tiefer, inspirierender Glaube, der das Leben schöner macht.

Zweitens: In sechs Kapiteln dieses Buches, nämlich in den Kapiteln Vier bis Neun, werden an bestimmten Stellen Techniken zur Seelenführung angeboten, die der Seele auf ihrem Weg im Jenseits helfen sollen. Diese Seelenführungs-Techniken[6] helfen nicht nur der sich lösenden Seele und lindern den Grabesschmerz beim Übergang unmittelbar nach dem Tod – den Rebe Elimelechs Freund Chaim auf dem Friedhof erlebt hat – sondern sie fördern auch die Verbundenheit zwischen den Hinterbliebenen und der Seele des Verstorbenen.

Diese Seelenführungs-Techniken können für Viele, die eine neue Beziehung mit der unsterblichen Seele des Verstorbenen aufbauen oder eine

---

6   Dr. Simcha Paull Raphaels ursprüngliches Konzept der Seelenführung als Verbindung zwischen der Welt der Lebenden und der Welt der Toten stammt aus seiner Dissertation: Simcha Steven Paull, *Judaisms Contribution to the Psychology of Death and Dying*, Ph.D. diss., California Institute of Integral Studies, 1986, S. 349-350, 355-359, 362-364, 368-371. Weiterentwickelt wird das Thema Seelenführung in Raphael, *Afterlife*, S. 383, 387-388, 391-392.

bestehende Beziehung weiter vertiefen wollen, eine große Unterstützung sein, denn sie fußen auf dem Glauben, dass es zwischen den Lebenden und den Toten ein Kommunikationsfenster gibt, wenn es auch durch einen feinen Schleier verhüllt ist.[7] Trotz der scheinbaren Endgültigkeit des körperlichen Todes besteht zwischen den Lebenden und der Seele des Verstorbenen weiterhin eine aktive Verbindung, und es gibt keine Mauer des Schweigens.

Die Gedanken, Worte und Werke der Lebenden können auf die Seele des Verstorbenen einwirken. Mit diesen Techniken zur Seelenführung können die Hinterbliebenen, gleich welcher religiösen oder spirituellen Richtung sie angehören, eine Seele auf ihrem Weg im Jenseits unterstützen. Darüber hinaus kann auch die Seele des Verstorbenen den Lebenden helfen. Dies erkläre ich in diesem Buch.

Drittens: Dieses Buch legt aus mehreren Gründen seinen Schwerpunkt auf die universell anwendbaren Aspekte des Judentums, auf seine Vorstellung vom Weg der Seele im Jenseits sowie auf verschiedene Seelenführungs-Techniken. Unsere Gesellschaft ist Ritualen entfremdeter denn je. Obwohl die Menschen sich im Allgemeinen von Ritualen rund um Tod und Trauer eher abwenden, suchen wir doch neue Möglichkeiten, unsere Gefühle und unsere Spiritualität auszudrücken. Deshalb ist dieses Buch nicht unter dem Gesichtspunkt verfasst, die klassischen jüdischen Rituale um Tod und Trauer zu erneuern oder mit neuem Leben zu erfüllen (obwohl manche Leserinnen und Leser die prägnante Zusammenfassung des Kerns dieser Rituale vielleicht hilfreich finden). Ich möchte vielmehr zeigen, wie spirituell Suchende die Philosophie und die Vorstellungen, die diesen Ritualen zugrunde liegen, nutzen können, um besser mit ihrem Leid zurechtzukommen. Für spirituell Suchende im 21. Jahrhundert sind die Gebete und Rituale jeglicher Religion wesentlich weniger wichtig als die spirituellen Prinzipien, die einem Glaubenssystem zugrunde liegen.

---

7   Erkenntnisse über Begegnungen und Kommunikation zwischen Lebenden und Toten in Form von Erscheinungen finden sich in Dr. Raymond A. Moody (mit Paul Perry), *Blick hinter den Spiegel: Botschaften aus der anderen Welt*, Goldmann 1996. Darin führt Moody aufgrund seiner Beobachtungen und Experimente stichhaltige Argumente dafür an, dass wir tatsächlich zu Verstorbenen Kontakt aufnehmen können.

Dieses Buch möchte dem Bedürfnis nach spirituellen Quellen zum Umgang mit Tod und Trauer entgegenkommen. Die Fortschritte in der Medizin und in der biomedizinischen Technik haben unsere Lebenserwartung stark erhöht. In einer immer älter werdenden Gesellschaft werden Krebs, Alzheimer und andere Krankheiten, die uns unserer Kräfte und Fähigkeiten berauben, zunehmend mehr Menschen betreffen. Wir müssen uns auch der Tragik des Abbruchs von Leben stellen sowie Menschen zuwenden, die im Laufe ihres Sterbeprozesses unerträgliche Schmerzen und immenses Leid erfahren.

Außerdem besteht im Zusammenhang mit der zunehmenden gesellschaftlichen Sinnsuche eine verbreitete Sehnsucht nach Informationen über das Leben nach dem Tod und die Beziehung zwischen Lebenden und Verstorbenen. Als eine der großen Weltreligionen hat das Judentum allen spirituell Suchenden, die die Begegnung des Menschen mit dem Tod verstehen wollen und mit ihr ringen, über den Weg der Seele im Jenseits viel zu sagen.

Viertens: Unsere Existenz hat, nach jüdischem Glauben, einen transzendenten Wert. Der Glaube an ein spirituelles Weiterleben, als Essenz unseres Seins, entfaltet für die Lebenden ermutigende und aufrichtende Kraft.

Menschen, die an das Weiterleben der Seele im Jenseits glauben, sind meiner Erfahrung nach lebensbejahend, haben hohe Ansprüche an ihr persönliches Verhalten und setzen sich große Ziele, wodurch sie den Herausforderungen und Versuchungen des Lebens mit mehr Geduld, Mut und Stärke begegnen können. Sie neigen weniger zu Verzweiflung und Depression.[8]

Unsere eigene Sterblichkeit zu akzeptieren und zu begreifen, dass der Tod zum Menschsein dazugehört, ist ein wichtiger Schritt zur Entwicklung einer positiven Lebenseinstellung und zu einem erfüllten Leben im Heute. Die Entscheidung für ein „gutes" Leben und die Erkenntnis, dass unsere Gedanken, Worte und Werke jetzt und auch für unsere Seele im

---

8   Die Vorteile des Glaubens an ein spirituelles Weiterleben werden ausgeführt von Gary Doore in seinem Nachwort „Was sollen wir glauben?" zu Gary Doore (Hrsg.) *Gibt es ein Leben nach dem Tod? Neue Antworten auf alte Fragen*, München 1994.

Jenseits Konsequenzen haben, bereitet uns darauf vor, den Tod als Teil des Lebens zu akzeptieren. Ich hoffe, dieses Buch wird Ihnen helfen, den Sinn des Lebens zu schätzen und den Tod zu akzeptieren, ob vorhergesehen oder plötzlich, ob schmerzhaft oder ganz ohne Leiden.

Kapitel Zwei

WEGWEISER ZUM LEBEN UND STERBEN MIT DEM SPIRITUELLEN JUDENTUM

Heute, am Beginn des 21. Jahrhunderts, hat das Judentum für viele Juden seinen lebendigen Gehalt verloren.

Bei dem Begriff Judentum stehen uns normalerweise Vorschriften und Regeln vor Augen, die einzuhalten sind. Wir glauben, Judentum stünde synonym für beinahe gedankenlos abgespulte Zeremonien und Rituale. Doch die Zeremonien, Rituale und alle mit ihnen einhergehenden Regeln sind die Seitenwege des Judentums, nicht seine Hauptstraße und erst recht nicht sein Kern. Mir geht es so, dass die Rituale und Regeln, obwohl sie eigentlich dazu gedacht sind, die spirituelle Dimension des Lebens zu erschließen und anzurühren, meine spirituelle Lebendigkeit eher blockieren. Rituale und Regeln um ihrer selbst willen sind für mich kaum von Wert. Sie würgen die Spiritualität ab.

In diesem Kapitel möchte ich das Konzept des Spirituellen Judentums näher ausführen. Seine Schwerpunkte sind folgende: Die Eine Göttliche Gegenwart, das Einhalten ethischer Standards im Umgang mit anderen und das Umsetzen persönlicher Tugenden. Oder wie es der Prophet Micha vor über zweitausendfünfhundert Jahren ausgedrückt hat: „Nur Recht zu tun und treue Liebe und demütig mit deinem Gott zu wandeln!"(Micha 6,8) Wenn Sie versuchen wollen, einen Ansatz für ein „gelingendes" jüdisch orientiertes Leben und Sterben zu formulieren, wohin können Sie sich dann wenden, um Rat zu finden?

Die Thora neu betrachtet

Ich lehne die Haltung ab, wonach eine „Thora-treue" Lebensgestaltung ein Wegweiser für unseren Alltag, für Tod und Sterben sowie für die Begleitung der Seele auf ihrem Weg im Jenseits sein soll. Jüdische Fundamentalisten wollen sich einfach nicht mit der praktisch einhelligen Erkenntnis der Wissenschaftler auseinandersetzen, geschweige denn damit abfinden, dass die Thora (die Fünf Bücher Mose) dem Mose nicht auf dem Berg Sinai von Gott eingegeben wurde. Stattdessen erhielt die Thora ihre bekannte Form und ihren Umfang von unterschiedlichster menschlicher Hand. Sie ist das Ergebnis eines Entwicklungsprozesses. Die Bücher des Alten Testaments wurden zu unterschiedlichen Zeiten und von verschiedenen Schriftstellern verfasst.

Seit vierhundert Jahren stellt die kritische Bibelforschung im Pentateuch zahlreiche Duplizierungen und Wiederholungen, Abweichungen beim Gottesnamen, eine breite Vielfalt an Sprachen und Stilen sowie in den einzelnen Schriften widersprüchliche Ansichten fest.

Die Entdeckung, dass sich die Duplizierungen, angefangen mit den beiden Schöpfungsgeschichten im Buch Genesis, über weite Teile der Schrift erstrecken, führte zu der bis ins 17. Jahrhundert zurückreichenden Behauptung, die Thora habe eine eigene Kompositionsgeschichte. Insbesondere sei sie aus einer Reihe unterschiedlicher Dokumente zusammengestellt worden.

Abweichungen in den hebräischen Gottesnamen Elohim und Jahwe, die in den Fünf Büchern Mose verwendet werden, sind ein weiteres Indiz für unterschiedliche Quellen.

Drei parallele Quellen, bekannt unter der Bezeichnung E, J und P, sowie eine weitere, vierte Quelle D gaben Anlass zur sogenannten „Vierquellen-Theorie".[9] Zwar streiten sich die Gelehrten leidenschaftlich über die Daten und die genaue Art der vier Quellen; die Ansicht jedoch, dass

---

9   Die wissenschaftlichen Erkenntnisse über die Quellentheorie hat Richard Elliot Friedman in *Wer schrieb die Bibel*, Anaconda 2007, brillant zusammengefasst.

sich die Thora, wie wir sie heute kennen, aus vier Quellen speist, ist unbestritten.

So hat also die moderne kritische Bibelforschung das traditionelle Verständnis der Thora als göttliche Offenbarung an Moses untergraben. Bis heute stellt die Bibelforschung zwei fundamentale Doktrinen in Frage: Erstens die wörtliche Offenbarung und zweitens den Bund zwischen Gott und den Juden, auf dem viele traditionelle jüdische Rituale und Gesetze aufbauen.

Die Verfasser der Bibel haben Material aus unterschiedlichen Quellen miteinander verwoben – eine Sammlung von Überlieferungen, historisierenden Erzählungen und reinen Fantasiegeschichten – die im alten Israel zu unterschiedlichen Zeiten entstanden sind. Die Bibel als Menschenwerk ist von vielen Autoren verfasst und über lange Zeiträume hinweg mehrfach überarbeitet worden.

Zwar hat die Thora besondere Bedeutung für die Juden, doch sind diese Schriften nicht einzigartig wahr oder eine höhere Form göttlicher Offenbarung. Daher sollten wir, so möchte ich empfehlen, die Thora als einen Bericht über das spirituelle Leben des jüdischen Volkes und als Beweis ihrer spirituellen Suche betrachten.

Wenn wir die Bibel als Menschenwerk ansehen, als eine nicht zu verifizierende Mischung aus Mythen und historischen Fantasien und nicht als die gebietende Stimme Gottes, dann müssen wir weder die Autorität der Thora noch die zweitausend Jahre alte Tradition ihrer rabbinischen Deutung akzeptieren. Das jüdische Gesetz, wie es in der patriarchalen Kultur von Männern formuliert wurde, sollte nicht länger den grundlegenden Konsens für den Kern des Judentums bilden.

Was dies für unser tägliches Leben und letztes Endes für unseren Tod und unser Sterben bedeutet, ist recht einfach: Heute brauchen wir dem Studium der Thora keine große Bedeutung mehr beizumessen. Wir haben nicht mehr in Übereinstimmung mit allen angeblich sechshundertdreizehn göttlichen Geboten zu leben, die die Juden durch alle Aspekte ihres Lebens und Sterbens geleiten sollen und die im *Schulchan Aruch* (den jüdischen Geboten und Verboten) aufgeführt sind – einem Kompendium barscher, strenger und häufig archaischer Regelungen, die sich insbesondere um die Einhaltung von Speisevorschriften (Koscher) und den Sabbat drehen.

Betrachtet man das Alte Testament jedoch als Quelle, aus der die Menschheit tiefere Erkenntnisse gewinnen und zu edlerem Verhalten angeregt werden kann, dann bietet uns der Geist der Thora bis heute Anleitung und Inspiration. Während also die hebräische Bibel, insbesondere in den Lehren der Propheten sowie in der Orientierungshilfe, die uns die Psalmen und die Sprüche Salomos schenken, ihre spirituelle Lebendigkeit behält, bleibt doch jedem Menschen selbst überlassen, welche Gesetze und Rituale er wie streng einhalten (oder eben nicht einhalten) möchte. Die Gesetze und Rituale sollten daher an das moderne Leben angepasst werden.

Abweichend von einem Judentum, dessen Augenmerk in erster Linie auf traditionellen Regeln und Ritualen liegt, möchte ich als Grundlage unseres spirituellen Erlebens das Spirituelle Judentum, einen ethischen, werte-orientierten Monotheismus, anbieten. Wir müssen: Erstens im Hinblick auf Gott denken, auf unsere Beziehung zu Ihm und Seine Beziehung zu uns; zweitens uns in unserem Umgang mit anderen ethisch verantwortlich verhalten; und drittens bestimmte persönliche Tugenden leben. Greifen wir zu Beginn den monotheistischen Aspekt des Spirituellen Judentums auf.

Gott in unseren Alltag mitnehmen

Wenn wir das Judentum neu beleben wollen, dann können wir der Frage nach Gott nicht ausweichen. Ich sehe keine andere Alternative, als Gott in unserem Bewusstsein wieder zu verankern. Wir müssen an die lebendige Realität Gottes glauben, jedoch ohne die traditionelle Strenge und die überkommenen Vorschriften.[10]

Gott sollte als der eine Gott für die gesamte Menschheit betrachtet und als ein universeller Gott begriffen werden, der allen zugänglich und die

---

10 Ich greife dabei auf Rabbi Morris Lichtenstein, *Judaism: A Presentation of Its Essence and a Suggestion for Preservation*, Society of Jewish Science, 1934, S. 28-34, zurück.

Quelle ethischer Normen für die gesamte Menschheit ist. Trotz unserer ethnischen, kulturellen und rassischen Vielfalt sind wir alle Kinder des einen Ewigen Wesens, des unendlichen Einen, der ohne Anfang oder Ende ist, jenseits von Zeit und Raum. In Anerkennung unserer Einheit und Verbundenheit sollten wir uns bemühen, unsere Trennung und Entfremdung voneinander zu überwinden.

Wir sollten außerdem anerkennen, dass Gott das menschliche Wissen übersteigt. Der Ewige ist bei weitem größer als unsere materielle Welt und unser physisches Selbst.

Gott ist nicht bloß eine historische Gestalt, sondern eine allgegenwärtige, fortwährende Realität. Der Heilige ist sowohl transzendent, unendlich und ewig als auch immanent, die Göttliche Essenz, die im Herzen jedes Menschen wohnt und an seinem Leben teilhat. Gott ist weder getrennt noch fern von uns.

Gott ist der Ursprung, der Schöpfer und Bewahrer aller Wirklichkeit. Weil er der Bewahrer von allem ist, macht Gottes Liebe und Fürsorge alle Existenz erst möglich.

Wir suchen die Einstimmung auf den Geist, auf die Gegenwart Gottes als Quelle von Gesundheit, Freude, Liebe und Fülle. Wir kennen den Höchsten Herrscher durch unsere Erfahrungen. Wenn wir uns im Leid, in der Not oder in Sorge auf Gott konzentrieren, sei es durch Gebet, Meditation oder Visualisierungen, dann wird uns oft leichter ums Herz, und wir werden wieder zuversichtlicher. Meiner persönlichen Erfahrung und meinen Beobachtungen bei anderen nach, fördern formlose Gebete, Meditation und Visualisierung den eigentlichen Zweck der Anbetung, nämlich Nähe zu Gott zu entwickeln, uns unsere eigene spirituelle Tiefe zu erschließen, einem belasteten Herzen Erleichterung zu verschaffen, einen niedergeschlagenen Geist wieder aufzurichten sowie Mut und Optimismus zu schenken.

Wir sollten erkennen, dass wir in der Gegenwart eines wohlwollenden, gütigen Gottes leben. Wir müssen Gottes Gegenwart wahrnehmen und auf die göttliche Güte vertrauen. Gott, der Bewahrer, ist uns nahe. Der Ewige hat wohlwollendes Interesse an jedem einzelnen Menschen. Inmitten all der Belastungen des modernen Lebens sowie der verwirrenden und oft erdrückenden Konflikte und Probleme, die wir zu bewältigen haben, bleibt Gott der Bewahrer, an den wir uns wenden und den wir um Rat und Hilfe bitten können. Wir können unsere Probleme und Nöte Gott übergeben. Wenn wir offen und empfänglich werden, geben wir Gott und den Geschenken des Ewigen an uns Raum.

Manchen Menschen fällt es schwer, die Vorstellung von einem Gott oder gar einem lebendigen Gott zu akzeptieren, insbesondere angesichts all des Bösen und des Leides – von dem das jüdische Volk im 20. Jahrhundert im Übermaß erfahren hat. Wenn wir an das Geheimnis des Bösen und des Leides im menschlichen Leben denken, dann halten uns unser Glaube an die Gegenwart eines lebendigen Gottes und seine Güte sowie unser Vertrauen auf Ihn aufrecht. Nach dem nahezu unvorstellbaren Albtraum des Holocaust hat das jüdische Volk eine Renaissance seiner Religion und seiner Kultur und die Rückkehr ins Land Israel erfahren.

In schweren Zeiten verleiht der Glaube dem Geist des Menschen Stabilität und Stärke. Ziehen Sie sich angesichts des Ausmaßes des Bösen und des Leides in der Welt nicht zurück, und lassen Sie sich davon nicht lähmen. Legen Sie Ihr Leben in Gottes Hand, aber verfolgen Sie dennoch einen vorausschauenden und aktiven, keinen passiven Weg. Streben Sie danach, das Böse und das Leid in der Welt zu lindern. Erkennen Sie, dass wir alle Anteil haben am menschlichen Leid und Gott uns in unserer Bedrängnis beisteht.

Versuchen Sie deshalb, auch unter scheinbar tragischen und äußerst schwierigen Umständen, Ihre Ängste – unser aller Ängste – loszulassen. Egal, wie schwierig es ist, versuchen Sie, sanft mit den Lebensumständen mitzufließen und auf Gottes weise und gütige Wege zu vertrauen.

Wenn wir uns das Leben als einen spirituellen Prozess denken, müssen wir nicht nur ein tiefes Gottes-Bewusstsein entwickeln sowie das Universum als göttliche Wohnstatt wahrnehmen, sondern uns auch ethisch verantwortlich verhalten und bestimmte persönliche Werte umsetzen. Wir müssen uns fragen: Welche Werke, Worte und Gedanken sind in unserem Umgang mit anderen angebracht? Wir müssen aus Liebe und Mitgefühl handeln und mit freundlichen Worten sprechen. Wir müssen anderen vergeben und uns ungelösten emotionalen Themen und verpfuschten Beziehungen zuwenden – und zwar jetzt. Und wir müssen demütig sein. Kurzum, wir müssen das Gute und Schöne tun, sagen und denken. Bloß wie?

Ethisch verantwortliches Verhalten

Für das Judentum ist es wichtig, dass wir unsere ethische Verantwortung betonen. In unserem Umgang mit anderen müssen wir uns ethisch richtig verhalten, und zwar selbst in den komplexesten und schwierigsten Momenten unseres Lebens.

Die Ethik des Judentums, die Bestandteil unseres westlichen Kulturerbes wurde, ist im 21. Jahrhundert so notwendig und gültig wie zur Zeit ihres Entstehens. Der jüdische Glaube prägt unser tägliches Verhalten, beeinflusst unsere Beziehungen zu anderen, macht uns ehrlicher im Umgang mit der Welt und lässt uns nach Recht und Gerechtigkeit streben.

Eine chassidische Geschichte macht deutlich, wie wichtig es ist, die Wahrheit zu sagen. Rebe Elimelech, dem wir bereits in der chassidischen Legende aus Kapitel Eins begegnet sind, sagte einmal: „Wenn ich vor dem obern Gericht stehe und sie mich fragen: ‚Hast du nach Gebühr gelernt?‘, werde ich antworten: Nein. Dann fragen sie wieder: ‚Hast du nach Gebühr gebetet?‘, und ich antworte desgleichen: Nein. Und sie fragen zum dritten: ‚Hast du nach Gebühr Gutes getan?‘, und ich kann auch diesmal nicht anders antworten. Da sprechen sie das Urteil: ‚Du sagst die Wahrheit. Um der Wahrheit willen gebührt dir ein Anteil an der kommenden Welt.‘"[11]

Wir müssen in allen unseren Beziehungen und in unserem gesamten Handeln gerecht und ehrlich sein und uns darüber hinaus bemühen, gute Taten zu vollbringen, nämlich auf liebevolle, mitfühlende und vergebende Art und Weise zu leben.

---

11   Martin Buber, Erzählungen der Chassidim, Zürich 1949, S. 397

Liebe und Mitgefühl

Das Spirituelle Judentum beruht darauf, dass wir uns in eine ideale Beziehung zu anderen bringen.[12] Wir sind hier, um der Liebe, die die Menschen zusammenführt, Ausdruck zu geben. Wir sind hier, um die Gegenwart der Liebe zu verkörpern.

Seien wir ein Instrument, so dass wir mit unserem Leben mehr Liebe in der Welt zum Ausdruck bringen. Wie Elisabeth Kübler-Ross, die unser Denken über Tod und Sterben transformiert hat, sagt: „… nur Liebe [gibt] dem Leben einen Sinn. … Wir müssen alle lernen, bedingungslos zu lieben und geliebt zu werden."[13]

Jeden Tag müssen wir liebevoll und mitfühlend sein. Wir müssen uns bewusst machen, dass jeder Mensch, auf den wir treffen, eine Begegnung mit dem Heiligen bedeutet. Wir müssen anerkennen, dass wir dann am besten lieben können, wenn wir vor anderen ebenso viel Achtung haben wie vor uns selbst. Mit anderen Worten: Nur wenn wir Liebe geben, werden wir sie auch erhalten.

Die Liebe ist uns inhärent. Sie wohnt in der Tiefe jedes Menschenherzens. Sie ist mit den Wurzeln unseres Wesens verflochten. Jeder Mensch trägt in seinem Inneren einen Funken von Gottes Liebe. Die Liebe zur Menschheit ist ein allumfassender, transzendenter Ausdruck des Göttlichen.

In einem der meistzitierten Bibelverse sagen uns die Verfasser der Thora: „Du sollst deinen Nächsten lieben wie dich selbst …" (3. Mose 19, 18). Diese Mahnung ist eine der ältesten Formulierungen der „Goldenen Regel". Als Hillel, einer der größten jüdischen Weisen, zu Beginn unserer Zeitrechnung einmal gebeten wurde, die Thora in einem Satz zusammenzufassen, sagte er, so berichtet uns der Talmud: „Was dir selbst verhasst ist, das tue nicht deinem Nächsten an." (Shabbat 31a) Sie brauchen mit Ihrem Nächsten oder einem anderen Menschen nicht verwandt oder befreundet zu sein. Er oder sie muss nichts zu Ihrem Glück oder Wohlergehen beitragen. Ja, vielleicht kennen Sie ihn oder sie noch nicht einmal.

---

12 Lichtenstein, *Judaism*, S. 64-71.
13 Elisabeth Kübler-Ross, *Das Rad des Lebens. Autobiographie*, München 1997, S. 205, 361.

Handeln Sie gegenüber Ihrem Nächsten oder einem anderen Menschen mit denselben Empfindungen, derselben Selbstlosigkeit und derselben Hingabe, die Sie sich im umgekehrten Fall wünschen würden.

„Liebe deinen Nächsten" bedeutet, anderen gegenüber tiefe Verbundenheit und tiefes Mitgefühl zu empfinden. Empfinden Sie anderen gegenüber so, wie Sie sich wünschen würden, dass sie Ihnen gegenüber empfinden. Ein berühmter chassidischer Rabbi, Schmuel Schmelke von Nikolsburg, der von 1726 bis 1778 lebte und dessen Vorfahren bis auf den Propheten Samuel zurückreichen, hat es so ausgedrückt: „Was dir an deinem Nächsten verhasst ist, das tue selber nicht."[14]

Wie wichtig es ist, dass wir lernen, unseren Nächsten wirklich zu lieben, das können wir alle aus einem Gespräch zwischen zwei Bauern lernen, von dem Rabbi Mosche Löb von Sasow – der berühmteste Schüler des Rabbi Schmelke von Nikolsburg, der von 1745 bis 1807 gelebt hat und allgemein als der Sasower Rebe bekannt war – berichtet:

Erster Bauer:	„Sag mir, Freund Iwan, liebst du mich?"
Zweiter Bauer:	„Ich liebe dich zutiefst."
Erster Bauer:	„Weißt du, was mich bedrückt?"
Zweiter Bauer:	„Wie kann ich wissen, was dich bedrückt?"
Erster Bauer:	„Wenn du nicht weißt, was mich bedrückt, wie kannst du dann sagen, dass du mich aufrichtig liebst?"

„Versteht nun, meine Freunde", schloss der Sasower Rebe, „zu lieben, wahrhaft zu lieben, bedeutet zu wissen, was deinen Nächsten bedrückt."[15]

Liebe schließt auch Vorurteil und Intoleranz gegenüber allen Völkern, Rassen, Religionen und Nationalitäten aus. So sagt uns die Thora: „Wenn ein Fremdling bei euch wohnt in eurem Lande, den sollt ihr nicht bedrücken. Er soll bei euch wohnen wie ein Einheimischer unter euch, und du sollst ihn lieben wie dich selbst ..." (3. Mose 19, 33-34)

---

14 Entlehnt aus *The Hasadic Anthology: Tales and Teachings of the Hassidim*, hrsg. und übersetzt von Louis I. Newman, Jason Aronson, S. 222.
15 Ebd., S. 221.

Zur Liebe gehört auch eine tief empfundene Rücksicht auf andere. Heißen Sie Fremde willkommen, erweisen Sie jemandem, der aus einem anderen Land kommt, eine fremde Sprache spricht und andere Sitten hat, Gastfreundschaft.

Werden Sie sich der Einheit aller Menschen bewusst. Wir sind alle eins. Trotz unserer oberflächlichen Unterschiede haben wir alle das gleiche Herz, die gleichen Gefühle und die gleichen Hoffnungen. Wie die jüdische Religion lehrt, tragen wir alle einen Funken der göttlichen Güte und Freundlichkeit in uns.

Liebende Güte als Herausforderung

Trotz dieser erhabenen und edlen Ideale ist die Liebe zu anderen eine schwierige Herausforderung. Niemand kann so tun, als könne er ständig und in jeder Lage aus einer liebevollen Perspektive heraus handeln. Wie wir alle nur zu gut wissen, macht es nicht sonderlich viel Mühe, „gute" Menschen zu lieben – unsere Freunde oder Leute, die wir mögen. Wirklich auf die Probe gestellt werden wir aber, wenn wir jene lieben sollen, die in unseren Augen nicht ganz so „gut" sind – Menschen, die wir nicht mögen oder die uns sogar hassen.

So gesehen, bilden Liebe und Angst ein Gegensatzpaar. Die Liebe steht für das Geben und Teilen mit anderen. Angst – die Abwesenheit von Liebe – lähmt unsere Fähigkeit zu geben und zu teilen, indem sie unsere Energien von dem positiven Bemühen, anderen zu helfen, abzieht und in negative Bestrebungen umleitet, uns selbst zu dienen.

Daher bildet also die Liebe ein unendliches, allumfassendes Energiemuster, das, insbesondere im Umgang mit schwierigen Menschen, die Angst in uns ersetzen sollte. Wenn wir unsere Angst loslassen, dann bleibt nur die Liebe. Und wenn wir unser Herz der Liebe öffnen, dann können wir unsere Angst vor anderen loslassen.

Räumen wir unserer Liebe zu anderen in jeder Lage Priorität ein. Weil unsere großzügige Liebe zu anderen dynamisch und nicht statisch ist – insofern als sie sich entwickelt, wächst und reift – sollte unsere bedingungslose, selbstlose Liebe zu anderen einen zentralen Wert darstellen, den wir ein Leben lang beibehalten.

Begeben Sie sich auf Liebessuche, nicht auf Fehlersuche. Richten Sie Ihre Aufmerksamkeit nicht auf das, was Ihnen oder anderen fehlt. Immer wenn wir uns auf Fehlersuche begeben, sei es in subtilerer Form – wenn wir zum Beispiel jammern oder uns Sorgen machen – oder ganz direkt – etwa wenn wir andere angreifen, verurteilen oder kritisieren – fühlen wir uns isoliert, von anderen Menschen und von allem Guten im Leben abgetrennt.

Bei der Fehlersuche gibt es eine eiserne Regel: Denken Sie einmal an den einen oder anderen notorischen Fehlersucher, den Sie kennen. Je mehr solche Leute sich beschweren, desto mehr scheint es zu geben, worüber sie sich beschweren müssen.

Liebessuchende zu sein, bedeutet, dass wir Herz, Geist und Augen für das Wunder öffnen, das uns umgibt. In jedem Menschen gibt es etwas Gutes und Schönes. Jede Seele hat etwas Edles, jedes Herz ein wenig Zärtlichkeit und Weichheit, jeder Geist etwas Gesundes und Ganzheitliches. Sehen Sie das Gute in anderen und die segensreichen Regionen ihrer Seele.

Wir sind alle Gottes Kinder und bereit, den Willen des Ewigen zu tun. Wir sind alle Ausdruck desselben Lebensquells. In uns allen wirkt dieselbe Göttlichkeit. Wir sind alle eins; Einheit ist unser Naturzustand.

In jedem Menschen lebt ein göttlicher Funke. Manchmal ist er schwer zu finden, aber er ist da.

Bemühen Sie sich, zur göttlichen Tiefe im Wesen des Anderen vorzudringen. Erkennen Sie die Schönheit, die jede Menschenseele besitzt. Wenn Sie andere im Licht der Liebe als Kinder Gottes sehen, werden Sie sie lieben können. Wenn Sie das Beste im Anderen erwarten, wenn sie seine Unschuld sehen, dann werden die Menschen Ihnen auch genau dies zeigen. Je mehr wir andere lieben, desto mehr Liebe strömt in uns ein.

Vergebung

Liebe und Vergebung hängen miteinander zusammen.[16] Wir erfahren Liebe, wenn wir Vergebung von anderen annehmen und anderen vergeben. Indem Sie anderen vergeben, öffnen Sie Ihr Herz und entdecken wieder die Liebesfähigkeit in Ihrem Inneren. Vergebung steht für Ihre Fähigkeit zu lieben, selbst wenn Ihr Verstand sich der Liebe verschließt.

Die Haltung des Vergebens und Vergessens reicht mindestens bis ins 6. Jahrhundert vor unserer Zeitrechnung und zu dem Propheten zurück, der als *Zweiter Jesaja* bezeichnet wird. Er berichtet: „Ich bot meinen Rücken dar denen, die mich schlugen, und meine Wangen denen, die mich rauften. Mein Angesicht verbarg ich nicht vor Schmach und Speichel. Aber Gott hilft mir, darum werde ich nicht zuschanden. Darum hab ich mein Angesicht hart gemacht wie einen Kieselstein; denn ich weiß, dass ich nicht zuschanden werde." (Jesaja 50, 6-7)

Jüdische Weise haben immer wieder betont, wie wichtig Vergebung ist. So berichtet zum Beispiel der Talmud, dass Mar Zutra täglich zur Schlafenszeit gesagt haben soll: „Wenn einer mich verletzt oder mir Unrecht getan hat, so ist ihm vergeben." (Megilla 28a)

Jede Situation bietet uns die Chance, uns wieder mit der Liebe in uns zu verbinden, die unsere wahre Natur und die wahre Quelle von Freude und Erfüllung ist. Jeder Mensch hat dasselbe Bedürfnis und dieselbe Sehnsucht nach Liebe – nach der Essenz unseres Seins. Sehen wir unsere reine spirituelle Seele, die von Natur aus gut ist, und die Heiligkeit, den Funken des Göttlichen in anderen, die um unsere Liebe bitten. Wir sind alle eins mit Gott und mit ihm verbunden. Wir wollen alle Freude und Glück erfahren und Schmerz und Leid vermeiden.

Alles, was bei einem anderen Menschen kein Ausdruck von Liebe ist – Selbstsucht, Wut oder Grausamkeit, um einige Beispiele zu nennen – ist ein Flehen um Hilfe, ein Schrei nach Liebe. Sie erfahren Liebe, wenn

---

16 Ich schöpfe hier aus mehreren Artikeln über Vergebung aus der Zeitschrift *On Course* von Reverend Dr. Diane Burke und Reverend Jon Mundy, zwei meiner Lehrer am New Seminary.

Sie anderen Vergebung schenken, sie akzeptieren und die Vergangenheit loslassen.

Denken Sie einmal an ein früheres oder aktuelles zwischenmenschliches Problem, eine Situation, eine Interaktion oder Beziehung. Wenn Sie dann versucht sind, gedankenloses Handeln und verletzende Worte als Angriff des Anderen auf Sie zu verstehen und mit einem Gegenangriff zu reagieren, dann überlegen Sie, ob Sie sich nicht für die Vergebung entscheiden können.

Wir haben alle schon einmal erlebt, wie unangenehm unfreundliche Taten und Worte eines anderen sind und wie weh sie tun können (zum Beispiel wenn ein Kollege das Verdienst an einem gemeinsamen Projekt allein für sich einfordert). Der Körper spannt sich an, der Geist verkrampft und das Herz verschließt sich. Wir geraten in Versuchung, jemanden nicht mehr zu mögen, zu verbittern, Groll gegen ihn oder sie zu hegen oder sogar auf Rache oder Vergeltung zu sinnen.

Wenn wir anderen vergeben, dann können wir nicht so tun, als hätte uns nicht berührt, was sie gesagt oder getan haben. Vergebung ist nicht Nachgiebigkeit; sie bedeutet nicht, dass man sich mit uns alles erlauben kann. Wenn wir vergeben, erklären wir damit Grausamkeit, Gedankenlosigkeit oder Unmenschlichkeit nicht für akzeptabel.

Wenn andere, entweder absichtlich oder fahrlässig, unfreundlich und wenig liebevoll reden oder handeln, dann geschieht dies aus Unwissenheit oder Vergesslichkeit und oft auch aus Angst. Ein solches Verhalten oder derartige Worte lösen nicht nur bei den Handelnden und Redenden selbst Leid aus, sondern auch bei anderen – bei uns. Vergebung bedeutet nicht, dass wir solches Handeln oder Reden gutheißen oder rechtfertigen. Wir können die schwierigen Eigenschaften, die verletzende Handlungsweise oder die schmerzhaften Worte eines anderen nicht ignorieren.

Vergebung bedeutet, aus einer tiefen, gelassenen Ruhe heraus zu sagen: Jetzt ist Schluss! Sie müssen Ungerechtigkeit oder verletzendes Verhalten anderer nicht stillschweigend mitansehen oder erdulden. Vergebung bedeutet, Ihre Sorge einem anderen mitzuteilen – mit ihm oder ihr über das zu sprechen, was Sie für seinen bzw. ihren „Fehler" halten.

Stellen Sie sich zwei verschiedene Situationen vor: Jeder begreift, dass es ein Leichtes ist, einem Blinden zu vergeben, der über Sie stolpert oder Ihnen auf den Fuß tritt. Wenn Ihnen ein blinder Mensch auf den Fuß tritt und Ihnen dabei weh tut, dann bitten Sie ihn ganz selbstverständlich, seinen Fuß oder Stock wegzunehmen. Diese Bitte sprechen Sie ruhig und ohne bösen Unterton aus.

Betrachten wir aber einmal eine wesentlich schwierigere Situation. Opfer von Kindesmissbrauch – gleich ob verbal, körperlich oder sexuell – berichten oft, dass Vergebung ihnen hilft, innerlich zur Ruhe zu kommen; denn dabei lassen sie ihre Konzentration auf die Schuld des Anderen los. Die Erkenntnis, dass ihre Eltern ihr Bestes getan haben, ermöglicht den Opfern von Kindesmissbrauch, in ihrem Herzen Frieden zu schließen.

Vergebung braucht Zeit, für die Opfer von Kindesmissbrauch wie auch für viele andere. Sie müssen sanft mit sich umgehen, damit sich die Schichten aus Leid, Schmerz und Rachegedanken zu Bewusstsein und einer heilsamen Transformation entwickeln können.

Am Ende schaffen es manche Opfer von Kindesmissbrauch sogar, Verständnis dafür zu entwickeln, was ihre Eltern ihnen angetan und wie sie dabei empfunden haben. Mit der Erkenntnis, dass sie die Vergangenheit hinter sich lassen müssen, wächst ihnen die Fähigkeit zu, dies zu tun. Vergebung bewirkt einen Abschluss.

Durch Vergebung akzeptieren Sie Menschen, die Sie enttäuscht haben, weil sie nicht vollkommen sind. Sie zeigen, dass Sie bereit sind, Ihr Augenmerk nicht mehr ausschließlich auf die Schuld des Anderen und Ihre eigene Sicht der Situation, des zwischenmenschlichen Problems oder der Beziehung zu richten. Sie machen deutlich, dass Sie nicht mehr an der Vergangenheit festhalten wollen. Lassen Sie sich von Ihrer Wut und Ihrem Hass nicht länger vergiften.

Sie wären wohl überrascht, wenn Sie Ihr vergebungsunwilliges Gesicht im Spiegel sähen. Die Hässlichkeit und der Hass darin würden Sie erschrecken. Sie würden erkennen, welchen Preis Sie für Ihre mangelnde Bereitschaft bezahlen, die Vergangenheit loszulassen.

Bemühen Sie sich, die Dinge anders zu sehen und hinter den Körper, das Verhalten, die Sprache und die Persönlichkeit eines anderen Menschen zu schauen. Versuchen Sie, unter die oberflächlichen Unterschiede, die Sie scheinbar vom Anderen trennen, zu gelangen und zu der tieferen Wahrheit der Liebe zu finden, die wir alle mit unseren Mitmenschen gemeinsam haben.

Sehen Sie einander im Licht der Liebe. Nehmen Sie die Essenz Ihres Gegenübers wahr, seine Unschuld, seine Vollkommenheit und seinen fundamentalen Wert – lauter Dinge, die Ihr Mitgefühl, Ihr Verständnis und Ihre liebende Güte verdient haben.

Versuchen Sie, andere als das zu sehen, was sie wirklich sind. Sehen Sie sie als Kinder Gottes. Wenn Sie den Gott in uns allen sehen, dann werden Sie leichter ein Gespür für die Verbundenheit mit anderen aufbringen können.

Eine Geschichte aus einem Sommerlager zeigt, wie wichtig eine veränderte Wahrnehmung als Schlüssel zur Vergebung ist: Ein achtjähriger Junge erhielt von seinen Eltern ein Päckchen mit selbstgebackenen Keksen. Er aß ein paar davon und legte die übrigen unter sein Bett. Als er sich am nächsten Tag einen Keks holen wollte, war die Schachtel weg. Alle Betreuer des Ferienlagers wurden über den Diebstahl verständigt.

Noch am selben Nachmittag sah einer der Betreuer, wie ein anderer Junge von den gestohlenen Keksen aß. Er suchte den Jungen, dem die Kekse gestohlen worden waren, und sagte ihm: „Ich weiß, wer dir deine Kekse weggenommen hat. Hilfst du mir, ihm eine Lektion zu erteilen?" Der Junge erwiderte: „In Ordnung, aber willst du ihn denn nicht bestrafen?" Der Betreuer erklärte: „Eine Strafe führt nur dazu, dass er dich hasst und mir aus dem Weg geht. Rufe zu Hause an und bitte deine Eltern, dir noch eine Schachtel Kekse zu schicken."

Der Junge telefonierte mit seinen Eltern, und ein paar Tage später erhielt er eine zweite Schachtel mit Keksen. Der Betreuer sagte: „Hör zu, der Junge, der dir deine Kekse weggenommen hat, sitzt dort drüben beim Baseballfeld. Gehe zu ihm und gib ihm von deinen Keksen ab."

Der Junge weigerte sich. „Versuch's einfach mal", ermunterte ihn der Betreuer, „und warte ab, was passiert."

Ein paar Stunden später sah der Betreuer, dass die beiden Jungen Arm in Arm gingen. Der Junge, der die Kekse stibitzt hatte, versuchte den anderen dazu zu bringen, dass er als Entschädigung für die gestohlenen Kekse sein Taschenmesser annahm. Der andere wollte das Geschenk von seinem neuen Freund nicht akzeptieren, weil er fand, dass ein paar Kekse wirklich nicht so wichtig waren.

Es ist zwar schwierig, aber Sie sollten versuchen, sich klar zu machen, dass die verletzenden Handlungen und Worte anderer – ihre Wut, Grausamkeit, Eifersucht, Gier, Angst, ihr Stolz, ihre Furcht, Gedankenlosigkeit oder Selbstsucht – tief im Innersten eine Bitte um Liebe sind. Wenn jemand so um Hilfe ruft, dann sollten Sie diesem Ruf als einem Ausdruck des Wunsches nach Heilung folgen und ihn nicht als Aufforderung zu Schuldzuweisungen, Angriffen oder schroffer Verurteilung verstehen.

Jeder Mensch hat das gleiche Bedürfnis und die gleiche Sehnsucht nach Liebe, Heilung und innerem Frieden. Wir möchten alle etwas bewirken in der Welt und unser liebevolles Potenzial entfalten können. Betrachten Sie andere Menschen mit den Augen der Liebe und des Mitgefühls und nicht aus einer verurteilenden und überkritischen Haltung heraus. Versuchen Sie, den Worten und Taten eines Anderen mit liebender Güte und Mitgefühl zu begegnen.

Persönliche Tugenden

In unserem Alltag müssen wir bestimmte Tugenden leben. Zwei wichtige persönliche Attribute sind: Demut zu üben und ein sinnvolles, ausgeglichenes Leben zu führen. Wenn wir uns um diese Werte bemühen, dann bringen wir Frieden und Harmonie in unser Seelenleben.

Demut

Eine unserer wichtigsten Tugenden ist die Demut. Weil das Judentum Dünkel zutiefst ablehnt und anerkennt, dass wir nicht der alleinige Herr unseres Lebens sind, preist es die Demut. Rabbi Elimelech von Lisensk drückte es so aus: „Die oberste Sprosse der Leiter zur Vollkommenheit ist Demut. Wer sie hat, hat alles andere."[17] Demut ist seit alters her eine besondere Tugend der jüdischen Führer und Weisen.

Der legendäre Moses war sich trotz all seiner außergewöhnlichen Begabungen und Erfolge – darunter die Verteidigung seines Volkes, als er immer wieder vor Gott für es eintrat; seine organisatorischen Fähigkeiten; seine Ausformulierung des Monotheismus und seine politischen Führungsqualitäten – seiner Unzulänglichkeit angesichts der Aufgabe, die er erfüllen sollte, vollkommen bewusst. Anders ausgedrückt, die vielleicht hervorstechendste Eigenschaft des Mose war seine Demut. Moses wird geschildert als „ein sehr demütiger Mensch, mehr als alle Menschen auf Erden". (4. Mose 12, 3)

Am brennenden Dornbusch fragte Mose Gott: „Wer bin ich, dass ich zum Pharao gehe und führe die Israeliten aus Ägypten?" Gott antwortete: „Ich will mit dir sein." (2. Mose 3, 11-12)

Moses war immer noch nicht zufrieden und bat um einen Beweis. Doch auch nachdem Gott ihm bereits gesagt hatte, wie er zu seinem Volk sprechen sollte, hatte Moses noch Zweifel: „Aber wenn sie mir nun nicht glauben und nicht auf meine Stimme hören?", fragte er. (2. Mose 4, 1) Sogar nachdem Gott Zeichen an ihm gewirkt und ihm einen wunderkräftigen Stab gegeben hatte, zögerte Moses immer noch. Er brachte Ausreden an: „Ach, mein Herr, ich bin von jeher nicht beredt gewesen, auch jetzt nicht, seitdem du mit deinem Knecht redest; denn ich habe eine schwere Sprache und eine schwere Zunge." (2. Mose 4, 10) Er hoffte, Gott möge einen anderen erwählen.

Moses' Zögern, die Aufgabe anzunehmen und sein Volk zu führen, ähnelt dem Unwillen, den später die großen hebräischen Propheten zeigten, zum Beispiel Amos (Amos 7, 14), der Erste Jesaja (Jesaja 6, 5) und Jeremia (Jeremia 1, 6). Sie zweifelten an ihren Fähigkeiten und baten Gott, andere zu suchen. Diese alten Propheten befürchteten, sie seien nicht fähig, das

---

17 Entlehnt aus *The Hasadic Anthology*, S. 185.

zu tun, worum Gott sie bat. Ihr Zögern entstand aus echter Demut. Diese Demut wiederum war der Beweis ihrer wahren Stärke und ihrer Loyalität gegenüber Gott.

Das Judentum preist die Demut. Gott liebt die Demütigen und Bescheidenen. In den Sprüchen Salomos lesen wir, dass der Ewige ihnen Gnade erweisen wird (Sprüche 3, 34). Nach dem Propheten Jesaja werden die Demütigen Grund zur Freude am Herrn haben (Jesaja 29, 19). Ehre wird jenen zuteil, schreibt der Verfasser der Sprüche Salomos, die demütig sind.

Die jüdische Weisheitsliteratur – die Psalmen und Sprüche – tadelt die Hochmütigen und betont, was stolze Menschen erwartet. Der Psalmist erinnert uns daran, dass Gott die Hoffärtigen und die Stolzen verachtet (Psalm 101, 5). Die Sprüche Salomos setzen Hochmut mit Torheit gleich (Sprüche Salomos 14, 3). Die Hoffart des Menschen wird ihn stürzen (Sprüche 29, 23). Der Ewige wird die Stolzen bestrafen (Sprüche 15, 25).

Die Menschheit verabscheut Überheblichkeit und Unnahbarkeit und liebt jene, die aufrichtige Demut zeigen. Wir bewundern Menschen, die demütig sind.

Wer bescheiden und freundlich zu jedermann ist, wird meiner Erfahrung nach auch von allen gelobt. Wir achten Menschen, die ohne Erwartung einer Gegenleistung handeln und in anderen weder Neid noch Bewunderung erwecken wollen.

In den letzten fünfzig Jahren sind jedoch viele Juden in den USA zu beträchtlichem Wohlstand gelangt. Und so erleben wir, dass damit geprahlt und geprotzt und der Reichtum zur Schau gestellt wird. Wenn uns vor lauter Besitz die Brust schwillt, dann wird der Wohlstand zur Waffe des Bösen, die unseren Charakter verdirbt. Den Respekt anderer gewinnen wir durch unsere Demut und Bescheidenheit, nicht durch unsere Chuzpe oder Dreistigkeit.

Nach jüdischer Tradition schwingt in dem Begriff Demut mit, dass man zwar nicht stolz ist – sich also selber nicht so wichtig nimmt – aber auch nicht lammfromm. Jeder muss versuchen, ein Gleichgewicht zu finden zwischen Zurückhaltung und der Wahrung der Selbstachtung und eines positiven Selbstbildes.

Zu einem sinnvollen, ausgeglichenen Leben finden

Am besten fangen wir damit an, indem wir darüber nachdenken, worum es in unserem Leben eigentlich geht. Es gibt sehr viel mehr als unsere physische Alltagswelt. Es gibt einen transzendenten Sinn, der über unsere materialistische Kultur und unseren irdischen Körper hinausweist.

Wenn wir nach einer Möglichkeit suchen, unseren tieferen Bedürfnissen, unserem vermehrten Wissen und unserem geschärften Bewusstsein von innen heraus gerecht zu werden, dann bieten das Judentum und andere Glaubenssysteme ein Instrument, mit dessen Hilfe wir unsere Werte und Ziele neu überdenken können. Im selben Maße, in dem wir uns unseres Potenzials und unseres innersten Wesens bewusster werden, nehmen wir auch deutlicher wahr, welche Kompromisse wir in dem Bestreben, unsere materielle Existenz zu sichern und Fortschritte zu erzielen, Tag für Tag eingehen.

Viele Menschen suchen ihre Berufung. Statt in Alltagsroutine zu erstarren, wollen wir etwas Sinnvolles und Bedeutendes tun. Wir wollen unser Glück finden – hier und jetzt – weil wir dadurch fähig werden, unsere Begabungen voll einzusetzen und einen wirksamen Beitrag nicht nur zu unserer eigenen Entwicklung, sondern auch zum Wohl der Menschheit zu leisten. In dem Bestreben, für andere wirklich von Nutzen zu sein, möchten wir die Welt ein wenig besser machen, als wir sie vorgefunden haben.

Wir möchten den Sinn finden, das, wofür unser Leben gut sein soll – eine Aufgabe, die wir erfüllen können, eine Möglichkeit, unsere Talente und Energien einzusetzen. Wir müssen ein lohnendes Ziel anstreben und darum ringen können. Aber wie?

Jeder Mensch muss sein Glück, sein Schicksal finden können, hier und jetzt. Je klarer Sie Ihrem Lebensziel zu folgen vermögen, also dem, was Sie als Ihre einzigartige Aufgabe hier auf Erden begreifen – desto mehr Sinn werden Sie im Leben verspüren.

Unsere Talente und Begabungen sind höchst unterschiedlich. Manche haben musikalische oder künstlerische Fähigkeiten. Andere können sich gut mit Worten ausdrücken. Wieder andere haben die Gabe, die Leute zum Lachen zu bringen. Manche kochen gern und bewirten mit Vorliebe Gäste. Andere haben ein Händchen fürs Gärtnern. Manche sind handwerklich begabt, fertigen gern Dinge an oder reparieren sie. Andere haben eine besondere Befähigung im Umgang mit Kindern; und wieder andere verstehen sich gut mit Tieren.

Jeder Mensch hat einen einzigartigen und ganz besonderen Platz in Gottes Schöpfung – einen Platz, den nur er ausfüllen kann.

Ihr Lebensziel muss nichts Großartiges sein. Sie müssen keine große politische Führungspersönlichkeit, kein weltberühmter Schauspieler und keine bekannte Sportlerin werden. Vielmehr ist es Ihnen vielleicht bestimmt, gute Eltern, gute Ehepartner oder ein guter Lehrer zu sein, oder Sie sollen in Ihrem Umfeld zur Verbesserung des gemeinschaftlichen Zusammenlebens beitragen, vielleicht auch Ihre Begabung auf künstlerischem Gebiet oder in Form eines anderen kreativen Ausdrucks umsetzen.

Wie können wir als Einzelne hier und jetzt unsere Bestimmung, unser Glück finden? Gehen Sie über eine eher mechanische Auflistung Ihrer Fähigkeiten, Vorlieben und Abneigungen hinaus und stellen und beantworten Sie sich einige grundsätzliche Fragen: Worauf kommt es im Leben wirklich an? Was ist wirklich wichtig und sinnvoll? Was schätzen wir am meisten? Wie möchten wir unser Leben eigentlich führen? Welche Tätigkeiten und Beziehungen fördern uns und tun uns gut und welche nicht?

Achten Sie auf den „Ruf" Ihres Schicksals. Schweigen Sie gerade in einer Zeit, in der fast alle sprechen wollen und kaum noch jemand zuhören möchte, so lange still, bis Sie Gottes deutlichen Ruf an sich vernehmen und ihm folgen können. Das Göttliche offenbart jedem Menschen den besonderen Sinn seines Daseins. Wenn Sie Ihre Bestimmung finden, dann hilft Ihnen dies – hoffentlich – nicht nur, Ihr Leben zu gestalten, sondern auch, anderen zu dienen.

Außerdem wäre eine weniger materialistische Ausrichtung des Lebens für uns alle sinnvoll. Im praktischen Alltag der modernen westlichen Gesellschaft ist das gar nicht so einfach. Im 21. Jahrhundert werden wir nicht massenhaft zu Asketen werden. Die Gesellschaft wird die Zeit nicht ins Mittelalter, in eine Epoche vor der industriellen Revolution, zurückdrehen. Wir werden unsere materiellen Grundbedürfnisse (Nahrung, Kleidung, Wohnung, medizinischer Fortschritt und Bildung) nicht aufgeben, ebenso wenig wie unsere leiblichen Annehmlichkeiten oder unseren technischen Fortschritt.

Askese ist nicht der Weg des Judentums. Es ist gar nicht notwendig, menschliche Bedürfnisse zu unterdrücken oder der Welt zu entsagen. Menschliche Freuden und Heiligkeit sind nicht unvereinbar.

Doch wir sollten uns, zumindest bis zu einem gewissen Grad, von unserer modernen, ziemlich eindimensionalen und konsumorientierten Lebenseinstellung abwenden. Unser Verlangen nach unwichtigen Luxusgütern weckt Unzufriedenheit im Herzen, entzieht uns Kraft und Ressourcen, ohne uns dafür im Gegenzug glücklich zu machen.

Viele möchten nach „höheren", immateriellen Idealen streben. Immer öfter sehen wir, dass Einfachheit, als Lebensstil, gepaart mit maßvollem Essen, Trinken und Vergnügungen, uns Zufriedenheit schenkt, unsere Sorgen verringert und zu Gelassenheit führt. Einfachheit bedeutet, das Unwichtige wegzulassen. Wir müssen erkennen, dass unsere materiellen Bedürfnisse gering sind und es nur Weniges gibt, was wir wirklich benötigen.

Außerdem müssen wir erkennen, dass alles auf dieser Welt vergänglich ist. Alles verändert sich; alles ist im Fluss. Alles, was entsteht – jeder einzelne Mensch – wird wieder vergehen.

Dieses neue Bewusstsein wird uns hoffentlich zu größerer Ausgeglichenheit im Leben führen, so dass wir eine gesunde materielle Basis mit dem Streben nach persönlicher emotionaler und intellektueller Entwicklung sowie spiritueller Erfüllung verbinden können. Zu einer solchen Suche nach einer ausgewogeneren Lebensweise gehört auch, dass wir den „richtigen" Umgang mit unserer Zeit, unseren Kräften, unserem Geld und unserem Besitz einer ständigen Überprüfung unterziehen. Wenn Sie nur möchten, dann finden Sie die Zeit für die Menschen, die Tätigkeiten und die Werte, die Sie schätzen.

Wenn wir ein ausgeglicheneres, maßvolleres Leben anstreben, dann führt das hoffentlich auch dazu, dass wir uns fragen, welche materielle Grundlage wir als Einzelne zur Befriedigung unserer Bedürfnisse wirklich brauchen – wodurch wir wiederum zugleich mit offeneren Händen anderen etwas von uns geben können. Sie sollten sich fragen: Wie viel Geld und materiellen Besitz benötige ich, um in meinem Erdenleben meinen Weg zu gehen, meine Bestimmung zu erfüllen und mein Glück zu finden? Wenn Sie sich diese Frage beantworten, dann verringert sich vielleicht Ihr Drang nach Materiellem und Ihr Wunsch, andere mit Ihren Ausgaben und Ihrem Konsum zu beeindrucken. Womöglich führt es sogar dazu, dass Sie Ihr Kaufverhalten mit Ihren Werten und Ihrem Lebensziel in Einklang bringen.

Ein weniger materialistischer Lebensstil beschert Ihnen Vorteile in dieser und in der jenseitigen Welt. Wie in Kapitel Sechs noch näher ausgeführt wird, erkannten die jüdischen Mystiker, dass eine geringere Bindung an die materielle Welt – gekennzeichnet durch die Befreiung von den Dämonen Gier, Verlangen und Neid – es einem leichter macht, friedlich zu sterben, was wiederum den Grabesschmerz (also das, was Rebe Elimelechs Freund Chaim in Kapitel Eins auf dem Friedhof erlebt hat) lindert. Ein ethisch verantwortliches, auf Gott ausgerichtetes Leben war (und ist bis heute) eine äußerst nützliche Strategie zur Vorbereitung auf einen schmerzfreien, friedlichen Abschied.

Ein eher spirituell orientiertes Leben, so sagen die jüdischen Weisen, erleichtert der Seele auch den Weg durch Fegefeuer und Paradies. Rabbi Pinchas von Korez, ein chassidischer Meister, der von 1728 bis 1790 in Russland lebte und einer der engsten Schüler des Baalschemtow war, drückte es so aus: „Alle Freuden kommen von deinem Anteil im Paradies. Je mehr du in dieser Welt genießt, desto weniger bleibt dir in der kommenden. Sei weise und halte dich zurück, wenn du Zerstreuung suchst. Bewahre dir etwas von deinen Freuden für das ewige Leben auf."[18]

---

18   Ebd., S. 2.

Niemand braucht einen spirituellen Meister oder Guru, der ihm den Weg vorgibt. Gemäß den Wegweisern des Spirituellen Judentums gilt für unser Leben hier und zum Wohl unserer Seele im Jenseits vor allem das Folgende: Liebevoll und mitfühlend sein; Vergebung leben; demütig und bescheiden sein sowie zu einer sinnvollen, ausgeglichenen Lebensführung finden.

In dem Bemühen, wieder einen ethisch verantwortlichen, werte-orientierten Monotheismus ins Zentrum unseres spirituellen Lebens zu rücken, müssen wir erkennen – so schwer es uns auch fallen mag, dies zuzugeben – dass keine Religion die einzige, höchste Wahrheit über Gott besitzt. Ich betrachte das Judentum nicht als den vollständigsten und besten Ausdruck von Gottes Willen und die Juden nicht als des Ewigen auserwähltes Volk. Zwar bekräftige auch ich die Unverwechselbarkeit des jüdischen Erbes sowie die besondere Rolle der Juden bei der Heilung der Welt und der Vollendung der Schöpfung, aber ich anerkenne auch die Gültigkeit aller anderen Religionen. Und so lege ich demütig meine Vision eines Spirituellen Judentums vor, als einen Glauben unter vielen.

Kapitel Drei

WAS DEN TOD ÜBERLEBT: DIE UNSTERBLICHE SEELE

Fast alle Menschen haben Schwierigkeiten, sich ihren eigenen Tod vorzustellen und sich mit Fragen des Lebens nach dem Tod auseinanderzusetzen. Doch versuchen wir es einfach einmal. Wenn jemand Sie fragen würde: Was geschieht nach dem Tod? Gibt es ein Leben danach? Was würden Sie antworten?

Im Hinblick auf diese Fragen dominiert heute eine recht materialistische Sicht der menschlichen Existenz. Deshalb antworten manche vielleicht mit der sehr sachlichen Ansicht: „Tot ist tot." Ein menschliches Leben endet, danach wird das Gehirn zu Vanillepudding, und die Würmer fressen einen auf. Als logische Folge könnten Sie annehmen, dass nach dem Tod alle Kommunikationskanäle und Verbindungen zwischen den Lebenden und den Verstorbenen für immer gekappt sind.

Eine solche nihilistische Sicht des Todes als Auslöschen vertritt Rabbi Richard L. Rubenstein, wenn er schreibt:

Ich bin überzeugt, dass ich aus dem Nichts entstanden [bin] und dass es mir bestimmt ist, wieder ins Nichts zurückzukehren. Diesem Verhängnis sind alle Menschen unentrinnbar ausgeliefert. In letzter Konsequenz wäre das allmächtige Nichts der Herr der ganzen Schöpfung. Nichts im öden, kalten, gefühllosen Universum interessiert sich auch nur im Entferntesten für das menschliche Streben und Sehnen. ... Nur der Tod vollendet das Leben und beendet seine Probleme. Gott kann uns nur durch

Abschlachten erlösen. Es gibt nichts, worauf wir hoffen könnten, außer dem, was wir in der uns zur Verfügung stehenden Zeit zu erschaffen vermögen … In letzter Konsequenz zerfällt alles in dem Nichts, das an Anfang und Ende der Schöpfung steht.[19]

Andere meiden jedes Gespräch über das Jenseits, weil das Judentum das Leben feiert, hier und jetzt. Der charismatische jüdische Gelehrte, Schriftsteller und führende Religionsvertreter Rabbi Abraham Joshua Heschel, der in der Bürgerrechts- und Antikriegs-Bewegung der 1960er Jahre eine prominente Rolle in vorderster Reihe spielte, antwortete auf die Frage nach einem Leben nach dem Tod einmal folgendermaßen:

Ich glaube, es ist Gottes Sache, was er mit mir nach dem Leben anfängt. Hier ist es meine Sache, was ich mit meinem Leben anfange. Also überlasse ich es Ihm. Ich habe so viel damit zu tun, mein Leben gut zu führen, und nicht immer gelingt es mir, dass ich gar keine Zeit habe, mir darüber Gedanken zu machen, was Gott mit mir vorhat, wenn ich erst im Grabe liege.[20]

Wenn man Sie drängt, dann antworten Sie vielleicht, dass der Lebensfaden eines Menschen durch seine Nachkommen oder seine guten Werke fortgeführt wird. Kinder und Kindeskinder spiegeln oft die Persönlichkeit eines Verstorbenen – seine emotionalen oder intellektuellen Eigenschaften – oder sie weisen eine verblüffende äußere Ähnlichkeit mit dem Verstorbenen auf. In seinem Klassiker *Mach Frieden mit dir* schreibt Rabbi Joshua Loth Liebman:

Unsere lebendige Unsterblichkeit findet sich konkreter in unseren Kindern, in unseren Kindeskindern. Wohl mögen wir keine Bildhauer sein, die unsterbliche Statuen aus dem unbeweglichen Felsen hauen können,

---

19   Richard L. Rubenstein, „The Making of a Rabbi" in Ira Eisenstein (Hrsg.), *Varieties of Jewish Belief*, Reconstructionist Press 1996, S. 179, 194f.
20   *The Eternal Light: A Conversation with Dr. Abraham Joshua Heschel*, NBC/TV Network, National Broadcastin Co., Inc. 4. Februar 1973.

*dennoch haben die meisten unter uns das unendlich größere Vorrecht ...
das geistige Leben und Schicksal der nach uns kommenden Generationen
zu formen. Die Menschen, die wir durch das Beispiel unseres Lebens beeinflussen, die Kinder, die von der Flamme unseres Geistes berührt werden, sie sind es, in denen wir weiterleben und unsere ewige Bedeutung
finden.*[21]

An Verstorbene erinnert man sich auch – und auch auf diese Weise leben sie weiter – aufgrund ihrer guten und liebevollen Werke oder wegen
der Art und Weise, wie sie das Leben derjenigen, die noch auf Erden sind,
berührt haben.

Der Einfluss des Maimonides

Der heutige materialistische Ansatz im Judentum geht wohl auf den Einfluss des Maimonides zurück, jenes großen und hoch bedeutenden jüdischen Philosophen und Gelehrten, der von 1135 bis 1204 gelebt und
das jüdische Recht systematisiert hat. In seinen philosophischen Werken
bemüht sich Maimonides, die Prinzipien des Judentums systematisch im
Lichte der rationalistischen griechischen Philosophie darzulegen. Maimonides' Schriften versuchen zu zeigen, dass Religion und Philosophie
auf dieselbe Wahrheit hindeuten. Deshalb dienen sie bis heute als erste
und wichtigste Grundlage jüdischer Lehre und beeinflussen das moderne
jüdische Denken in vielen Bereichen, einschließlich der Ansichten über
den Tod und das Leben danach.

Maimonides bekräftigt, dass es nach dem Tod in der Kommenden Welt,
die er als eine andere Bewusstseinsebene betrachtet, eine unsterbliche, allerdings entkörperte Seele gibt.[22] Maimonides stellt die Kommende Welt
als beseligend, harmonisch und transzendent dar und behauptet, dass dort
eine direkte Kommunikation zwischen der Seele des Verstorbenen und

---

21   Joshua Loth Liebman, *Mach Frieden mit dir*, Ullstein, Berlin 1948, S. 136f.
22   Simcha Paull Raphael, *Jewish Views of the Afterlife*, Jason Aronson, S. 249-254.

dem Göttlichen stattfindet. Allerdings sagt Maimonides auch, diese jenseitige Welt übersteige das menschliche Fassungsvermögen bei weitem. Maimonides stellt fest:

Was den glückseligen Zustand der Seele in der kommenden Welt anbelangt, so ist es auf Erden ganz unmöglich, ihn zu begreifen oder zu kennen. Denn während unserer irdischen Existenz kennen wir nur körperliche Freuden, und sie sind es, nach denen wir uns sehnen. Doch die Glückseligkeit im Leben danach ist über alle Maßen groß und nur metaphorisch mit irdischem Vergnügen zu vergleichen. In Wirklichkeit jedoch kann es gar keinen Vergleich geben zwischen der Glückseligkeit der Seele im jenseitigen Leben und der Befriedigung, die Essen und Trinken dem Körper auf Erden bereiten. Jene spirituelle Glückseligkeit kann nicht gesucht werden, und sie übersteigt alle Vergleiche.[23]

Mit seiner Ansicht von der Lücke in der Dualität zwischen Körper und Geist, die zwei getrennte Welten bewohnen, ist es Maimonides gelungen, viele Juden davon zu überzeugen, dass dem Menschen die Fähigkeit fehlt, über das Leben nach dem Tod nachzudenken. Mit Ausnahme einiger weniger in komplexem philosophischen Denken Geschulter, so versicherte Maimonides (und viele Juden nahmen ihm das ab), könne der Mensch die nachtodliche Kommende Welt nicht verstehen. Die Ansicht, dass dieses spirituelle Reich jenseits des Todes das menschliche Denkvermögen übersteigt, hatte unter jüdischen Kommentatoren nahezu neunhundert Jahre lang Bestand.

Doch im Laufe der Jahrtausende hat sich das Judentum, insbesondere die jüdische Mystik, sehr wohl damit befasst, was nach dem Tod geschieht. Traditionell vertritt das Judentum die Auffassung, dass es ein Le-

---

23 Moses Maimonides, *The Mishneh Torah*, Band 1 *The Book of Knowledge*, hrsg. und übersetzt von Moses Hyamson, Bloch 1937, S. 91a. (Im Gegensatz zu Maimonides' religionsphilosophischem Hauptwerk *Führer der Unschlüssigen* wurde die *Mischne Tora* [„Wiederholung des Gesetzes"], eine Überarbeitung der rabbinischen Rechtsauslegung in vierzehn Bänden, nie ins Deutsche übersetzt. Der hier zitierte Text wurde nach der englischen Übersetzung ins Deutsche übertragen. Anm. d. Ü.)

ben nach dem Tod gibt. Doch bevor wir uns auf eine Rundreise durch die jenseitige spirituelle Welt begeben, müssen wir fragen: Was ist es, das in jedem Menschen den Tod überlebt und letztendlich wiedergeboren wird? Der jüdische Glaube hat darauf grundsätzlich zwei Antworten: Zum einen unser Körper durch die körperliche Wiederauferstehung; und zum anderen unser Geist, unsere Essenz, mit anderen Worten unsere unsterbliche Seele.

Eine Möglichkeit: Körperliche Auferstehung

Zunächst drehte sich im jüdischen Glauben alles um das Weiterleben durch körperliche Auferstehung. Auferstehung bedeutet die Wiedergeburt der Toten durch das Eingreifen des Göttlichen. Durch die Auferstehung würden die Verstorbenen demnach an Körper und Seele wieder zum Leben erweckt und danach entsprechend ihrer früheren Werke gerichtet.[24]

Die Vorstellung von der Auferstehung entstand in spätbiblischer Zeit.[25] In wenigen Worten zusammengefasst, lautet das Fazit einer langen und recht verwickelten Entstehungsgeschichte, dass die Verfasser der Bibel zwar übereinstimmend auf dem Konzept der Auferstehung beharren, jedoch den Zwiespalt zwischen individueller und kollektiver Auferstehung nicht lösen können. Der Prophet Jesaja weckt gegen Ende des 8. Jahrhunderts vor unserer Zeitrechnung die Hoffnung auf Auferstehung und Lohn für rechtschaffene Menschen (Jesaja 26, 19). Der Verfasser des Buches Daniel, das etwa um das 2. Jahrhundert vor unserer Zeitrechnung in seiner endgültigen Form zusammengestellt wurde, denkt über den Glauben

---

24 Neil Gillman zeichnet in seinem Buch *The Death of Death: Resurrection and Immortality in Jewish Thought,* Jewish Lights Publishing 1997, zunächst die Entwicklung der Unsterblichkeitsidee in der jüdischen Geschichte nach und argumentiert dann zugunsten der Auferstehung. Dazu führt er an, da sein Körper für sein Seinsempfinden unabdingbar sei, müsse Gottes Plan für ihn im Jenseits auch seinen Körper einschließen. Die Auffassung von der Auferstehung der Toten unterstützt auch Maurice Lamm in *The Jewish Way in Death and Mourning.* Jonathan David 1999, S. 228-233.

25 Raphael, *Afterlife*, S. 68-74.

an die individuelle Auferstehung nach und sagt: „Und viele, die unter der Erde schlafen liegen, werden aufwachen, die einen zum ewigen Leben, die anderen zu ewiger Schmach und Schande". (Daniel 12, 2)

Andere Schriftsteller der biblischen Zeit vertraten eine abweichende Ansicht zur Idee der Auferstehung. Der Prophet Hesekiel, der etwa um das Jahr 550 vor unserer Zeitrechnung in der babylonischen Gefangenschaft lebte, sah ein Feld voller verdorrter menschlicher Knochen, wahrscheinlich ein Schlachtfeld mit den Überresten niedergemetzelter Juden. In einer Vision sah Hesekiel die wundersame Verwandlung der verdorrten Knochen zu lebendigen Menschen:

Und [Gott] sprach zu mir: Du Menschenkind, diese Gebeine sind das ganze Haus Israel. Siehe, jetzt sprechen sie: Unsere Gebeine sind verdorrt und unsere Hoffnung ist verloren und es ist aus mit uns. Darum weissage und sprich zu ihnen: So spricht Gott der HERR: Siehe, ich will eure Gräber auftun und hole euch, mein Volk, aus euren Gräbern herauf und bringe euch ins Land Israels. (Hesekiel 37, 11-12)

In Hesekiels berühmter Vision vom Totenfeld betrifft die Auferstehung eine Gruppe, das Volk Israel. In biblischer Zeit war, so kann man wohl mit einigem Recht vermuten, das kollektive Schicksal des jüdischen Volkes, wie Hesekiel beispielhaft zeigt, wichtiger als das, was mit einem einzelnen Menschen nach dem Tod geschah.

Für die rabbinische Sicht der Welt erlangte die Auferstehung der Toten zentrale Bedeutung; sie bildete eine Grundlinie ihres theologischen Denkens.[26] In der klassischen rabbinischen Literatur ist die Auffassung von der kollektiven Auferstehung die vorherrschende. Für diese Schriftsteller findet eine solche kollektive Auferstehung „am Ende der Tage" statt, welches durch die Ankunft des Messias gekennzeichnet ist. Der Messias leitet eine neue göttliche Weltordnung und eine utopische Ära auf Erden ein und bewirkt die kollektive Auferstehung. Die Gräber öffnen sich, die

---

26 Ebd., S. 156-160.

Körper, denen ihre Seelen wiedergegeben wurden, steigen heraus und vollenden so die Auferstehung der Toten des Volkes Israel.

Zweitausend Jahre lang war die Lehre von der körperlichen Auferstehung der Toten Bestandteil des täglichen Gebetes im jüdischen Gottesdienst und ein zentraler Glaubenssatz – Dogma, wenn Sie so wollen – des traditionellen Judentums. Allerdings waren die Rabbinen uneins darüber, wer „am Ende der Tage" aufersteht: Alle, alle Gerechten oder nur alle gerechten Juden. Dennoch hat der Glaube an eine körperliche Auferstehung vielen Juden zu allen Zeiten Trost und Hoffnung geschenkt.

Im 20. Jahrhundert gaben die meisten Juden den buchstabengetreuen Glauben an eine körperliche Auferstehung auf. Der Tod stellt den Zusammenbruch der physikalischen und chemischen Struktur des Körpers dar. Darüber hinaus wurde der Auferstehungsglaube in einer Welt nach dem Holocaust noch unplausibler. Nachdem die Nazis Millionen Menschen verbrannt und ihre Asche verstreut hatten, konnte man sich nur noch sehr schwer vorstellen, wie diese nicht mehr existierenden Knochen jemals wieder auferstehen sollen.

Unsere unsterbliche Seele

Moderne wissenschaftliche Erkenntnisse scheinen auf die Existenz einer unsterblichen Seele hinzuweisen.[27] Nach seiner Auseinandersetzung mit der im Laufe der letzten fünfundzwanzig Jahre stetig anwachsenden Literatur zur wissenschaftlichen Erforschung der Nahtod-Erfahrungen kommt ein Kommentator zu dem Schluss: „Es fällt einem sehr schwer, sich nach einer gründlichen Analyse dieser Indizien des Eindrucks zu erwehren, dass die Wissenschaft hier tatsächlich über Daten der Seele gestolpert ist."[28]

In ähnlicher Weise richtete sich auch das Denken der jüdischen Mysti-

---

27 Indizien für einen nicht lokal gebundenen Geist, der über Zeit und Raum hinausreicht, legt erstmals Dr. Larry Dossey vor, und zwar in seinem Buch *Recovering the Soul: A Scientific and Spiritual Search,* Bantam 1989, S. 123-208.

28 Patrick Glynn, *God: The Evidence: The Reconciliation of Faith and Reason in a Postsecular World,* Prima 1997, S. 136.

ker, obwohl sie der Lehre von der körperlichen Auferstehung wenig Bedeutung beimaßen, auf das Weiterleben der Seele des Verstorbenen, der unsichtbaren Essenz des Menschen, die uns alle mit Gott verbindet. Die jüdischen Mystiker erkannten, dass wir mehr sind als unser physischer Körper, und entwickelten daraus auf der Grundlage der Werke der mittelalterlichen Philosophen ihre Vorstellung von der Seele.

Maimonides zum Beispiel vertrat eine Dreiteilung der Seele in erstens, den vegetativen Aspekt, der Nahrungsaufnahme und Sexualität regelt; zweitens, den sensorischen Aspekt, der unsere Bewegungen, unsere verschiedenen Wahrnehmungen, einschließlich Hören, Sehen, Riechen und Fühlen sowie unsere Vorstellungskraft steuert; und drittens, den rationalen oder intellektuellen Aspekt, die Kraft des Verstandes. Maimonides war der Ansicht, dass der vegetative und der sensorische Aspekt sich beim Tod unseres physischen Körpers auflösen. Wie in diesem Kapitel bereits beschrieben, erlebt nach Maimonides nur unsere unsterbliche rationale Fähigkeit die Kommende Welt.[29]

Aufbauend auf dem mittelalterlichen philosophischen Denken stellt das mystische jüdische Modell die Seele als ein vereinigtes Ganzes dar, als eine Totalität, die aus miteinander verbundenen Bewusstseinsfeldern sowie bewusster Energie besteht und jeden Menschen mit Gott verbindet. Es lässt sich zwar nur schwer mit Worten auf gedrucktem Papier ausdrücken, doch die jüdischen Mystiker betrachten die Seele – unsere innere Substanz, unseren Geist, unsere höhere Bewusstseinsebene – als aus vier miteinander verflochtenen Energiefeldern oder -ebenen bestehend, nämlich dem physischen, dem emotionalen, dem intellektuellen und dem spirituellen Feld.[30]

---

29 Raphael, *Afterlife*, S. 250.
30 Bei der Formulierung meines Konzepts der Seele habe ich aus folgenden Quellen geschöpft: David Aaron, *Endless Light: The Ancient Path of the Kabbalah to Love, Spiritual Growth and Personal Power*, Simon and Schuster 1997, S. 84-97; Rabbi Moris Lichtenstein, *Peace of Mind*, Society of Jewish Science, 1970, S. 304-312; Raphael, *Afterlife*, S. 278-280, 365-368; Rabbi David A. Cooper, *God Is a Verb: Kabbalah and the Practice of Mystical Judaism*, Riverhead 1997, S. 95-99, 106f.; Rabbi Yonassan Gershom, *Kehren die Opfer des Holocaust wieder?* Verlag am Goetheanum, Dornach 1997, S. 364-373; Gershon Winkler, *The Soul of the Matter: A Psychological and Philosophical Study of the Jewish Perspective on the Odyssey of the Human Soul Before, During and After „Life"*, The Judaica Press 1982, S. 7f.

Erstens, die physische Ebene: Sie ist ein Lebensenergie-Feld in jedem Menschen, das an den physischen Körper gebunden ist, ihn belebt und erhält. Dieser Aspekt unserer Seele steuert unsere Organfunktionen und sorgt für den geregelten Ablauf unserer Vitalprozesse. So schlägt zum Beispiel unser Herz ganz ohne unser Zutun, und jeder Herzschlag wiederum versorgt den gesamten Körper mit Blut, dem Quell der Vitalität. Die physische Ebene dient als die biologische Lebenskraft, die jeden Menschen mit der irdischen Welt verbindet.

Die physische Ebene, die uns zum Handeln anregt, gibt jedem Menschen das Gefühl, dass unser Handeln sinnvoll ist und etwas bewirken kann. Darüber hinaus vermittelt uns die physische Ebene das Bewusstsein für Gut und Böse. Fast alle Menschen verspüren einen inneren Antrieb, Gutes und nicht Böses zu tun, es gelingt ihnen bloß nicht immer.

Zweitens, die emotionale Ebene: Sie ist ein Feld emotionaler Energie, welches das Herz mit Liebe, Sympathie, Zärtlichkeit und Mitgefühl erfüllt und den Sitz der Persönlichkeit des Menschen darstellt. Diese emotionale Ebene, die zuweilen auch als emotionales Bewusstsein bezeichnet wird, verbindet die physische Ebene der Seele mit ihren höheren intellektuellen und spirituellen Aspekten.

Die emotionale Ebene der Seele vermittelt uns ein Gespür für die Wahrheit und dafür, dass unsere Worte diese Wahrheit vermitteln können. Genau wie unser Handeln, haben auch unsere Worte Sinn. Wenn wir möchten, dann können unsere Worte diese Wahrheit, eine Zusammenstellung universeller Leitprinzipien, erfassen.

Drittens, die mentale (oder intellektuelle) Ebene: Sie ist ein geistiges Energiefeld sowie zugleich die Energie des transpersonalen (nicht-körperlichen) Selbst und verbindet uns mit den höheren spirituellen Aspekten unserer Existenz. Die mentale Ebene ist die unsichtbare Quelle der Gedanken und Inspirationen in unserem Geist. Jeder Mensch ist ein Kanal, durch den unsere intellektuellen Kräfte fließen.

Diese mentale Bewusstseinsebene dient als Brücke zwischen der Welt der Menschen und der Göttlichen Welt. Aus der Entwicklung der intellektuellen Ebene der jeweiligen Seele geht ihr höheres Gottesbewusstsein hervor.

Die mentale Ebene der Seele beeinflusst unsere Gedanken und wirkt darauf hin, dass wir erkennen, inwiefern unsere Ideen und Ideale für unsere Existenz dauerhaft von Wert sind. Wie in Kapitel Zwei ausgeführt, versuchen wir alle, den Sinn unseres Lebens zu entdecken, indem wir unsere besondere irdische Berufung finden. Wenn wir diese Erwartung erfüllen und tatsächlich sind, wer wir sein sollen, dann erreichen wir auf der physischen Ebene unserer Existenz die Erfüllung, nach der wir uns sehnen.

Viertens enthält jede Seele eine spirituelle Ebene: Sie besteht selbst wiederum aus zwei Feldern beziehungsweise Ebenen spiritueller oder transzendenter Energie. Auf der ersten oder unteren spirituellen Ebene verbindet uns jede einzelne Lebenserfahrung bewusst oder unbewusst mit Gott und der Göttlichen Lebenskraft. Jeder Mensch erlebt sein Selbst im Rahmen eines größeren Ganzen. Zu diesem größeren Ganzen – zur Seele des Universums, mit anderen Worten zu Gott – wollen wir gehören und unsere Existenz so in einen übergeordneten Zusammenhang stellen. Wir spüren, dass wir irgendwie unsere Existenz transzendieren können und uns doch nicht verlieren. Dieser Aspekt der Seele stellt bei den meisten Menschen den höchsten Bewusstseinsgrad dar, den sie erreichen können.

Auf einer noch höheren Ebene, die zuweilen als ein transzendentes Lichtfeld betrachtet wird, strebt die Seele danach, sich mit Gott zu vereinen und mit Ihm zu verschmelzen. Diese höhere spirituelle Ebene stellt jenen Teil der Seele dar, der vom Ewigen untrennbar ist. Diese Ebene ist der reine Teil der Seele.

Zu Lebzeiten eines Menschen sind diese vier unsichtbaren und oft nur schwer greifbaren Aspekte der Seele miteinander verbunden; sie bilden ein vereinigtes organisches Ganzes ohne jegliche Trennung. Das Miteinander dieser vier Ebenen kennzeichnet das Seelenwesen eines Menschen, seine Lebensfreude.

Wir können daher unsere Seele als die Kraft betrachten, die den Körper mit Gesundheit und Energie versorgt. Sie ist die Kraft, die dem menschlichen Leben seine Lebendigkeit und Stärke schenkt. Sie ist die Kraft, die jedem Herzen seine Emotionen zuleitet. Sie ist die Kraft, durch die wir das Unsichtbare in unserem Inneren sehen und Großes schaffen können.

Sie ist die Kraft, die alle Körperteile in Einklang miteinander bringt und Körperfunktionen und Körperausdruck koordiniert. Deshalb ist die Seele die Essenz eines Menschen.

Die Seele in uns vertritt die unsichtbare Energie-Emanation Gottes, die Weltseele. Sie ist ein Lichtstrahl vom Höchsten Fundament des Lichtes. Sie ist nur ein winzig kleiner Teil der Vitalität und Energie aus dem riesigen Speicher unendlicher Kraft und Stärke. Die Essenz unseres Wesens – unsere Seele – kommt von Gott und ist Teil von Ihm.

Beim Tod eines Menschen trennt sich die Seele vom Körper, was in Kapitel Sechs näher beschrieben wird. Zuvor erlebt sie etwas, was jüdische Quellen als den „Grabesschmerz" bezeichnen, nämlich ihre Anhaftung an die materielle Welt. Rufen Sie sich noch einmal die Geschichte aus Kapitel Eins ins Gedächtnis und das, was Rebe Elimelechs Freund Chaim nach seinem Tod am Grab erlebt hat.

Danach werden die physischen, emotionalen und intellektuellen Ebenen der Seele, nämlich die Gedanken, Worte und Werke aus unserem Leben, vorübergehend einem Reinigungsprozess unterzogen, und zwar im qualvollen Reich des Fegefeuers, worauf Kapitel Sieben näher eingeht. Noch intensiver werden diese drei unteren Ebenen gereinigt, während die Seele des Verstorbenen das *Untere Paradies* durchschreitet. Danach betritt die Seele die erhabene Welt des *Oberen Paradieses*, wo sie Göttliche Glückseligkeit erfährt. Die Stufen der nachtodlichen Reise der Seele durch das Untere und Obere Paradies werden in Kapitel Acht besprochen.

Schließlich, und darum geht es in Kapitel Neun, betritt die Seele das Göttliche Schatzhaus der Seelen, wo jene Seelen beherbergt werden, die auf ihre Wiedergeburt warten. Wenn wir also von Reinkarnation sprechen, dann sprechen wir von der Reise einer Seele von einem Leben zum nächsten. Während dieser gesamten Reise bleibt die höchste spirituelle Ebene der Seele, unser Sehnen, das Göttliche zu leben und uns mit ihm zu vereinen, in Verbindung mit Gott. Und schließlich vereint sich jede Seele mit Gott.

◆

Beginnen wir nun also unsere Wanderung durch die Welt der Seelen, die Region, welche wir nach dem Tod betreten, ein Reich körperloser Geister. Zunächst wenden wir uns dem Sterbeprozess und dem Moment des Todes zu, in dem jeder Mensch bei seinem Abschied von der irdischen Welt unterschiedliche Erfahrungen durchlebt.

Kapitel Vier

DIE TRENNUNG DER SEELE VOM PHYSISCHEN KÖRPER

Teil I: Der Sterbeprozess und der Moment des Todes

In diesem Kapitel geht es um den Sterbeprozess und den Moment des Todes. In den darauffolgenden beiden Kapiteln Fünf und Sechs werden Visionen im Moment des Todes sowie der Grabesschmerz besprochen. Zusammengenommen stellen diese drei Kapitel die Gesamtheit der Erfahrungen eines Menschen bei seinem Abschied von der physischen Welt dar. Diese verschiedenen Stadien bilden ein Kontinuum an Erfahrungen in der Zeit vor, beim und unmittelbar nach dem Tod. Zwar werden sie um der Klarheit willen einzeln besprochen, doch in Wirklichkeit verschmelzen sie miteinander. Jedes Stadium nimmt einen unterschiedlich langen Zeitraum ein, je nach dem Menschen und den Umständen seines Todes.

Der Sterbeprozess

Während des Sterbeprozesses lösen sich die Elemente des physischen Körpers auf, und im Todesprozess trennen sie sich voneinander. Die jüdische Mystik lehrt:

Wir haben [gelernt], dass an dem [gefürchteten] Tag, wenn die Zeit gekommen ist, dass der Mensch von der Erde scheide, alle vier Enden der Welt ihn verklagen und Strafen sich von allen vier Enden erheben, und vier Elemente in Streit geraten und jedes nach seiner eigenen Seite zu entweichen sucht. (Sohar II, 218b)[31]

Zwar versäumt dieser etwas kryptische Abschnitt, die vier Elemente zu nennen, wahrscheinlich spricht der Verfasser aber von den vier Elementen der menschlichen Existenz – Erde (oder Fleisch), Wasser (oder Körperflüssigkeiten), Feuer (oder Körperwärme) und Luft (oder Atem) – die sich auflösen und den menschlichen Körper verlassen. Mit dem Streit mag der tumultartige und sehr aufwühlende Prozess gemeint sein, der im Bewusstsein des Menschen stattfindet.[32]

Auf der physischen Ebene verläuft der Sterbeprozess meiner Beobachtung nach als ein allmähliches Nachlassen und schließlich völliges Erliegen der verschiedenen Lebensfunktionen. Jemand, der dem Tod sehr nahe ist, ist normalerweise völlig kraftlos. Der Körper wird schwer, und der Mensch kann kaum noch stehen oder auch nur die Glieder bewegen. Sterbende sind oft dehydriert und haben großen Durst. Sie brauchen kleine Eisplättchen auf Gesicht, Mund und Lippen, um nicht völlig auszutrocknen. Weil sie die Kontrolle über ihre Körperflüssigkeiten verlieren, werden Sterbende meist inkontinent, der Körper verliert Wärme, und die Gliedmaßen werden kalt. Schließlich fällt ihnen das Atmen immer schwerer. Das Einatmen wird flacher, das Ausatmen langsamer und länger. Zuletzt hört das Atmen auf. Der Moment des physischen Todes ist gekommen.

Rituale auf dem Sterbebett nach jüdischem Glauben

Nach jüdischem Glauben kann ein todkranker Mensch beten und meditieren oder auch visualisieren, wie seine Zukunft nach dem Tod aussehen mag. Lassen Sie uns im Folgenden überlegen, wie jede dieser Methoden

---

31 Dieser Teil des Sohar ist bisher nicht ins Deutsche übersetzt und wurde deshalb hier nach der englischen Fassung übertragen. (Anm. d. Ü.)
32 Simcha Paull Raphael, *Jewish Views of the Afterlife*, Jason Aronson 1994, S. 295f, 378f.

einem oder einer Sterbenden eine tiefe innere Ruhe schenken und damit ihm oder ihr die Übergabe der Seele an die nachtodlichen Welten erleichtern kann.

Das bekennende Gebet auf dem Sterbebett

In der Frühzeit gab es keine besondere Form des jüdischen Bekenntnisses auf dem Sterbebett. Das traditionelle jüdische Bekenntnisgebet *Widduj* wird erst seit der Zeit des mittelalterlichen Philosophen Nachmanides, der von 1194 bis 1270 unserer Zeitrechnung gelebt hat, regelmäßig gesprochen. Etwa achthundertfünfzig Jahre lang war es allgemein bekannt und gebräuchlich, doch im 20. Jahrhundert wurde das Widduj unüblich. Erst jetzt findet es allmählich wieder Verwendung.

Das *Bekennende Gebet* auf dem Sterbebett ist nach außen gerichtet. Auf der Grundlage eines Satzes aus den Sprüchen des Salomo, „wer [seine Sünde] … bekennt und lässt, der wird Barmherzigkeit erlangen" (Sprüche 28, 13), ermöglicht das bekennende Gebet dem Sterbenden, sich direkt an Gott zu wenden und seinen Frieden mit Ihm zu machen. Mit dem Gebet auf dem Sterbebett bekennt der Sterbende seine Sünden, gesteht seine Schuld ein und drückt sein Bedauern darüber aus, dass er seine Möglichkeiten nicht ausgeschöpft hat oder seinen Verpflichtungen nicht nachgekommen ist. Indem er Gott gegenüber Rechenschaft über sein zu Ende gehendes Leben ablegt, bittet er um Gottes Vergebung und zeigt zugleich seine Bereitschaft, diese anzunehmen.

Das folgende *Bekennende Gebet auf dem Sterbebett* kann vom Sterbenden selbst gelesen oder ihm bzw. ihr vorgelesen werden:

Bekenntnis auf dem Sterbebett (Widduj)

Ich bekenne vor Dir, o Ewiger, mein Gott und der Gott meiner Vorfahren, dass meine Heilung wie auch mein Tod in Deinen Händen liegen. Möge es Dein Wille sein, mir vollkommene Heilung zu schicken. Doch wenn mein Tod durch Dich beschlossen ist, so will ich ihn in Liebe aus Deiner

*Hand annehmen. O möge mein Tod die Sühne sein für alle Sünden, alles
Unrecht und alle Verfehlungen, derer ich mich Dir gegenüber schuldig
gemacht habe. Gewähre mir das reiche Glück, das für die Gerechten angehäuft wird. Lehre mich den Weg des Lebens: In Deiner Gegenwart ist
die Fülle der Freude; zu Deiner Rechten Glückseligkeit immerdar.*

*Du, der Du der Beschützer der Hinterbliebenen und Hilflosen bist, be-
hüte meine Lieben, mit deren Seele die meine verbunden ist. In Deine
Hände lege ich meinen Geist; erlöse ihn, O Ewiger Gott der Wahrheit.*[33]

Mit der Bekräftigung, dass Leben und Tod in Gottes Händen liegen,
verfolgt das Bekenntnis auf dem Sterbebett einen mehrfachen Zweck.
Erstens stellt es die Abkehr des Menschen vom Bösen dar. Als Bittgebet
erfleht das Bekenntnis etwas, das wir uns wünschen. Ein schwerkranker
Mensch tut Buße und bittet Gott um Vergebung.

Zweitens dient das Bekenntnis auf dem Sterbebett auch als ein bestäti-
gendes Gebet an Gott: Dein Wille geschehe, o Ewiger.

Drittens sollte ein sterbender Mensch, wenn irgend möglich, versuchen,
noch vor seinem Abschied alle ungelösten emotionalen Konflikte und
Fragen zu klären. Das Sprechen des bekennenden Gebetes versetzt den
Sterbenden in die Lage, noch einmal über wichtige zwischenmenschliche
Beziehungen nachzudenken und zu spüren, wie es ihm mit jeder dieser
Beziehungen geht. Dies kann dazu führen, dass der Schwerkranke einen
letzten Versuch unternimmt, Wiedergutmachung zu leisten und eine Ver-
söhnung mit Familienangehörigen und Freunden herbeizuführen.

Viertens gibt das bekennende Gebet dem Sterbenden Gelegenheit, sein
Innenleben zu erforschen, insbesondere seine Gefühle gegenüber Gott,
und sich Gedanken über das Schicksal seiner Seele sowie den Sinn seines
Lebens und seines Todes zu machen. Wir dürfen hoffen, dass der oder die
Sterbende mit der Bitte um Vergebung auch die Gegenwart von Gottes
bedingungsloser Liebe zu uns Menschen erkennt.

---

33 Entlehnt aus Dr. Joseph H. Hertz, *The Authorised Daily Prayer Book*, überarbeitete Neuauf-
    lage, Bloch 1985, S. 1065.

Meditationen

Meditation gibt es im jüdischen Glauben schon seit biblischer Zeit. Zwar existierte sie im 20. Jahrhundert überwiegend im Verborgenen, doch etwa im Laufe der letzten zehn Jahre ist sie innerhalb des Judentums wieder publik geworden.[34]

Meditation erleichtert unsere innere Reise und lässt uns unser wahres und authentisches Wesen erkennen. Außerdem unterstützt die Meditationspraxis unsere inneren Reinigungsprozesse.

Meditation ist die Verschiebung unseres Bewusstseins vom äußeren zum inneren Gewahrsein. Dazu wendet man sich nach innen, bringt den Geist zur Ruhe, wird still, zentriert sich und begibt sich so innerlich und äußerlich an einen Ort der Stille. An diesem Ort der Stille, an dem Sie sich ganz öffnen können, dürfen Sie Verbindung zu Gott aufnehmen und Ihm zuhören sowie sich auf die Höhere Energie einstimmen. Sie gewinnen einen Ort, an dem Sie spirituelle Führung bekommen, einen Ort, an dem Sie mit dem Schöpfer und Bewahrer tiefe Zwiesprache halten können. Sie verbinden sich mit Ihrem gottähnlichen Wesen und gewinnen dabei oft eine neue Offenheit des Herzens.

Eine geführte Meditation ist eine weitere Möglichkeit, sich nach innen zu wenden. In diesem Falle jedoch wird die Reise von einer anderen Person geleitet, die Sie mit einer gezielten Botschaft an einen inneren Ort führt, an dem Sie Gelegenheit haben, Gott zu begegnen. Bei einer geführten Meditation können Sie Antworten auf Ihre Fragen finden, Licht in Schattenaspekte bringen und spirituelle Gaben erhalten. Eine geführte Meditation stellt deshalb eine Öffnung über Ihre normale Offenheit hinaus dar. Sie erhalten Gelegenheit, einen tieferen und profunderen Daseinszustand zu erleben.

Bei einer geführten Meditation dient der oder die Führende als Helfer. Soll eine geführte Meditation gelingen, so muss der Führende/Helfer den

---

34 Avram Davis gibt in seinem Buch *The Way of the Flame: A Guide to the Forgotten Mystical Tradition of Jewish Meditation* (Harper, San Francisco 1996) eine hilfreiche Einführung in die jüdische Meditation.

Prozess nicht nur steuern, sondern sich auch selbst in eine meditative Haltung begeben.

In Form des inneren spirituellen Sehens dient eine Meditation (oder eine geführte Meditation) als Instrument zur Einstimmung auf die Göttliche Gegenwart im Kern unseres menschlichen Wesens. Wir bestärken das Gute in der menschlichen Persönlichkeit und glauben, dass die Meditation diese Gegenwart spürbar machen kann. Meditation nach jüdischem Glauben bedeutet, eine innigere Beziehung zu Gott und zu allen Aspekten unseres Lebens zu entwickeln.

Zwei Meditationen empfinden Sterbende oft als besonders große Hilfe: Das Bekenntnis auf dem Sterbebett (Widduj) und die Geführte Engel-Meditation. Ein schwerkranker Mensch, der noch bei klarem Bewusstsein ist, kann das Widduj-Gebet als Meditation (oder geführte Meditation) nutzen. Es kann ihm beim Abschied der Seele vom physischen Körper und bei der Übergabe des Bewusstseins helfen. Den jüdischen Weisen zufolge ebnet das Widduj der Seele, unserer tieferen Essenz, einen Weg, auf dem sie den Körper verlassen kann. Außerdem erleichtert es im Moment des Todes das bewusste Sterben. Für einen schwerkranken oder bewusstlosen Menschen kann das Bekenntnis auf dem Sterbebett ebenfalls als geführte Meditation genutzt werden. Ob als Gebet oder Meditation, das Sündenbekenntnis erleichtert den Übergang des Sterbenden aus der Welt der Lebenden in die Welt der Seelen. Es geleitet die Seele ins Jenseits.

Zwar ist den meisten Juden heute der Gedanke an Engel eher fremd, doch die Bibel und die rabbinische Literatur enthalten zahlreiche Hinweise auf verschiedene Engelwesen – allerdings nicht in der Hollywood-Version mit Heiligenschein und Flügeln.[35] In der Thora bezeichnet der Begriff „Engel" im Allgemeinen einen Boten. Engel sind spirituelle Kräfte in menschlicher Gestalt. Ein Engel hält Abraham davon ab, Isaak zu opfern (2. Mose 28, 12). Ein Engel verkündet Manoach und seiner Frau

---

35 In seinem Buch *Ascending Jacob's Ladder: Jewish Views of Angels, Demons and Evil Spirits*, Jason Aronson 1998, vermittelt Ronald H. Isaacs einen Überblick über die jüdische Engelwelt.

die bevorstehende wundersame Geburt Simsons (Richter 13, 19-20). Diese Engel sind Beispiele für nicht-menschliche Boten in der Bibel.

Die biblische Literatur spricht aber auch von anderen, eher ungewöhnlichen Engelarten. So beschreibt zum Beispiel der Prophet Jesaja die Seraphim, die flammenden Engel mit ihren Flügeln (Jesaja 6, 6). Der Prophet Hesekiel hat eine Vision des Göttlichen Thronwagens, der von vier recht seltsamen, viergesichtigen, vierflügeligen Kreaturen angetrieben wird (Hesekiel 1, 4-20).

Auch die rabbinische Literatur steckt voller Hinweise auf Engel. Der Todesengel, über den wir später in Kapitel Fünf noch sprechen werden, taucht in den rabbinischen Erzählungen häufig auf.

Der jüdische Glaube kennt also zahlreiche Engel. Es wird ihnen zwar ein breites Spektrum an Kräften zugeschrieben, doch meistens – allerdings nicht immer – stellen sie spirituelle Kräfte dar, die zum Guten wirken. Engel werden ausgesandt, um uns zu helfen.

Sterbende erhalten durch die „Geführte Schutzengel-Meditation" Trost. Von Engeln umgeben, fühlen wir uns sicher und geborgen, wenn unser Leben zu Ende geht. Angehörige und Freunde können einen Sterbenden möglichst zweimal täglich durch diese Meditation führen. Sie dauert etwa zehn bis fünfzehn Minuten.

Geführte Schutzengel-Meditation

Einleitende Hinweise: *Die oder der Führende sollte versuchen, eine warmherzige, offene Atmosphäre zu schaffen, eine Umgebung voll heiterer Gelassenheit, in der Raum ist für die innere Reise. Dämpfen Sie das Licht im Zimmer ein wenig, falls möglich. Kerzen können eine Stimmung schaffen, welche die Meditation begünstigt (im Krankenhaus ist das allerdings vielleicht etwas schwierig).*

Der Führende sollte die Sterbende bitten: Schließe deine Augen, setze dich ruhig hin oder entspanne dich und bringe deinen Körper zur Ruhe, indem du dich hinsetzt, zurücklehnst oder hinlegst. Atme ganz normal ein und aus und spüre dem Atem nach, wie er in deinen Körper hinein- und wieder herausströmt. Gleiche deine Atemzüge einander an, so dass Ein-

und Ausatmung gleich lang sind. Dadurch wird der Körper entspannt und der Geist hellwach. (Selbstverständlich müssen Sie diese Anleitungen dem Zustand des oder der Sterbenden anpassen.)

◆

Der oder die Führende spricht anstelle des oder der Sterbenden. Rufen Sie zuerst den Erzengel Michael – den Engel der Liebe und Güte – an Ihre rechte Seite. Bitten Sie ihn, bei Ihnen zu sein, denn hin und wieder versagt die Liebe, die wir geben können, und wir werden unfreundlich oder urteilen über andere. Bitten Sie Michael, Ihnen zu helfen, damit Sie wahrhaft liebevoll und gütig sein können. Bitten Sie Michael um die Erfahrung einer Fürsorglichkeit, die aus ganzem Herzen kommt und mehr Wärme schenkt, als Sie sich je hätten träumen lassen.

Danach sollte der oder die Führende den Erzengel Gabriel – den Engel, der für die Stärke und den Mut Gottes steht und hilft, die Angst zu überwinden – an seine linke Seite rufen. Bitten Sie Gabriel, Ihnen zu helfen, Ihre Angst vor dem Tod und dem Sterben zu überwinden. Sagen Sie Gabriel, dass Sie von Gott Stärke und Mut erhalten möchten, um die Herausforderungen, die vor Ihnen liegen, zu bestehen.

Danach sollte der oder die Führende Raphael, den Engel der Heilung, der Gottes Heilkräfte repräsentiert, einladen, hinter Ihnen zu stehen und in Ihrem Körper zu wirken, besonders in allen Regionen, in denen Sie Schmerzen haben. Sagen Sie Raphael, dass Sie, wenn es Gottes Wille ist, in der physischen wie in der spirituellen Welt ein Heilungswunder erfahren möchten.

Stellen Sie sich dann vor, dass der Engel Uriel, das Licht Gottes, vor Ihnen steht. Bitten Sie Uriel, der Einsicht und Erkenntnis schenkt, die von außerhalb unseres Verstandes kommen, Ihnen zu helfen, dass Sie erkennen und verstehen können, was geschieht.

Spüren Sie die Gegenwart dieser vier Engel. Rufen Sie alle vier an. Sie sind für Sie da.

Stellen Sie sich zum Abschluss das Göttliche Licht über Ihrem Körper vor, und sehen Sie vor Ihrem inneren Auge, wie es durch Ihren Körper strömt. Dieses Licht ist die Schechina, der weibliche Aspekt Gottes. Lassen Sie zu, dass das Licht Sie mit Liebe umgibt und in einen schützenden inneren Frieden hüllt.

Hilfe ist immer ganz dicht bei Ihnen.

♦

Abschließende Hinweise: *Der oder die Führende sollte diese Anleitungen sprechen. Danach sollte er oder sie den oder die Sterbende einladen, wieder ins Hier und Jetzt zurückzukehren. Die Führende sollte dem Sterbenden sagen, dass er sich dazu Zeit lassen und ganz langsam zurückkehren darf: „Kehre mit deiner Aufmerksamkeit langsam in deinen Körper zurück; spüre wieder, dass du im Zimmer bist, und dann öffne die Augen."*

Visualisierungen

Wenn der oder die Sterbende darum bittet, dann sollten Angehörige sich auf ein Gespräch einlassen, in dem sie gemeinsam dem nachgehen, was der Sterbende über das Leben nach dem Tod glaubt. Wenn es gewünscht wird, dann können sie dem Sterbenden etwas über die jüdischen Jenseitsvorstellungen erzählen. Zusätzlich zu den Visualisierungen kann ein schwerkranker Mensch einzelne Kapitel aus diesem Buch lesen (oder vorgelesen bekommen), nicht nur als Landkarte für das Jenseits, sondern auch als Hilfe, damit die Seele ihre Reise antreten und sich in den anderen Welten zurechtfinden kann.

Visualisierungen können für jedermann eine kraftvolle Technik zur Zielfindung sein, sogar für Todkranke. Sich vor dem inneren Auge genau auszumalen, was man möchte, ist oft der erste Schritt dazu, dass man es auch erreicht. Visualisierungen funktionieren am besten, wenn Sie sich ein bestimmtes angenehmes Erlebnis vorstellen. Ein Vorteil der Visualisierung ist, dass Sie sie dazu zwingt, genau festzulegen, was Sie erreichen möchten. Je klarer ein Ziel ist, desto erreichbarer wird es oft.

Eine geführte Visualisierung verändert unsere normale Sicht der Wirklichkeit und hilft daher den Sterbenden, eine innere Reise in die nachtodlichen Welten anzutreten und sich völlig frei ein eigenes inneres Bild vom Jenseits zu machen. Außerdem hilft sie ihnen, andere Welten zu erkunden, und lindert dadurch die Angst vor dem Unbekannten.

Wie bei einer geführten Meditation, dient der oder die Führende auch bei einer geführten Visualisierung als Helfer. Der Führende/Helfer muss den Prozess anleiten und sich auch selbst auf die Visualisierung einlassen.

Die folgende geführte Visualisierung „Die Spirituelle Reise" kann als visuelle (nonverbale) Unterstützung für Sterbende genutzt werden. Angehörige und Freunde können einen schwerkranken Menschen, der bei Bewusstsein ist, durch diese Visualisierung führen. Sie dauert etwa zehn bis fünfzehn Minuten.

Geführte Visualisierung „Die Spirituelle Reise"

Einleitende Hinweise: *Die oder der Führende sollte versuchen, eine warmherzige, offene Atmosphäre zu schaffen, eine Umgebung voll heiterer Gelassenheit, in der Raum ist für die innere Reise. Dämpfen Sie das Licht im Zimmer ein wenig, falls möglich. Kerzen können eine Stimmung schaffen, die die Visualisierung begünstigt (im Krankenhaus ist das allerdings vielleicht etwas schwierig).*

Der Führende sollte die sterbende Person bitten: Schließe deine Augen, setze dich ruhig hin oder entspanne dich und bringe deinen Körper zur Ruhe, indem du dich hinsetzt, zurücklehnst oder hinlegst. Atme ganz normal ein und aus und spüre dem Atem nach, wie er in deinen Körper hinein- und wieder herausströmt. Gleiche deine Atemzüge einander an, so dass Ein-und Ausatmung gleich lang sind. Dadurch wird der Körper entspannt und der Geist hellwach. (Selbstverständlich müssen Sie diese Anleitungen dem Zustand des oder der Sterbenden anpassen.)

Der oder die Führende sollte den Todkranken bitten: Visualisiere deinen Tod. Stelle dir vor, was im Augenblick des Todes und danach ge-

schieht. Insbesondere sollte der Führende den Sterbenden bitten: Schaue dich in der transzendenten Welt um, visualisiere das Bild Gottes, identifiziere dich mit der universellen, überpersönlichen Höheren Seele und erlebe unsere endgültige Bestimmung – die Vereinigung mit Gott. Dann sollte der Führende den Sterbenden einladen, die Übertragung des Bewusstseins und die weitere Reise der Seele zu visualisieren.

Er sollte den Sterbenden einladen: Sieh, wie Gott dich zurückschickt und in bedingungslose, strahlende Liebe und Mitgefühl einhüllt.

◆

Abschließende Hinweise: *Der oder die Führende sollte diese Anleitungen sprechen. Danach sollte er oder sie den oder die Sterbende einladen, wieder ins Hier und Jetzt zurückzukehren, und dem Sterbenden sagen, dass er sich dazu Zeit lassen und ganz langsam zurückkehren darf: „Kehre mit deiner Aufmerksamkeit langsam in deinen Körper zurück; spüre wieder, dass du im Zimmer bist, und dann öffne die Augen."*

Danach sollte der oder die Todkranke ermuntert werden, über diese Visualisierung zu sprechen. Die Visualisierung der spirituellen Reise und das anschließende Gespräch darüber ermöglicht Angehörigen und Freunden, der Seele des Sterbenden besser zu helfen, wenn sie Abschied nimmt und ihre Reise ins Jenseits antritt.

Der Moment des Todes

Nach jüdischem Glauben ist der exakte Moment des physischen Todes schmerzlos. Der Tod ist, zumindest für die „Gerechten", mühelos – „wie wenn man einen Faden aus der Milch zieht".[36] Es gibt im Tod keinen Widerstand, sondern nur glückseligen Frieden. Selbst todkranke Menschen,

---

36 Midrash zu Psalm 11:6, Ausgabe S. Buber 1892.

die von starken Schmerzen und großem Leiden gezeichnet sind, zeigen im Tod meist ein friedliches Strahlen, ein stilles Lächeln des Trostes und der Ruhe. Angehörige schildern ihr Gesicht oft als „strahlend und endlich im Frieden".

Doch nicht jedem ist ein sanfter Tod beschieden. Für die „Bösen" beschreibt die rabbinische Literatur den Tod mit verschiedenen Metaphern (zum Beispiel: „Ein verworrenes Seil durch eine schmale Öffnung ziehen"[37]) als schmerzhafte Erfahrung – als eine Zeit großer innerer Unruhe. Auf die Frage „Wie scheidet die Seele eines bösen Menschen dahin?" antwortete Rabbi Samuel, einer der Weisen: „Wie ein feuchter, quer sitzender Stachel, der aus dem Rachen [gerissen wird]."[38]

Für tief in der mystischen Tradition verwurzelte Juden war der Tod nicht mit Ängsten besetzt. Vielmehr betrachteten ihn die jüdischen Mystiker als eine weitere Phase in der Entwicklung der Seele. Der Tod galt als ein friedlicher Prozess, der den Menschen aus der materiellen Welt in andere Welten körperlosen Bewusstseins hinüberführt. Die Frommen früherer Tage vollzogen den Übergang aus dem irdischen Leben mit einer zutiefst erstaunlichen Ruhe und ganz ohne Angst vor dem Tod.

Die folgende Schilderung des Todes des Baalschemtow – Israel ben Elieser, der Baalschemtow, war der Begründer der chassidischen Bewegung im Judentum; er lebte von 1698 bis 1760, machte die jüdische Mystik allgemein bekannt und brachte ihren Inhalt in eine breiten jüdischen Bevölkerungsschichten verständliche Form – gilt bis heute als ideales Vorbild für ein gutes Sterben. Der Baalschemtow akzeptierte den Tod vollkommen und lebte mit dem Empfinden, dass das Leben einen transzendenten Sinn hat. Achten Sie auf seine Zuversicht und seinen inneren Frieden, seine Selbstbeherrschung und die Verbundenheit, die er zu sich selbst, zu anderen und zu Gott empfand, sowie auf seine Liebe und Hingabe an andere:

---

37 Ebd.
38 *Midrasch Rabbah*, übersetzt von H. Freedman, *Ecclesiastes* VI;6,1, übers. Von L. Rabinowitz, Soncino 1939.

Als der Baalschemtow kurz vor seinem Tode krank wurde, legte er sich nicht ins Bett. Sein Körper wurde schwach, seine Stimme nahezu tonlos, und so saß er alleine in seiner Stube und meditierte. Am Vorabend des [jüdischen Feiertages] Schawuot, dem letzten Abend seines Lebens, hatten sich seine [Schüler] um ihn versammelt, und er predigte zu ihnen darüber, wie die Thora gegeben wurde. Am Morgen bat er, alle möchten in seiner Stube zusammenkommen, und er wies sie an, was nach seinem Tode mit seinem Leichnam zu tun sei. Danach bat er um ein [Gebetbuch] und sprach: „Ich möchte noch ein wenig in der Gemeinschaft mit [der Name: Gott sei gesegnet] sein."

Danach hörten sie, wie er mit jemandem sprach, und fragten ihn, mit wem er da rede. „Seht ihr nicht den Todesengel?", erwiderte er. „Er flieht mich immer, doch nun wurde ihm gewährt, dass er komme, und so schlägt er mit den Flügeln und ist voller Freude." Danach liefen alle Männer der Stadt zusammen, um ihm am Feiertag die Ehre zu erweisen, und er sprach mit den Worten der Thora zu ihnen. „Bis jetzt habe ich euch mit [liebender Güte] behandelt. Jetzt müsst ihr mich mit [liebender Güte] behandeln. [Die Beerdigung gilt als wahrhaftigster Akt [liebender Güte], denn es gibt keine Gegenleistung.] Er gab ihnen zum Zeichen, dass bei seinem Tode die beiden Uhren im Haus stehen bleiben würden.

Während er seine Hände wusch, blieb die große Uhr im Hause stehen, und augenblicklich stellten sich einige Männer davor, damit die anderen es nicht sehen konnten. Zu ihnen sprach er: „Um mich selber mache ich mir keine Sorgen, denn ich weiß ganz gewiss, dass ich aus dieser Tür hinaus und sofort durch eine andere hineingehen werde." Er sprach Worte aus der Thora und befahl ihnen, den Vers zu rezitieren: „Und lasse deine Güte, o Ewiger, unser Gott, über uns sein und fördere Du das Werk unserer Hände ..." Er legte sich nieder und setzte sich viele Male wieder auf und betete mit großer Hingabe, bis die Silben aus seinem Mund nicht mehr zu unterscheiden waren. Er wies sie an, ihn in Decken zu hüllen, und begann am ganzen Körper heftig zu zittern, wie dies oft geschah, wenn er das Stille Gebet sprach. Dann wurde er ganz allmählich ruhig.

In jenem Augenblick sahen sie, dass auch die kleine Uhr stehen geblieben war. Sie warteten und erkannten, dass er gestorben war.[39]

Die Geschichte des Todes von Rabbi Jechiel Michal von Zloczow – der von 1721 bis 1786 gelebt hat und einer der bekanntesten Schüler des Baalschemtow sowie ein fesselnder Redner war – zeigt ebenfalls, dass der Tod einen ruhigen Übergangspunkt von einer Bewusstseinswelt in eine andere darstellt.

In den letzten zwei Jahren vor seinem Tode verfiel Rabbi Michal immer wieder in eine tiefe Verzückung. Er ging dann flammenden Angesichts in seiner Stube auf und nieder, und man sah ihm an, dass er einem höherem Leben mehr als diesem verhaftet war und seine Seele nur einen leichten Schritt zu machen brauchte, um hinüberzukommen. Darum achteten seine Kinder eifrig darauf, ihn stets zur rechten Zeit aus der Verzückung zu wecken. Einst ging er wie gewöhnlich nach dem dritten Sabbatmahl, das er stets nur noch mit einem seiner Söhne einnahm, ins Lehrhaus und sang Lobgesänge, dann kehrte er in seine Stube zurück und ging auf und nieder. Zu jener Zeit war niemand bei ihm. Da hörte seine Tochter, die an der Tür vorbeikam, ihn im Gebet Mal um Mal wiederholen: „Willig schied Mose ab." Bestürzt rief sie einen ihrer Brüder herbei. Als er eintrat, sah er den Vater auf dem Rücken am Boden liegen und hörte ihn das letzte Wort des Bekenntnisses „Einer" mit versagenden Lippen flüstern.[40]

Die chassidischen Rebijim strebten danach, bei vollem Bewusstsein und im Kontakt mit Gott durch den Tod und insbesondere den eigentlichen

---

39   Entlehnt aus Jack Reimer (Hrsg.) *Jewish Reflections on Death*, Schocken 1974, S. 26f

40   Martin Buber, *Die Erzählungen der Chassidim*, Zürich 1949, S. 267.

Moment des Todes zu gehen. Sie vollzogen den Übergang aus dem irdischen Leben in heiterer Gelassenheit. Sie akzeptierten den Tod als Bejahung des Lebens.

Hilfe für Todkranke vor dem Tod

So schwer es uns auch fällt, uns dies vorzustellen: Gemäß den jüdischen Weisen brauchen wir den Sterbeprozess und den Moment des Todes nicht zu fürchten. Bei allem Schmerz und Leid, das wir vor dem Tod womöglich durchmachen müssen, stellt doch der eigentliche Augenblick des Todes einen friedlichen Übergang dar, bei dem wir uns auf die nachtodliche Seelenreise begeben, die uns unglaubliche Möglichkeiten zu emotionalem, intellektuellem und spirituellem Wachstum eröffnet.

Nach jüdischem Glauben sind Sterbende in jeder Hinsicht als lebendige Menschen zu behandeln, selbst wenn sie im Koma liegen oder unter geistigen Einschränkungen wie zum Beispiel Senilität leiden. Weil der Moment des Todes den Zeitpunkt darstellt, zu dem die Seele den Körper zu verlassen beginnt, sollten Sie versuchen, den Todesprozess so zu durchschreiten wie der Baalschemtow, nämlich bei vollem Bewusstsein.

Erlauben Sie einem Todkranken, in Würde und umgeben von Familie und Freunden zu sterben. Ein Sterbender sollte, wenn es irgend möglich ist, den Übergang nicht ohne Hilfe vollziehen müssen. Bei jemandem zu sein, wenn er oder sie stirbt, ist ein Akt liebender Güte und aus der Sicht des Spirituellen Judentums äußerst wichtig.

Familie und Freunde sollten nicht nur da sein, wenn es zu Ende geht, sondern auch dafür sorgen, dass die körperlichen sowie die emotionalen und spirituellen Bedürfnisse des Sterbenden erfüllt werden.

Körperliche Bedürfnisse

Machen Sie es der oder dem Schwerkranken so angenehm wie möglich, und vermeiden Sie unnötige Schmerzen und Leiden.[41] Gleich ob ein Mensch zu Hause, in einem Hospiz oder im Krankenhaus stirbt, achten Sie darauf, dass seine körperlichen Bedürfnisse erfüllt werden. Dies kann erforderlich machen, dass den ganzen Tag über immer jemand aus der Familie oder dem Freundeskreis bei ihm ist.

Obwohl Robert und Linda es sich für ihre Mutter anders gewünscht hätten, waren die letzten Lebensmonate der achtzigjährigen verwitweten Ruth von Verwirrung und oft unnötigen Schmerzen gekennzeichnet. Sie wurde von einem Spezialisten an den anderen verwiesen, vom Chirurgen über den Onkologen und Radiologen zum Kardiologen und schließlich zum Facharzt für Magen-Darm-Erkrankungen. Ruth wurde immer ängstlicher und schwächer.

Als sie drei Wochen vor ihrem Tod aufhörte zu essen, wussten Robert und Linda, dass das Ende nahe war. Aber die Ärzte schienen das gar nicht wahrzunehmen; sie wollten nicht akzeptieren, dass Ruths Tod unvermeidlich war.

Die Bemühungen, Ruths Leben zu verlängern, insbesondere die Entscheidung ihres Onkologen, die Chemotherapie fortzusetzen – wie sie allzu häufig getroffen wird – verlängerte nur die schmerzhafte Phase ihres Sterbens. Ihr Inneres kämpfte gegen die Chemo an, und Ruths Schmerzen wurden so stark, dass nicht einmal hohe Morphin-Dosen ihre Qualen lindern konnten.

Wenn das Leben eines Todkranken zu Ende geht, dann konzentrieren Sie sich auf die Schmerzmedikation. Sorgen Sie dafür, dass ein sterbender Mensch, wie zum Beispiel Ruth, wenn irgend möglich nicht unter starken, unkontrollierbaren Schmerzen leiden muss. Die Sorge um Medikamentenmissbrauch einschließlich der unbegründeten Angst vor einer Abhängigkeit von Schmerzmitteln kann Ärzte veranlassen, zu weni-

---

41 Simcha Steven Paull, *Judaism's Contribution to the Psychology of Death and Dying*, Ph.D. diss., California Institute of Integral Studies, 1986, S. 334-336.

ge Schmerzmedikamente zu verabreichen. Bei Todkranken sind solche Ängste einfach lächerlich. Sie werden ohnehin bald sterben.

Es ist von allergrößter Wichtigkeit, dass die Schmerzen eines sterbenden Menschen gelindert werden und er es so gut und bequem wie nur irgend möglich hat. Fast immer ist dies inzwischen machbar.[42] Daher sollten Schmerzmittel ganz nach Wunsch des Sterbenden (wenn er bei klarem Bewusstsein ist) verabreicht werden. Wird dies verweigert, müssen die Angehörigen auf der Gabe von Schmerzmitteln bestehen.

Der Einsatz der Schmerzmedikation sollte jedoch den Visionen im Moment des Todes Rechnung tragen. Wie in Kapitel Fünf näher ausgeführt wird, macht der Mensch im Moment des Todes oder kurz davor wichtige innere subjektive Veränderungen durch. Die Visionen im Moment des Todes helfen dem Menschen, die irdische Welt zu verlassen und als körperfreie Seele die jenseitigen Reiche zu betreten. Geben Sie Medikamente, um den körperlichen Schmerz zu lindern, lassen Sie die Patientin oder den Patienten nach Möglichkeit aber bei Bewusstsein, damit er oder sie sowohl die objektive als auch seine individuelle, subjektive Realität wahrnehmen und auf seine bzw. ihre objektive Situation reagieren kann.

Achten Sie aber zusätzlich zur Schmerzkontrolle beim Sterbenden auch darauf, dass er oder sie es bequem hat. Es können sich endlose körperliche Beschwerden einstellen, darunter Schwierigkeiten beim Atmen oder mit der Verdauung, Übelkeit und Erbrechen sowie Schlafstörungen. Tragen Sie allen diesen körperlichen Bedürfnissen Rechnung. Die Medizin verfügt heute über das notwendige Wissen und die Technik, um einem Sterbenden so gut wie jedes körperliche Leiden zu ersparen.

Außer auf die körperlichen Beschwerden, muss aber auch auf die emotionalen und spirituellen Nöte des Sterbenden eingegangen werden. Wenn ein Mensch, dessen Leben zu Ende geht, es wünscht, dann schenken Sie ihm auch emotionale und spirituelle Unterstützung.

---

42 Eine praktische, auch für Laien verständliche Anleitung zur Schmerzkontrolle geben Cicely M. Saunders und Mary Baines in ihrem Buch *Leben mit dem Sterben: Betreuung und medizinische Behandlung todkranker Menschen*, Huber, München 1991.

Emotionale und spirituelle Bedürfnisse

Die anhaltenden Qualen eines todkranken Menschen, der oft, wie Ruth, in einem sterilen Krankenhauszimmer an Schläuche, Kabel und Monitore angeschlossen ist, bergen auch die Gelegenheit in sich, einander an etwas Schönem teilhaben zu lassen. Über die äußerlich trostlose Umgebung hinaus öffnen sich neue Horizonte emotionaler und spiritueller Möglichkeiten für Bewusstheit und Transzendenz. Wie sehr wir doch das Leben schätzen, wenn wir kurz davor sind, es zu verlieren! Jeder neue Tag, an dem wir leben und atmen, ist ein Gottesgeschenk.

Menschen, bei denen eine tödliche Krankheit diagnostiziert wird, gelangen dadurch oft ganz plötzlich zu einem neuen Bewusstsein und einer neuen Achtsamkeit in ihrem Leben. Für eine gewisse Zeit, so kurz sie auch sei, wird die Krankheit ihnen zur großartigen Lehrerin. Zu den Wachstumsstufen am Ende des Lebens gehören der Abschluss persönlicher und beruflicher Beziehungen, aufkeimende Liebe zu sich und anderen, die Suche nach dem Sinn des eigenen Lebens, die Entdeckung eines neuen Selbst, das über das eigene Leben hinausweist, die Vision transzendenter Welten und die Akzeptanz der Endlichkeit des Lebens. So bietet der Sterbeprozess, das letzte Kapitel des Lebens, so schmerzhaft es auch sein mag, den Schwerkranken die Chance, in sich und zusammen mit anderen zu wachsen. Der Tod kann verwandeln und befreien – emotional und spirituell.[43]

Wie der einundfünfzigjährige Marv, der an Prostata-Krebs leidet, fragen sich viele: Wer bin ich? Worum geht es in meinem Leben? Was habe ich erreicht? Was muss ich noch aussprechen? Wie viel Unerledigtes gibt es bei mir, das ich noch abschließen muss? Wie werde ich meine begrenzten verbleibenden Tage gestalten?

In den letzten Wochen seines Lebens erkannte Marv, was ihm wirklich wichtig war. Alles Unwichtige konnte er loslassen. Es war die Zeit eines bemerkenswerten spirituellen Erwachens. Marv fühlte sich nie so lebendig wie in der Zeit, als er starb.

---

43   Paull, *Judaism's Contribution*, S. 316-318.

Wie können wir eine solche emotional befriedigende, spirituell orientierte Atmosphäre schaffen? Eine Zeit zum Nachdenken, zur Versöhnung und schließlich zum Abschluss.

Versuchen Sie, wenn irgend möglich, einen Sterbenden nie mit seiner Angst allein zu lassen, sei es im Krankenhaus, im Hospiz oder zu Hause. Er oder sie muss von Familie und Freunden umgeben sein, damit er oder sie sich nicht verlassen oder von allen anderen abgeschnitten fühlt. Schenken Sie ihm oder ihr stattdessen die warme Sonne liebevoller Aufmerksamkeit.

Seien Sie am Bett präsent und lernen Sie, dem todkranken Menschen zuzuhören – wirklich zuzuhören. Nehmen Sie wahr, was (sowohl mit Worten als auch ohne Worte) gesagt wird und was unausgesprochen bleibt, aber gemeint ist. Seien Sie „da" und „schwingen Sie mit". Lassen Sie die oder den Sterbenden Ihren Führer sein und alles sagen, worüber er oder sie sprechen möchte oder was gesagt werden muss – Gedanken, Ängste, Hoffnungen, Reue, Gefühle über Tod und Sterben, gute und schlechte Erinnerungen, was es auch sei. Es ist wichtig, dass sich Sterbende sicher und geborgen fühlen, ganz gleich, was sie zu sagen haben.

Zehn Tage vor seinem Tod sagte Jacks Vater, der im vorangegangenen Jahr zahlreiche koronare Herzerkrankungen gehabt hatte, in einem melancholischen Ton der Akzeptanz und des inneren Friedens: „Ich bin bereit zu gehen. Ich hätte gerne noch etwas mehr Zeit, aber ich weiß, dass es jetzt so weit ist." In den folgenden Tagen konnte Jack mit seinem Vater über seine Wünsche sprechen. Jack fragte seinen Vater: „Wenn du noch zwei Jahre ohne deine Krankheit hättest, was würdest du dann tun?" „Dann wäre ich liebevoller und freundlicher", antwortete sein Vater mit ruhiger, fester Stimme. Unmittelbar bevor er ins Koma fiel, machte der Tod ihm seinen Wunsch deutlich, ein liebevoller, freundlicher Mensch zu sein. Er empfand Liebe und gab ihr Ausdruck – die Essenz des Spirituellen Judentums.

Wenn Sie Ihr Herz einem Sterbenden öffnen und Ihre volle Unterstützung anbieten, dann versuchen Sie immer, Ihre bedingungslose liebende Güte, Ihr Mitgefühl und Ihre Akzeptanz zu schenken. Oft genügt es schon, schweigend dazusitzen und ihm oder ihr die Hand zu halten oder das Gesicht zu streicheln. Sorgen Sie dafür, dass der sterbende Mensch sich geliebt, akzeptiert und verstanden fühlt.

Folgen Sie dem Vorbild vom Abschied des Baalschemtow aus dem Leben, das an früherer Stelle in diesem Kapitel beschrieben wurde, und vermitteln Sie dem oder der Todkranken ein Gefühl der Gelassenheit und der friedlichen Akzeptanz des Todes. Versuchen Sie, ihm oder ihr verständlich zu machen, dass der Tod, insbesondere der eigentliche Todesmoment, nach jüdischem Glauben friedlich und schmerzlos verläuft.

Wissenschaftliche Untersuchungen von Nahtod-Erfahrungen bestätigen, dass der Tod als ein friedlicher Übergang dient. Nahtod-Erfahrene berichten, dass sie, nachdem sie für klinisch tot erklärt worden waren, in aller Regel Glückseligkeit empfunden haben. Sie erlebten, wie es eine Frau ausdrückt, die nach einem Herzinfarkt wieder ins Leben zurückgeholt worden war: „Frieden, Wohlbehagen, Harmonie – vollkommene Ruhe."[44] Es ist, als hätten sie etwas Wunderbares gesehen. Vielleicht erlangen wir nur eine Sekunde, bevor die Seele den Körper verlässt, sehr viele, sehr tiefe Erkenntnisse.

Senden Sie keine negativen Gefühle, wie Angst, Schuldempfinden oder Traurigkeit, aus und halten Sie den Sterbenden innerlich nicht fest. Ihre Haltung, das, was Sie sagen, und auch das, was Sie dabei tun und emotional zum Ausdruck bringen, sollte idealerweise ihre vorbehaltlose Liebe zum Sterbenden widerspiegeln.[45]

Erlauben Sie dem Todkranken zu sterben, so wie Jack es getan hat, als er sich um seinen Vater kümmerte. Versichern Sie ihm, dass die Hinterbliebenen zurechtkommen werden. Er braucht sich um seine Lieben keine Sorgen zu machen.

Bieten Sie dem Sterbenden die Gewissheit an, dass er nach jüdischem Glauben in Gottes Armen geborgen ist und dies immer sein wird. Mit der Zeit wird seine Seele – wie später in diesem Buch noch eingehender

---

44 Raymond A. Moody, *Leben nach dem Tod. Die Erforschung einer unerklärlichen Erfahrung*, Rowohlt, Reinbek 1977, S. 45.
45 Paull, *Judaism's Contribution*, S. 346.

besprochen wird – Heilung erfahren, wiedergeboren und schließlich mit Gott vereint werden.

Selbst wenn der Sterbende im Koma liegt, können Familie und Freunde durch verschiedene Mittel mit ihm kommunizieren, unter anderem durch Berührung, Augenkontakt, Musik oder liebevolle und mitfühlende Gedanken. Es ist noch nicht zu spät, Herz und Verstand auf positive Weise einzusetzen. Sprechen Sie aus, was Sie bedauern, und sagen Sie: „Es tut mir leid." Sagen Sie Ihren Eltern oder Ihrem Kind: „Ich hab dich lieb." Oder sagen Sie: „Es ist gut. Du kannst loslassen. Ich komme zurecht." Einem Menschen, den Sie lieben, können Sie Ihre Liebe und Ihr Mitgefühl auch durch Ihr Herz ausdrücken.

Außerdem hilft es zu wissen, was man nicht tun sollte. Elisabeth Kübler-Ross erzählt eine Geschichte über Angst und Ablehnung – Gefühle, die Angehörige und Freunde nicht weitergeben sollten, weil sie zeigen, dass sie nicht loslassen können: Die kleine an Leukämie erkrankte Susy wurde von ihrer Mutter wochenlang umhegt. Mit Worten oder stillschweigend vermittelte die Mutter ihr: „Liebling, stirb nicht. Tue mir das nicht an." Eine solche Botschaft löst im Anderen, egal ob jung oder alt, Schuldgefühle aus. Die Sterbenden, sogar kleine Kinder, bitten dann oft die Angehörigen, das Krankenhaus zu verlassen. Susy formulierte dies so: „Mami, du siehst so müde aus. Warum gehst du nicht nach Hause … und legst dich schlafen?" Und Mami ging. Eine halbe Stunde später rief das Krankenhaus an und verständigte sie teilnahmsvoll, dass ihre Tochter soeben verstorben war.[46]

Im Laufe des Sterbeprozesses haben Sterbende oft „Geschäfte zu erledigen", das heißt alte, bisher ungelöste emotionale Lasten und „Beziehungs-Gepäck" zu bereinigen und zu heilen.[47] Seien Sie besonders aufmerksam für die Bemühungen eines Sterbenden, mit anderen ins Reine zu kommen und bisher unausgesprochene Gefühle und Empfindungen zu kommunizieren, zum Beispiel Schuldgefühle, Eifersucht, Gier, Wut, Verlangen oder Angst.

---

46 Entlehnt aus Elisabeth Kübler-Ross, *Über den Tod und das Leben danach*, Silberschnur, Neuwied 1984.
47 Nach Stephen Levine, *Wege durch den Tod*, Kamphausen, Bielefeld 1997., S. 100-109.

Der Sterbeprozess kann eine Zeit tiefer Versöhnung und Verwandlung sein. Ermutigen Sie einen sterbenden Menschen, wenn er dafür zugänglich ist, sich mit Familienangehörigen und Freunden auszusöhnen, indem er gescheiterte Beziehungen, alten Kummer und Verletzungen anspricht, die er anderen zugefügt hat oder die ihm zugefügt wurden. Dadurch, dass er offener wird, kann er vielleicht um Vergebung bitten und auch sich selbst und anderen verzeihen.

Vergebung auf göttlicher Ebene will eine Volkserzählung über den Maggid von Kosnitz, Rabbi Israel von Kosnitz, veranschaulichen. Der Maggid von Kosnitz, der zwischen 1740 und 1814 lebte, war ein großer Talmud- und Kabbala-Gelehrter und ein vollendeter Prediger. Als Heiler wurden seine Gebete für die Kranken und Bedürftigen sowie für kinderlose Ehepaare oft erhört. Vor seinem Tod betete er am Vorabend von Jom Kippur oft zu Gott und bat um göttliche Vergebung. Doch er bat nicht nur um Gottes Vergebung und verlangte eine eindeutige Antwort, sondern er rief auch aus: „Wenn es mir leicht geworden ist, das Joch deines Volkes auf mich zu nehmen und mit meinem elenden Leibe den Dienst zu tun, wie kann es dir … schwerfallen, zwei Worte zu sprechen?" Augenblicklich wurde er von unvorstellbarer Freude erfüllt, und er hörte zwei Worte, die von Oben herabkamen: „Ich verzeihe!" Kurz danach starb er.[48]

Wie in Kapitel Zwei bereits ausgeführt, stellt Vergebung zwar einen wichtigen Bestandteil des Spirituellen Judentums dar, ist aber oft recht schwierig. Wir haben ständig Angst, erneut verletzt oder abgelehnt zu werden. Vielleicht können wir auch unsere alte Sicht der Dinge nicht loslassen. Was uns in der Vergangenheit angetan wurde, mag nahezu unverzeihlich sein.

Eine Anekdote veranschaulicht, welche Schuldgefühle den Hinterbliebenen oft bleiben, wenn Liebe und Vergebung verweigert werden: Monika

---

48 Entlehnt aus: *The Hasidic Anthology: Tales and Teachings of the Hasidim*, übersetzt und herausgegeben von Louis L. Newman, Jason Aronson, 1987, S. 69. (Anm. d. Ü.: Die Geschichte findet sich auch ganz ähnlich in Martin Buber, *Die Erzählungen der Chassidim*, Manesse 1949. Von dort (S. 456) stammen auch die wörtlichen Zitate.)

wartete vor dem Zimmer ihres sterbenden Ex-Mannes im Krankenhaus.[49] Drei Wochen lang hielt sie Wache. Sie war dort, um ihre beiden erwachsenen Zwillingstöchter zu unterstützen. Zwar dachte Monika immer wieder darüber nach, aber sie brachte es einfach nicht fertig, zu ihrem Ex-Mann ins Zimmer zu gehen und ihm zu verzeihen. Sie konnte die Wut nicht loslassen, die in ihr kochte, seit ihr Mann sie wegen einer anderen Frau verlassen hatte, als sie mit den Zwillingen schwanger war.

Sie sagte: „Er hat mir so sehr weh getan. Ich kann ihm einfach nicht verzeihen."

Wie viel besser wäre es doch für Monika und ihren Ex-Mann gewesen, wenn sie ihn vor seinem Tod wenigstens ganz kurz besucht hätte!

Monika trägt ihr Martyrium immer noch mit sich herum. Heute erkennt sie jedoch, dass die nicht abgeschlossene Beziehung zu ihrem verstorbenen Ex-Mann ihr dauerhafte Schuldgefühle eingetragen hat.

Wenn jemand dazu ermutigt wird, alte Fehler einzugestehen und um Verzeihung zu bitten, so entfaltet dies oft große Kraft. Es eröffnet die Möglichkeit, alte Wunden zu heilen und – aus der Sicht des Spirituellen Judentums – aus der Macht der Liebe zu schöpfen. Die Bitte um Vergebung erleichtert die Versöhnung zwischen zerstrittenen Kindern, Eltern, Geschwistern und anderen Menschen und ermöglicht daher einem Todkranken, die Beziehungen zu seinen nächsten Angehörigen und Freunden abzuschließen sowie sich der bedingungslosen Liebe und dem Mitgefühl für sie zu öffnen.

Ich habe beobachtet, wie Sterbende sich unmittelbar vor ihrem Tod mit Eltern, Kindern oder Geschwistern, mit denen sie zerstritten waren, versöhnt haben. Einige dieser schwierigen Familiengeschichten reichen Jahrzehnte zurück (zum Beispiel dickköpfige Geschwister, die sich irgendwann einmal zerstritten und so lange kein Wort mehr miteinander geredet hatten, bis eines im Sterben lag).

Im Gegensatz zu einem plötzlichen und unerwarteten Tod – durch einen Herzinfarkt, Unfall oder Flugzeugabsturz – gibt eine langsam fort-

---

49   Einem Vortrag von Simcha Paull Raphael entlehnt: „Jewish Views of the Afterlife", 21. Mai 1997.

schreitende Krankheit, wie Krebs oder AIDS, den Lebenden Zeit, um Vergebung zu bitten, oder die Chance, alte ungeklärte emotionale Angelegenheiten zu bereinigen. Angesichts der AIDS-Epidemie können Eltern dies auch für ihre sterbenden erwachsenen Kinder tun. So können zum Beispiel Väter, die ihren homosexuellen Sohn bisher abgelehnt haben, um Verzeihung bitten und damit lebenslange Schuldgefühle, wie sie Monika bis heute hat, vermeiden.

Elisabeth Kübler-Ross berichtet von einem Vater, der im Krankenhaus herumschlich, in dem sein dreiundzwanzigjähriger Sohn im Sterben lag:

Er weigerte sich hineinzugehen und ihm gegenüberzutreten, aber er war jeden Tag da. Eines Abends, kurz vor Ende der Besuchszeit, fiel einem Krankenpfleger auf, dass er immer noch da war. Er stellte sich hinter ihn und schob ihn sanft bis vor die Tür zum Zimmer seines Sohnes. „Kommen Sie einfach mit mir rein und werfen Sie nur einen ganz kurzen Blick auf ihn", sagte er mit sanfter Stimme und öffnete dabei die Tür. Der Vater schaute hinein und erstarrte vor Schreck beim Anblick seines zum Skelett abgemagerten Sohnes. Unvermittelt stieß er hervor: „Das ist nicht mein Sohn." Aus dem Kissen drang ein sehr schwaches Stimmchen: „Doch, Dad, ich bin's, dein Sohn Richard." Der Vater zögerte, ging schüchtern einen Schritt auf seinen Sohn zu, und nur Minuten später verschmolzen beider Tränen miteinander, als er sich über seinen Sohn beugte und immer wieder sagte: „Es tut mir leid. Es tut mir leid ..." Nie hatte ich in Richards Gesicht ein solches Strahlen gesehen. „Ich habe gewusst, dass du kommst, bevor es zu spät ist", sagte er. „Jetzt kann ich loslassen und in Frieden sterben ..."[50]

Manchmal löst sich Wut auf, sobald Leben und Tod in einem größeren Zusammenhang gesehen werden. Die siebenundsiebzigjährige Witwe Edith hatte Knochenkrebs und lag in einem Krankenhaus im Sterben. Edith war so übellaunig und gemein, wie man es sich nur vorstellen kann,

---

50 Kübler-Ross, *Über den Tod und das Leben danach*, Neuwied 1984.

ein richtiges hartgesottenes altes „Schlachtross". Auf diese Weise hatte sie alle Menschen um sich herum verprellt. Ihre Kinder und Enkelkinder weigerten sich, sie zu besuchen. Selbst im Krankenhaus war sie zu allen fies. Die Krankenschwestern hielten sich stets nur so kurz wie möglich bei ihr auf.

Eines Nachts klingelte sie um 2 Uhr nach der Schwester, aber niemand kam, um ihr zu helfen. In diesem Augenblick begriff Edith endlich und „ließ los". Sie lernte ihre Lektion über Liebe und Vergebung. Obwohl sie bereits vier Wochen später starb, öffnete sie ihren Kindern und Enkelkindern noch ihr Herz und wurde die „Mama" und „Oma", die sie nie gehabt hatten. Edith wurde klar, dass sie keine Sekunde mehr zu verlieren hatte und den Menschen, die ihr wichtig waren, unbedingt sagen musste, wie sehr sie sie eigentlich liebte. Es konnte Liebe fließen, und mit ihr kam die Vergebung.

Je nachdem, wie der Sterbeprozess verläuft, hat der oder die Todkranke vielleicht nicht mehr genug Zeit oder Kraft, aus eigener Initiative alten Groll und alte Ängste zu heilen, entweder von Angesicht zu Angesicht oder am Telefon. In einer solchen Situation können verschiedene Gebete oder Meditationen eingesetzt werden, um das Herz zu öffnen, so dass der schwerkranke Mensch fähig wird, einen lange gehegten Groll, der sein Herz verschließt, loszulassen.

Mit dem *Bekennenden Gebet auf dem Sterbebett* (Widduj) kann man nicht nur Vergebung von Gott erbitten, sondern auch von anderen Menschen. Ein Bekenntnis auf dem Sterbebett anzuhören, insbesondere wenn darin um Vergebung zwischen zwei Menschen gebeten wird, erfordert beträchtliches Feingefühl. Denken Sie daran, dass ein todkranker Mensch nicht unbedingt lange gehütete Geheimnisse, die Wunden gescheiterter zwischenmenschlicher Beziehungen oder die daraus entstandenen Verletzungen, die er anderen zugefügt hat und die in ihm Schuldgefühle auslösen und ihn emotional belasten, offenlegen will. Schaffen Sie nur einen geschützten Rahmen, in dem Reue, Ängste oder Trauer über frühere Taten, Worte oder Gedanken ausgesprochen werden können.

Angehörige und Freunde können die Funktion des Führenden übernehmen und mithilfe der nachfolgend beschriebenen geführten Meditation oder Visualisierung über Vergebung und liebende Güte den Versöhnungsprozess (den Edith recht spontan erlebt hat) einleiten, bevor jemand stirbt. Belastete Beziehungen können so dauerhafte Heilung erfahren. Der oder die Führende sollte den Todkranken in etwa zehn bis fünfzehn Minuten durch diese Meditation oder Visualisierung leiten.

Geführte Meditation/Visualisierung über Vergebung und Liebende Güte

Einleitende Hinweise: *Die oder der Führende sollte versuchen, eine warmherzige, offene Atmosphäre zu schaffen, eine Umgebung voll heiterer Gelassenheit, in der Raum ist für die innere Reise. Dämpfen Sie das Licht im Zimmer ein wenig, falls möglich. Kerzen können eine Stimmung schaffen, die die Visualisierung begünstigt (im Krankenhaus ist das allerdings vielleicht etwas schwierig).*

Der Führende sollte die Sterbende bitten: Schließe deine Augen, setze dich ruhig hin oder entspanne dich und bringe deinen Körper zur Ruhe, indem du dich hinsetzt, zurücklehnst oder hinlegst. Atme ganz normal ein und aus und spüre dem Atem nach, wie er in deinen Körper hinein- und wieder herausströmt. Gleiche deine Atemzüge einander an, so dass Ein- und Ausatmung gleich lang sind. Dadurch wird der Körper entspannt und der Geist hellwach. (Selbstverständlich müssen Sie diese Anleitungen dem Zustand des oder der Sterbenden anpassen.)

Der Führende sollte die sterbende Person bitten: Fühle dich von Wärme und Liebe umgeben. Lasse alle Wut sich in diese Wärme und Liebe hinein auflösen. Atme mit jedem Atemzug Wärme ein, und spüre, wie diese Wärme dich nährt.

Atme Liebe ein und spüre die Offenheit, die die Liebe in dir bewirkt. Lasse zu, dass aus der Wärme und der Liebe Vergebung entsteht. Die Macht der Vergebung ist sehr groß.

Der Führende sollte die Sterbende bitten: Versenke dich in die Vergebung – in ihre Bedeutung und was es bedeuten könnte, sie in deinem Leben zuzulassen.

Der Führende sollte die sterbende Person bitten: Visualisiere einen Menschen, dem du etwas übel nimmst. Lade diesen Menschen in deinem neuen Zustand der Offenheit in dein Herz ein. Achte darauf, was verhindert, dass er in dein Herz kommen kann – das Problem, die Verletzung, die Angst, die Wut oder was es auch ist. Beginne einen Dialog mit diesem Menschen und setze das Gespräch so lange fort, bis es nichts mehr zu sagen gibt.

Nun versuche, diesen Menschen in dein Herz hineinzulassen. Lasse den Stolz los, der noch an dem Groll festhält. Lasse zu, dass der Schmerz alter Verletzungen sich auflöst.

Sage in deinem Herzen: Ich vergebe dir alles, was du in der Vergangenheit absichtlich oder unabsichtlich durch deine Werke, Worte oder Gedanken getan hast und was mir wehgetan oder mich verletzt hat. Wiederhole die Worte: Ich vergebe dir. Lasse die Vergebung anwachsen, lasse deinen Groll los und öffne dich bedingungslos der Liebe und dem Mitgefühl.

Danach wiederhole dies bei weiteren Menschen, denen du etwas übel nimmst.

Als Nächstes visualisiere jemanden, der dir etwas übel nimmt – jemanden, dem du wehgetan hast. Jemanden, der dich aus seinem Herzen verbannt hat.

Lade diesen Menschen in deinem neuen Zustand der Offenheit in dein Herz ein. Achte darauf, was verhindert, dass er in dein Herz kommen kann – deine Angst, deine Schuldgefühle oder was auch immer. Versuche, diesen Menschen in dein Herz hinein zu lassen.

Bitte ihn aus tiefstem Herzen um Vergebung: „Ich bitte dich um Vergebung für das, was ich in der Vergangenheit absichtlich oder unabsichtlich durch meine Werke, Worte oder Gedanken getan habe und was dir wehgetan oder dich verletzt hat." Wiederhole die Worte: „Bitte vergib mir." Lasse dich auch jetzt wieder davon berühren, dass Vergebung möglich ist. Bitte diesen Menschen, dich wieder in sein Herz hinein zu lassen.

Wiederhole dies danach mit anderen, die du möglicherweise verletzt hast.

Lasse zu, dass dein Herz sich mit Vergebung und liebender Güte für dich selbst füllt. Wiederhole: Möge ich glücklich und im Frieden sein. Möge ich frei sein von Wut, Schmerz, Angst und Zweifel. Möge ich erfüllt sein von Liebe.

◆

Abschließende Hinweise: *Der oder die Führende sollte diese Anleitungen sprechen. Danach sollte er oder sie den Sterbenden einladen, wieder ins Hier und Jetzt zurückzukehren. Der Führende sollte dem Sterbenden sagen, dass er sich dazu Zeit lassen und ganz langsam zurückkehren darf: Kehre mit deiner Aufmerksamkeit langsam in deinen Körper zurück; spüre wieder, dass du im Zimmer bist, und dann öffne die Augen.*

◆

Durch eine solche emotionale Reinigung und den Abschluss ungeklärter „Beziehungsangelegenheiten" vor dem Tod sorgen, nach jüdischem Glauben – und wie in den Kapiteln Sechs und Sieben noch näher besprochen werden wird – sowohl die Lebenden als auch die Todkranken dafür, dass die Seele des Verstorbenen in den nachtodlichen Welten weniger leiden muss. Eine gelungene Lösung und ein erfolgreicher Abschluss schwieriger Beziehungen zwischen dem Sterbenden sowie seinen Familienangehörigen und Freunden machen zugleich den Trauerprozess für die Hinterbliebenen erheblich leichter.[51]

◆

Selbstverständlich fällt es uns allen schwer, einem Familienangehörigen oder einem Freund ein letztes Lebewohl zu sagen. Seien Sie bei diesem Abschied auf die erwartbaren emotionalen Reaktionen gefasst. An-

---

51 Paull, *Judaism's Contribution*, S. 338.

gesichts der bevorstehenden körperlichen Trennung verspüren wir große Trauer. So viele Erinnerungen werden wach, und die Tränen fließen. Es scheint uns unmöglich loszulassen. Doch die Seelen Frieden bringender Wesen können der scheidenden Seele helfen, ihre Bindung an das irdische Leben zu lösen und den Übergang in die nachtodliche Welt zu vollziehen. Betrachten wir nun, welche Rolle Visionen im Moment des Todes bei der Trennung der Seele vom physischen Körper des Sterbenden spielen.

Kapitel Fünf

DIE TRENNUNG DER SEELE VOM PHYSISCHEN KÖRPER

Teil II: Visionen im Moment des Todes

Gemäß der Überlieferung aus der jüdischen Mystik erleben Sterbende unmittelbar vor, im oder kurz nach dem Moment des Todes im Allgemeinen vier innere, subjektive Visionen. In diesem Kapitel werden diese vier Visionen besprochen: Der Anblick des Klaren Lichtes, die Begegnung mit bereits verstorbenen Angehörigen und Engeln, der Lebensrückblick sowie schließlich der Gang durch den Tunnel.

Aus der Sicht des Spirituellen Judentums ist der Lebensrückblick, bei dem unser ganzes Leben noch einmal vor unserem inneren Auge abläuft, besonders wichtig. Weil es in unserem Leben vor allem darum geht, bedingungslos zu lieben und Vergebung zu üben, werden wir eines Tages eben daran gemessen werden.

In diesem Kapitel soll außerdem erörtert werden, wie Angehörige und Freunde einem todkranken Menschen helfen können, mit diesen Visionen im Moment des Todes umzugehen und inwiefern sie dadurch den spirituellen Weg des Sterbenden vertiefen.

Visionen im Moment des Todes

Wenn der Tod unmittelbar bevorsteht, erlangen wir die Fähigkeit, in Welten hineinzuschauen, die den Menschen sonst unzugänglich sind. In der mystischen Tradition heißt es:

... [W]enn die Stunde [des Gerichts] für einen Menschen nahe ist, dann beginnt [ein Engel] ihn zu rufen, und wie wir gelernt haben, weiß keiner [außer] dem Patienten selbst, dass wenn ein Mensch krank und die Zeit, da er diese Welt verlässt, nahe ist, von oben ein neuer Geist in ihn eintritt, kraft dessen er Dinge sieht, die er zuvor nicht zu sehen vermochte und dass er sodann diese Welt verlässt. (Sohar II, 218b)

Während des Sterbeprozesses lösen sich, wie wir in Kapitel Vier besprochen haben, nicht nur die Elemente auf, sondern die meisten Menschen haben darüber hinaus vier visionsartige Erlebnisse: 1) Sie sehen das Klare Licht, 2) sie begegnen bereits verstorbenen Angehörigen und Freunden sowie Engeln, 3) sie erhalten einen Lebensrückblick und 4) sie gehen durch einen Tunnel.[52] Die Reihenfolge, in der diese inneren, subjektiven Visionen auftreten, ist bei jedem Menschen anders, je nach den Umständen seines Sterbens und dem Grad seiner spirituellen Entwicklung. Das Entscheidende ist, dass selbst nach dem physischen Tod der innere Auflösungsprozess auf einer nicht-körperlichen Ebene weitergeht.

Berichte über Nahtod-Erfahrungen und wissenschaftliche Studien dazu bestätigen die vier Visionen im Moment des Todes, auf die wir auch in jüdischen Schriften und Erzählungen stoßen. Die Literatur über Nahtod-Erfahrungen wurde vor annähernd vierzig Jahren durch Raymond Moodys gefeiertes Buch *Leben nach dem Tod*[53] begründet. Auf der Grundlage von Interviews mit einhundertfünfzig Menschen, die behaupteten, eine

---

52 Simcha Paull Raphael, *Jewish Views of the Afterlife*, Jason Aronson 1994, S. 132-136, 288-291, 294, 342, 379f..

53 Raymond A. Moody, *Leben nach dem Tod. Die Erforschung einer unerklärlichen Erfahrung*, Rowohlt, Reinbek 1977. Nahtod-Erfahrungen werden auch besprochen in Michael B. Sabom, *Erinnerungen an den Tod. Eine medizinische Untersuchung*, Goldmann, München 1989. Das Buch enthält Interviews mit einhundertsechzehn Personen, wovon neunundsiebzig eine Nahtod-Erfahrung hatten. Außerdem in Kenneth Ring, *Life at Death: A Scientific Investigation of the Near-Death Experience*, Coward McCann & Geoghegan 1980, eine Studie mit einhundertzwei Personen, die dem Tod gerade noch einmal entgangen sind. (Ins Deutsche übersetzt wurde u.a. ein späteres Werk von Kenneth Ring: *Den Tod erfahren – das Leben gewinnen*, Scherz, München 1985, Anm. d. Ü.) Patrick Glynn fasst in *God: The Evidence: The Reconciliation of Faith and Reason in a Postsecular World*, Forum 1997, S. 99-137, die Indizien zusammen und kommt zu dem Schluss (S. 136): „Es fällt einem sehr schwer, sich nach einer gründlichen Analyse dieser Indizien des Eindrucks zu erwehren, dass die Wissenschaft hier tatsächlich über Daten der Seele gestolpert ist."

Nahtod-Erfahrung gehabt zu haben, erstellte Moody in dem Buch Erfahrungsberichte aus dem Jenseits. Nach der Beschreibung des Sterbeprozesses berichten die meisten, sie seien sehr schnell durch einen dunklen Tunnel auf ein Licht zugegangen, das um ein Vielfaches heller gewesen sei als alles, was sie je gesehen hätten, dabei aber warm, liebevoll und annehmend. Einige berichten von Gesprächen mit bereits verstorbenen Verwandten. Einige wenige schildern einen Lebensrückblick, bei dem ihnen all ihre Gedanken, Worte und Werke sowie deren Auswirkungen auf andere noch einmal vorgeführt worden seien.

Das Klare Licht

Während des Sterbeprozesses, im oder unmittelbar nach dem Moment des Todes, kann es geschehen, dass der Sterbende einen kurzen Blick auf das Klare Licht erhaschen kann. Es ist ein wunderschönes, intensives Licht, das sehr viel heller ist als alles, was es auf der Erde gibt. Es ist das strahlende Licht der höheren Seelenaspekte. Manchmal heißt es, es sei aus den Ausdünstungen von Engeln entstanden, die Gottes Lob singen. Die Vision dieses Lichtes tritt normalerweise im oder unmittelbar nach dem Moment ein, in dem man den physischen Körper verlässt.

Jüdische mystische Schriften besagen, dass die Seele des Verstorbenen zu diesem Zeitpunkt ein Bad im Fluss des Lichtes nimmt; dabei wird sie bereits von vielen Verunreinigungen des Erdenlebens befreit. Das Eintauchen in den Fluss des Lichtes ist dazu da, der Seele wieder ihren ursprünglichen Glanz zu verleihen. Die Begegnung mit dem Fluss des Lichtes hilft dem Sterbenden nicht nur, den physischen Körper zu verlassen, sondern sie macht es seiner Seele auch leichter, sich mit den spirituellen Welten zu identifizieren.

Es kann auch geschehen, dass ein Sterbender mit einem kurzen Anblick der Gegenwart Gottes gesegnet wird – des weiblichen Aspekts des Göttlichen (der Schechina). Sie erscheint als formloses, leuchtendes Bild. In der jüdischen Mystik heißt es: „Kein Mensch stirbt, bevor er die Schechina sieht, und aufgrund ihrer tiefen Sehnsucht nach der Schechina macht die

Seele sich auf, sie zu grüßen." (Sohar III, 88a) Daher mag die Seele also flüchtig das strahlende Abbild von Gottes Leuchten sehen, und während wir „von totaler und absoluter Liebe, von höchstem Verstehen und tiefstem Mitempfinden umgeben" sind, „werden wir uns der Möglichkeiten inne, was wir eigentlich sein könnten, hätten wir unser Leben nur richtig ausgerichtet".[54]

Ob eine Seele das strahlende Klare Licht in einer oder in mehreren seiner verschiedenen Formen sieht, ohne sich vor dessen majestätischer Intensität zu fürchten, kann von dem spirituellen Fortschritt abhängen, den der jeweilige Mensch im Leben erzielt hat. In der mystischen Tradition heißt es dazu:

Wenn ein Mensch so weit ist, diese Welt zu verlassen, dann erleiden seine Seele und sein Körper viele Züchtigungen, bevor sie sich voneinander trennen. Auch verlässt ihn die Seele nicht, bevor sich ihm die Schechina zeigt, erst dann geht die Seele in Liebe und Freude aus, um zur Schechina zu gelangen. Ist die Seele gerecht, so löst sie sich und bindet sich an sie. Doch wenn nicht, dann geht die Schechina wieder, und die Seele bleibt zurück und trauert um ihre Trennung vom Körper wie eine Katze, die vom warmen Feuer vertrieben wird. (Sohar V, 53a)

Einigen jüdischen Weisen zufolge erkennen manche „gerechte" Menschen den Fluss des Lichtes (der die höheren Ebenen der inneren Leuchtkraft der Seele darstellt) und jubeln über sein Strahlen. Bei anderen kann der Anblick des Flusses des Lichtes Angst und Schrecken auslösen. An wieder anderen geht die Vision des Klaren Lichtes, die in dieser Phase der nachtodlichen Reise der Seele auftritt, völlig unbemerkt vorüber.

---

54 Elisabeth Kübler-Ross, Über den Tod und das Leben danach, Silberschnur, Neuwied 1984, S. 77.

Die Begegnung mit verstorbenen Angehörigen und Engeln

Im Laufe des Sterbeprozesses oder im Moment des Todes begegnet nach jüdischem Glauben jeder Mensch geliebten verstorbenen Angehörigen und guten Freunden sowie Engeln. Die Geister der verstorbenen Verwandten und Freunde, jener also, die uns am meisten geliebt haben, besuchen die Sterbenden, um sie willkommen zu heißen und ihnen den Übergang aus der Welt der Lebenden in die unsichtbare nachtodliche Seelenwelt zu erleichtern.

In der jüdischen Mystik wird die Vision Verstorbener auf dem Sterbebett folgendermaßen beschrieben:

Sodann sprach Rabbi Simeon zu Rabbi Isaak: Hast du heute das Bild deines Vaters gesehen? Denn so haben wir [gelernt], dass um die Stunde des Abschieds eines Menschen von der Welt sich sein Vater und seine Verwandten um ihn scharen, und dass er sie sieht und erkennt, ebenso alle, mit denen er in dieser Welt Umgang pflegte. Und sie begleiten seine Seele an den Ort, an dem sie künftig wohnen soll. (Sohar II, 218a)

Zahlreiche Nahtod-Erfahrene berichten, sie hätten einen oder mehrere liebe Angehörige gesehen, die bereit waren, ihnen beim Übergang in die jenseitige Welt zu helfen. Bei Nahtod-Erfahrungen sagt dieser geliebte Mensch dem Betroffenen allerdings, dass für ihn die Zeit des Abschieds noch nicht gekommen ist.

Elisabeth Kübler-Ross erzählt die Geschichte eines Mannes, der Augenzeuge eines Unfalls mit Fahrerflucht wurde, bei dem eine junge Frau tödliche Verletzungen erlitt. Er fuhr rechts an die Seite und bot ihr seine Hilfe an, doch die Frau sagte ihm ganz ruhig, er könne nichts mehr für sie tun, außer ihrer Mutter die Nachricht zu überbringen, es ginge ihr gut und sie sei sehr glücklich, denn sie sei bereits bei ihrem Vater. Dann starb die Frau in den Armen des Fremden. Dieses Erlebnis bewegte ihn so sehr, dass er über tausend Kilometer fuhr, um die Mutter der Frau zu besuchen, obwohl ihr Wohnort nicht an seinem Weg lag. Er überbrachte die Nachricht der Tochter und erfuhr dabei, dass der Vater etwa eine Stunde vor ihrem tödlichen Unfall an einem Herzinfarkt verstorben war. Die junge Frau hatte noch nichts vom Tod ihres Vaters gewusst.[55]

Kübler-Ross berichtet auch von Kindern, die in Verkehrsunfälle verwickelt sind – besonders an langen Wochenenden um Feiertage herum – und oft angeben, dass liebe Menschen im Jenseits auf sie warten. Sie schreibt:

Ich habe mir die Aufgabe auferlegt, mich an das Bett der kritisch verletzten Kinder zu setzen, da ich mich ja im besonderen Maß der Kinder annehme. Ich wusste jeweils ganz sicher, dass jene Sterbenden noch nicht über die Anzahl und die Namen ihrer übrigen Verwandten informiert worden waren, die bereits aufgrund des Unfalls gestorben waren. Es war für mich faszinierend zu hören, dass sie immer ganz genau wussten, wer von den übrigen schon verstorben war. Ich sitze bei ihnen, beobachte sie in aller Stille, vielleicht halte ich auch ihre Hand. So wird mir auch jede bei ihnen aufkommende Unruhe sofort erkenntlich. Kurz vor dem Tod stellt sich bei ihnen oft eine friedliche Feierlichkeit ein, was immer auf ein bedeutsames Anzeichen hinweist. In diesem Moment frage ich sie, ob sie bereit und fähig seien, ihre augenblicklichen Erlebnisse mit mir zu teilen. Und sie antworten mir oft in ähnlichen Worten wie jenes Kind, das sagte: „Alles ist jetzt in Ordnung. Meine Mutter und Peter warten schon auf mich." Ich wusste bereits zu dieser Zeit, dass seine Mutter schon am Unfallort gestorben war, doch dass sein Bruder Peter bereits gestorben sein sollte, davon war mir noch nicht berichtet worden. Kurz darauf nahm ich einen Anruf vom Kinderkrankenhaus entgegen. Man teilte mir mit, dass Peter vor zehn Minuten gestorben sei.[56]

Ältere todkranke Menschen murmeln manchmal Unverständliches und rufen unzusammenhängend nach einer bereits vor Jahrzehnten verstorbenen Mutter, einem vor zehn oder fünfzehn Jahren zu Tode gekommenen jüngeren Bruder und vielleicht einer älteren Schwester, die erst vor einer

---

55 Ebd. S. 67f..
56 Ebd. S. 66

Woche verschieden ist, was der oder die Betreffende noch gar nicht weiß. Eine Schwiegertochter berichtet vom Tod ihres Schwiegervaters und beschreibt dieses Verhalten so: „Mir scheint, seine Toten riefen ihn. Sie haben schon auf ihn gewartet."[57]

Außer bereits verstorbenen Angehörigen und guten Freunden begegnen den Sterbenden manchmal auch Engel. Irv, ein älterer Herr, berichtete von seiner Vision des Schutzengels Michael.[58] Zwar hatte Irv während seines gesamten Erwachsenenlebens seinen jüdischen Glauben nicht praktiziert, aber als Kind und Jugendlicher war er in einer traditionellen chassidischen Jeschiwa unterrichtet worden. Als er Ende achtzig war, litt Irv unter einer schweren Krankheit und war dem Tode nahe. Nach seiner Genesung berichtete er, der Engel Michael sei ihm erschienen und habe ihm gesagt, es sei für ihn noch nicht an der Zeit, die Welt zu verlassen. In der mystischen Tradition von Irvs längst vergessener jüdischer Erziehung, die er vor über siebzig Jahren erhalten hatte, spielt Michael eine zentrale Rolle als Wächter an der Südseite von Gottes Heiligem Wagen. Michael ist der Engel der Göttlichen Gnade, Liebe und Güte.

Bei ihrer Beschreibung der verschiedenen Engel spricht die rabbinische Literatur auch von einem grausamen, zerstörerischen Engel – dem Todesengel. Er hat die Aufgabe, die Seele aus dem Körper zu führen. Eine mittelalterliche rabbinische Darstellung aus dem 14. Jahrhundert zeichnet ein anschauliches Bild des Todesengels, der vor dem Moment des Todes mit gezogenem Schwert seine Anwesenheit kundtut. Darin heißt es:

In diesem Moment öffnet der Mensch die Augen und sieht den Todesengel, dessen Größe von einem Ende der Welt bis zum anderen reicht; er zittert am ganzen Leibe und fällt auf sein Gesicht. Von der Fußsohle bis zum Scheitel ist [der Todesengel] voller Augen, sein Gewand ist aus Feuer, sein Mantel aus Feuer, er ist umgeben von Feuer, er ist ganz und gar Feuer. In seiner Hand trägt er eine Feuerklinge, an der ein bitterer

57 Marcia Markowitz, „Charlie and the Angel of Death" in Jack Riemer (Hrsg.), *Jewish Insights on Death and Mourning*, Schocken 1995, S. 43.
58 Nach einem Vortrag von Simcha Paull Raphael, „Jewish Views of the Afterlife", 21. Mai 1997.

Tropfen hängt. Dieser Tropfen bewirkt zuerst den Tod, dann die Verwesung und die Fahlheit der Erscheinung. ...[59]

Manchmal erscheint der Todesengel in modernerem Gewand auch lieben Angehörigen. Eine Frau, die ihren Schwiegervater pflegte, erzählt ihren Traum:

Der Todesengel kam mir vor wie jemand aus einem Gangsterfilm der 1930er Jahre. Er trug einen Trenchcoat mit hochgeschlagenem Kragen; sein Hut bedeckte die Augen, so dass man sein Gesicht nicht erkennen konnte. Wie ein Dieb versuchte er, in unser Haus einzudringen, indem er ein Fenster aufbrach. Irgendwie schaffte er es, ins Haus zu kommen und ging den langen Flur zu den Kinderzimmern entlang. Ich rannte aus meinem Zimmer, stellte mich ihm in den Weg und schrie: „Keiner von uns, nicht die Kinder. Charlie [ihr im Sterben liegender Schwiegervater] wartet im unteren Schlafzimmer auf dich. Ihn sollst du holen, nicht uns. Mache bloß keinen Fehler!" An meinen Schreien sind wir beide aufgewacht, Carl [ihr Mann] und ich.[60]

Ein Leben der guten Werke und Worte – aus der Sicht des Spirituellen Judentums ein Leben der liebenden Güte und Vergebung – schützte nach Ansicht der Rabbinen den Verstorbenen vor dem furchterregenden rachedurstigen Todesengel. Vier schützende Engel, so hieß es in der mystischen Überlieferung, erscheinen einem „gerechten" Menschen, geleiten ihn gnädig aus der Welt der Lebenden und hindern so den Todesengel an seinem rücksichtslosen Tun.

Außer dem Todesengel begegnet der oder die Sterbende aber auch ande-

---

59   „The Formation of the Child" in *The Chronicles of Jerahmeel* XII: 4-5, übers. und hrsg. von M. Gaster KTAV 1971, S. 29. (*Die Chronik des Jerachmeel* ist eine Geschichte von der Weltschöpfung bis ins Jahr 70 u.Z. Sie wurde im 12. Jahrhundert von dem italienisch-jüdischen Chronisten Jerachmeel ben Salomo verfasst und ist bruchstückhaft erhalten im *Sefer ha-Zikhronot* („Gedenkbuch") des deutschen Juden Elieser ben Ascher ha-Levi aus dem frühen 14. Jahrhundert. Eine deutsche Übersetzung existiert m. W. nicht. Das Zitat wurde daher nach der englischen Übersetzung übertragen. (Anm. d. Ü.)

60   Moskowitz, „Charlie and the Angel of Death", S. 44.

ren Engeln. Wenn der Todesengel sein Werk vollendet hat, insbesondere an jenen Aspekten der Seele, die ihrer Natur nach als eher dem Bösen zugeneigt gelten, betritt ein anderer Engel den Schauplatz des Geschehens: *Duma*. Duma dient als Hüter und Beschützer der Seele des Verstorbenen. Über die Zusammenarbeit zwischen dem Todesengel und Duma stellen die rabbinischen Lehren fest:

> *[Der Todesengel zieht die Seele aus dem Körper des Menschen.] Der Mensch stirbt sofort, und der Geist geht heraus und lässt sich an der Nase nieder, bis diese in Fäulnis übergeht. Sobald die Nase in Fäulnis übergeht, schreit der Geist und weint vor dem Heiligen, gepriesen sei Er!, und spricht vor ihm: Herr der Welt! wohin führt man mich? Sofort nimmt ihn Duma und führt ihn in den Vorhof des Todes zu den anderen Geistern.* [61]

Die rabbinische und die mystische Literatur sprechen außerdem von drei Engeln oder in manchen Interpretationen auch von drei Engelgruppen, die im Moment des Todes oder kurz danach erscheinen. Sie begrüßen die Seele und bieten an, sie in die nachtodlichen Welten einzuführen. Über dieses Engel-Trio, das die Seele des Verstorbenen begleitet, sagen die rabbinischen Lehren:

> *... [D]er ältere Rabbi Hiyya sagte: Wenn ein heiliger Mann diese Welt verlässt, dann begleiten ihn drei Engelgefährten. Der eine spricht: Geh zum Frieden ein (Jesaja 57, 2); ein anderer: Er ruhe auf seinem Lager (Ebd.), und der Dritte geht schweigend vor ihm, wie auch der Vers damit schließt, dass er vor ihm wandelt (Ebd.).* [62]

---

61   *Midrasch Tehillim oder Haggadische Erklärung der Psalmen / Nach der Textausgabe von Salomon Buber zum ersten Male ins Deutsche übersetzt und mit Noten und Quellenangaben versehen von Aug. Wünsche*, Verlag Siegmund Mayer 1892-93, als Reproduktion erschienen bei Lightning Source UK, 2012, Midrasch zu Psalm 11. 6.
62   *Pesikta Rabbati* 2:3, übers. William G. Braude, Yale University Press, 1968. (Eine Übersetzung ins Deutsche existiert m. W. nicht; das Zitat wurde nach der englischen Übersetzung übertragen. Anm. d. Ü.)

Auch die Schriften der jüdischen Mystiker schöpfen aus den alten rabbinischen Lehren und sprechen von einem Katapult, das zur Reinigung der Seelen eingesetzt wird. Nach dem Tod erscheinen zwei Engel und schleudern die Seele vom einen Ende des Weltalls zum anderen. Das Katapult reinigt die Seele von einem Teil der Ablagerungen, die die höheren, spirituellen Schichten des reinen Strahlens der Seele verdunkeln. Das Katapult trägt dazu bei, dass die unwesentlichen Gedanken der Seele abgeschüttelt werden, damit die Seele ihrer unvermischten Essenz näherkommt und ein gewisses Maß an innerem Frieden erreicht. Die Behandlung der Seele in dieser kosmischen Zentrifuge bereitet sie für den nächsten Schritt auf ihrem Weg in den nachtodlichen Welten vor.[63]

Der Lebensrückblick

Die jüdischen Weisen sagen, dass wir alle außerdem in einem Rückblick unser eben beendetes Leben an uns vorüberziehen sehen und für unsere Taten, Worte und Gedanken zur Rechenschaft gezogen werden. Gemäß der rabbinischen Literatur erleben frisch Verstorbene unverzüglich eine außerordentlich schnelle, farbige, dreidimensionale und vollständige Rückschau aller Gedanken, Worte und Werke ihres Lebens, sowohl der guten als auch der schlechten.

Die Erlebnisse des Menschen werden in allen Einzelheiten offenbar. Das ganze Leben spielt sich auf einmal ab. Der Verstorbene weiß jeden Gedanken wieder, den er je in seinem Erdenleben gedacht hat. Er erinnert sich an jedes Wort, das er gesprochen, und jede Tat, die er getan hat. Die Rabbinen sagen, nach dem Talmud verhalte es sich folgendermaßen: „Zur Stunde des Aufbruchs in seine ewige Heimat werden alle seine Taten vor ihm aufgezählt, und die Engel sagen ihm: „Dieses und jenes hast du an diesem und jenem Ort an diesem und jenem Tage getan."" (Ta'anit 11a)

Der Mensch versteht die Gründe und die Folgen aller seiner Gedanken,

---

63 Raphael, *Afterlife*, S. 294 und Anne Brener, *Mourning & Mitzvah: A Guided Journal for Walking the Mourner's Path Through Grief to Healing*, Jewish Lights Publishing, S. 197.

Worte und Werke. Die Ereignisse werden ins rechte Licht gerückt. Wir erkennen, wie sich unser Tun auf andere ausgewirkt hat, auch auf Fremde. Wir erkennen, dass und wie das Leben aller Menschen miteinander verflochten ist.

Weil jedem von uns Engel beigegeben sind, die unsere guten und schlechten Werke, Worte und Gedanken aufzeichnen, ist die Bilanz unseres Lebens in der Göttlichen Datenbank sofort abrufbar. Die Rabbinen sagen:

... [J]edem Menschen sind Engel zugewiesen. Und jeden Tag verzeichnen sie seine Werke, so dass alles, was er tut, dem Heiligen, gesegnet sei Er, bekannt ist und alles in seinem Bericht verzeichnet und besiegelt ist. Wenn ein Mensch gerecht ist, so wird seine Gerechtigkeit verzeichnet, wenn ein Mensch etwas Falsches tut, so werden seine Untaten verzeichnet. Wenn demnach ein gerechter Mensch ans Ende seiner Tage gelangt, dann gehen seine Berichtsengel ihm voran in den Himmel und stimmen Loblieder auf ihn an. ... Aber wenn ein schlechter Mensch stirbt, ein Mensch, der sich nicht überwinden konnte, sich bußfertig Gott zuzuwenden, dann spricht der Heilige, gesegnet sei Er, zu ihm: „Möge deine Seele in Verzweiflung zerspringen! Wie oft habe ich [dich] aufgerufen, Buße zu tun, und [du] tatest es nicht."[64]

Die mystische Überlieferung baut auf dem Konzept des Lebensrückblicks in der rabbinischen Literatur auf und verbindet es mit gerechtem Lohn oder gerechter Strafe für jeden Menschen entsprechend seiner Werke, Worte und Gedanken. Den Lebensrückblick beschreibt sie folgendermaßen:

Rabbi Eleasar sagte: An dem Tag, an dem die Zeit für einen Menschen gekommen ist, diese Welt zu verlassen ... stehen drei Boten [der Engel der Liebe, der die Verdienste des Menschen aufschreibt; der Engel des

---

64 *Pesikta Rabbati* 44:8.

*Gerichts, der die Sünden des Menschen verzeichnet, und der Engel der
Barmherzigkeit, der die Lebensspanne des Menschen festhält] über ihm
und geben Rechenschaft über sein Leben und alles, was er auf der Welt
getan hat, und er gesteht alles mit dem Munde ein und unterzeichnet den
Bericht mit der Hand. ... der ganze Bericht wird von seiner Hand unter-
schrieben, damit er in der nächsten Welt für seine Werke gerichtet werde,
die früheren und die späteren, die alten und die neuen, und nicht eines
wird vergessen. ...* (Sohar I, 78b-79a)[65]

Raymond Moody berichtet von einem ausführlicheren Lebensrückblick
eines Nahtod-Erfahrenen:

*Als das Licht erschien, sagte es als Erstes zu mir: „Was hast du in dei-
nem Leben getan, das du mir jetzt vorweisen kannst?" oder so ähnlich.
Im selben Augenblick fingen die Rückblenden an. „Nanu, was ist denn
jetzt?", dachte ich, als ich mich plötzlich in meine Kindheit zurückver-
setzt sah. Von da an durchschritt ich dann praktisch jedes einzelne Jahr
meines Lebens, von meiner frühesten Kindheit bis zur Gegenwart.*

*Es war auch schon so eigenartig, womit es anfing: Als ich als kleines
Mädchen unten am Bach bei uns in der Nachbarschaft spielte. Aus jeder
Zeit folgten noch mehrere Szenen – Erlebnisse, die meine Schwester und
ich gemeinsam gehabt hatten, Einzelheiten über Leute aus der Nachbarschaft und reale Orte, an denen ich gewesen war. Dann kam die Zeit im
Kindergarten, als ich ein Spielzeug, das mir besonders lieb war, kaputt-
machte und deswegen besonders lange weinte. ...*

*Die Ereignisse rollten jetzt noch einmal in derselben Reihenfolge wie
im Leben vor mir ab, und sie waren vollkommen lebensecht. Die Bilder
wirkten so, als ob man sie draußen in Wirklichkeit vor sich sähe; sie waren ungemein plastisch und in Farbe – und sie waren bewegt. Bei der Szene, als ich mein Spielzeug zerbrach, konnte ich zum Beispiel alle meine*

---

65 Dieses Zitat ist enthalten in *Der Sohar. Das heilige Buch der Kabbala.* Aus dem Hebräischen
    übertragen von Ernst Müller, Auf Grundlage der Ausgabe Wien 1932 neu editiert, Diede-
    richs 2005. Wegen des an manchen Stellen leicht abweichenden Wortlauts wurde es hier
    jedoch nach der englischen Übersetzung übertragen. Anm. d. Ü.

Bewegungen sehen. Es war nicht so, dass ich alles aus meiner damaligen Perspektive beobachtet hätte, beileibe nicht. Das kleine Mädchen, das ich sah, schien jemand anderes zu sein, eine Gestalt aus einem Film ...

Ich hatte das Licht nicht mehr gesehen, während ich mit der Rückblende beschäftigt war. Sobald es mich nach meinem Leben gefragt hatte, war es verschwunden, und die Rückschau hatte begonnen. Dennoch wusste ich, dass es die ganze Zeit über bei mir war und mich durch die Rückblenden aus meinem Leben führte, weil ich seine Gegenwart spürte und weil es ab und zu Bemerkungen machte. Es wollte mir mit jedem dieser Rückblicke etwas zeigen. ...

Es betonte immer wieder, wie wichtig die Liebe sei. Am deutlichsten zeigte es mir das an den Stellen, an denen meine Schwester vorkam, zu der ich immer ein sehr enges Verhältnis gehabt hatte. Erst führte mir das Wesen einige Beispiele vor, wo ich mich ihr gegenüber selbstsüchtig verhalten hatte, dann jedoch genauso viele Male, wo ich liebevoll und freigebig gewesen war. Es erklärte mir, ich solle versuchen, auch an andere zu denken und mich dabei nach Kräften bemühen.[66]

Im Allgemeinen spielt sich dieser Lebensrückblick vor drei Mitgliedern des Himmlischen Gerichts ab. Er gipfelt darin, dass die Seele des Verstorbenen ein Geständnis unterzeichnet, das die Aufzeichnungen enthält, die ihr gezeigt wurden. Damit erkennt sie die Gerechtigkeit des Urteils an.

Wir weisen weder dem Himmlischen Gericht noch Gott die Schuld am Urteil über unser Schicksal zu. Wir erkennen, wie unser Leben gewesen sein könnte und welches Potenzial wir gehabt haben. Elisabeth Kübler-Ross weiß:

... Sie erkennen, dass Sie Ihr eigener schlimmster Feind waren, da Sie sich jetzt vorwerfen müssen, so viele Gelegenheiten zum Wachsen un-

66   Moody, *Leben nach dem Tod*, S. 78-80.

genützt gelassen zu haben. Jetzt wissen Sie, dass damals, als Ihr Haus abbrannte oder als Ihr Kind verstarb, Ihr Mann verletzt wurde oder Sie selbst einen Schlaganfall erlitten, dass es sich bei all Ihren Schicksalsschlägen um unzählige Möglichkeiten zum Wachsen handelte, zum Wachsen an Verständnis, zum Wachsen an Liebe, zum Wachsen an allen Dingen, die wir noch zu lernen haben.[67]

Der Lebensrückblick tritt normalerweise zum Todeszeitpunkt oder kurz danach ein. Bei einem langsamen, nur ganz allmählich eintretenden Tod kann der Lebensrückblick jedoch auch verzögert ablaufen. In diesem Fall kann er sich über viele Tage hinziehen.

Die jüdischen Lehren vom Lebensrückblick haben eine ethische Grundlage. Aus der Sicht des Spirituellen Judentums sind wir für unsere Gedanken, Worte und Werke im Leben verantwortlich. Der Lebensrückblick gründet auf der zentralen Ethik bedingungsloser Liebe und Vergebung. An diesem Maß von Liebe und Vergebung werden wir gemessen.

In unserem Leben geht es darum, zu lieben und anderen Menschen selbstlos zu dienen. Nahtod-Erfahrene berichten oft, dass ihnen eine bestimmte Frage gestellt wurde, auf die ihnen die Antwort sehr schwer fiel. Sie lautete: „Welchen Dienst hast du anderen erwiesen?"

Nach jüdischem Glauben führen gute Werke, Worte und Gedanken zu Wohlwollen nach dem Tod; wohingegen Boshaftigkeit uns nach dem Tod bestimmte Strafen einträgt. Dies und die nachtodlichen Bereiche Fegefeuer und Paradies werden in den Kapiteln Sieben und Acht näher besprochen.

Der Durchgang durch einen Tunnel

Irgendwann im Laufe des Sterbeprozesses, entweder im Moment des Todes oder bald danach, durchschreitet die Seele auf ihrem Weg von der physischen in die jenseitige Welt einen Tunnel, eine Art himmlischen

---

67   Kübler-Ross, Über den Tod und das Leben danach, S. 19.

Durchgang. Manche Nahtod-Erfahrene erinnern sich aber auch an einen Fluss, ein Tor oder eine Treppe. Dieder Tunnel dient als Brücke zwischen Leben und Tod. Sobald die Seele den Tunnel – eine Art Grenzlinie – durchschritten hat, ist der Tod unumkehrbar. Die „Silberschnur", die den physischen Körper mit der Seele verbindet (Prediger 12, 6), ist durchtrennt. Für die jüdischen Mystiker beginnt nun die nachtodliche Reise der Seele.

Der Umgang mit Visionen im Moment des Todes

Wenn Sie als Angehörige oder Freunde einen sterbenden Menschen besuchen, der die jüdischen Jenseitslehren kennt (oder etwas darüber erfahren möchte), dann bemühen Sie sich, seine Visionen und Erfahrungen ernst zu nehmen und seine innere, subjektive Realität zu achten. Erklären Sie ruhig, dass Visionen (eine oder auch mehrere) zum Sterbeprozess dazugehören. Damit nehmen Sie dem Sterbenden einen Teil seiner Ängste und machen es dem Todkranken leichter, in Frieden zu sterben. Dabei müssen Sie jedoch unbedingt und jederzeit die Wünsche und Bedürfnisse des sterbenden Menschen respektieren.

Angehörige und Freunde können Menschen, die dem Tode nahe sind, insbesondere bei folgenden Dingen helfen: Beim Lebensrückblick, bei der Begegnung mit bereits verstorbenen Verwandten, Freunden und Engeln sowie bei der Vision des Klaren Lichtes.

Den Lebensrückblick fördern und begleiten

Wenn möglich, fördern und begleiten Sie den Lebensrückblick. Dadurch helfen Sie einem Sterbenden, Vergangenes – insbesondere ungelöste Lebenserfahrungen – zu klären, sich emotional und spirituell auf den Tod vorzubereiten und den Weg ins Jenseits zu ebnen. Ein solcher Lebensrückblick ermöglicht es einem Todkranken außerdem, mit Angehörigen und guten Freunden über seine Lebensgeschichte und sein ideelles Vermächtnis zu sprechen.

Machen Sie Mut zu einem Lebensrückblick, entweder in Form eines Monologes oder eines Dialoges zwischen dem Schwerkranken und seinen Lieben, sofern der oder die Sterbende dafür empfänglich ist. Der Unausweichlichkeit des Todes ins Gesicht zu sehen, kann zu einer neuen Offenheit in der Kommunikation führen und die Vergangenheit mit neu entdeckter Liebe und Vergebung erhellen. Hat es in der Vergangenheit jedoch Traumata oder Missbrauch gegeben, dann ist es meiner Erfahrung nach das Beste, die Erinnerung daran nicht zu erzwingen.

**Der Lebensrückblick kann recht umfassend sein
und Folgendes beinhalten:**

* Glückliche Momente und traurige Ereignisse.
* Dankbarkeit und Wertschätzung für das Schöne und Gute im Leben, einschließlich der Erfahrung der Liebe.
* Äußere und innere Erfolge, Wachstumserfahrungen und Momente, in denen Grenzen überwunden oder Herausforderungen bewältigt wurden.
* Reue, Groll und alte Verletzungen, unerfüllte Hoffnungen und Träume, ungenutzte Talente, verpasste Gelegenheiten, gescheiterte Beziehungen und Verletzungen, die der oder die Sterbende anderen zugefügt hat bzw. die ihm oder ihr zugefügt wurden.
* Menschen, die für den oder die Sterbende wichtig waren, sei es im positiven oder im negativen Sinne.
* Ein letztes Aussprechen von Gefühlen und Empfindungen sowie ein Lüften gut gehüteter Familiengeheimnisse.

Stellen Sie so sanft und einfühlsam wie möglich offen formulierte Fragen, wie zum Beispiel jene: Gibt es irgendetwas, was du anderen noch vorwirfst (oder wovon du glaubst, dass sie es dir noch vorwerfen)? Kannst (und möchtest) du das lösen? Zwar besteht durchaus ein gewisses Risiko, dass der Lebensrückblick den Sterbenden aufwühlt und ihm dadurch zusätzlich und unnötigerweise Schmerz und Leid zufügt, doch entsteht durch solche offenen Fragen und die Antworten darauf oft das Bild eines lohnenden und sinnvollen Lebens. Spüren Sie, wenn möglich, hinter dem äußeren Anschein alter Worte und Taten der inneren Haltung nach, aus der heraus sie gesprochen oder begangen wurden, denn dabei helfen Sie einem todkranken Menschen, sein Leben aus einem weiteren Blickwinkel zu sehen.

Auf dem Sterbebett glaubte Edna, ihr Leben sei sinnlos gewesen. Doch als sie angeleitet wurde, an ihre Ehe und ihre Kinder zu denken sowie sich daran zu erinnern, was sie in verschiedenen Organisationen für ihre Gemeinde und die Gesellschaft geleistet hatte, konnte Edna erkennen, dass ihr Leben wertvoll gewesen war. Sie konnte ihre Ängste überwinden und in Frieden sterben.

Die geführte Meditation „Der Lebensrückblick" und die nachfolgende Tagebuch-Übung können für Angehörige, die einen Lebensrückblick fördern und begleiten möchten, eine Hilfe sein. Sie sollten sich dazu selbst in eine meditative Haltung begeben und dann den Sterbenden oder die Sterbende in etwa zehn bis fünfzehn Minuten durch die Meditation führen.

Geführte Meditation „Der Lebensrückblick"

Einleitende Hinweise: *Die oder der Führende sollte versuchen, eine warmherzige, offene Atmosphäre zu schaffen, eine Umgebung voll heiterer Gelassenheit, in der Raum ist für die innere Reise. Dämpfen Sie das Licht im Zimmer ein wenig, falls möglich. Kerzen können eine Stimmung schaffen, die die Meditation begünstigt (im Krankenhaus ist das vielleicht etwas schwierig).*

Der Führende sollte die sterbende Person bitten: Schließe deine Augen, setze dich ruhig hin oder entspanne dich und bringe deinen Körper zur Ruhe, indem du dich hinsetzt, zurücklehnst oder hinlegst. Atme ganz normal ein und aus und spüre dem Atem nach, wie er in deinen Körper hinein- und wieder herausströmt. Gleiche deine Atemzüge einander an, so dass Ein- und Ausatmung gleich lang sind. Dadurch wird der Körper entspannt und der Geist hellwach. (Selbstverständlich müssen Sie diese Anleitungen dem Zustand der Sterbenden anpassen.)

♦

Der Führende sollte den sterbenden Menschen einladen: Denke einmal an alles, wofür du dankbar bist, an glückliche Zeiten, gute Freunde, besondere Momente, an Liebe, die dir geschenkt, und Mitgefühl, das dir entgegengebracht wurde.

Dann sollte der Führende die besonderen Menschen jeweils einzeln einladen, in den Raum einzutreten, den die herzliche Offenheit der sterbenden Person schafft, um mit ihnen zu sprechen. Laden Sie dazu ein, dass die sterbende Person und jeder besondere Mensch sich einzeln beieinander bedanken und voneinander verabschieden können.

Danach sollte der Führende den oder die Todkranke einladen, an Momente und Erinnerungen zu denken, die für sie mit Furcht, Enttäuschung, Wut, Schuldgefühlen und Ängsten beladen sind. Dies sind die unerledigten emotionalen Angelegenheiten, die noch eines Abschlusses bedürfen.

Abschließende Hinweise: *Der Führende sollte diese Anleitungen sprechen. Danach sollte er die sterbende Person einladen, wieder ins Hier und Jetzt zurückzukehren. Er sollte ihr sagen, dass sie sich dazu Zeit lassen und ganz langsam zurückkommen darf: „Kehre mit deiner Aufmerksamkeit langsam in deinen Körper zurück; spüre wieder, dass du im Zimmer bist, und dann öffne die Augen."*

Manchmal empfinden es Sterbende auch als Hilfe, wenn sie sich Notizen über ihren Lebensweg auf der Erde machen und bestimmte Erinnerungen sowie die damit einhergehenden Gefühle festhalten können – entweder in einem Tagebuch, auf losen Blättern, in bildlicher Form oder auf Tonband oder Video. Dies kann ein besonders befreiendes Erlebnis sein. Eine liebevolle, Mut machende Botschaft – schriftlich, auf Tonband oder Video – kann den Hinterbliebenen helfen, ihre Trauer zu überwinden.

Tagebuch-Übung

Ein lieber Angehöriger oder Freund, der die Rolle des Führenden über-nimmt, sollte den todkranken Menschen bitten, seine Erinnerungen, früheren und heutigen Gedanken sowie seine Gefühle für Familie und Freunde festzuhalten. Dies kann auf Papier geschehen, in Prosaform, als Gedicht, in Gestalt eines Briefes oder als kurze Notiz; es können Bilder, Tonband- oder Video-Aufnahmen sein. Die sterbende Person sollte auch festhalten, was sie bereut, wen sie verletzt und welches Leid sie verur-sacht hat.

Wenn der sterbende Mensch selbst nicht mehr schreiben kann und Hilfe wünscht, kann er seinen Lebensrückblick auch diktieren und von jeman-dem niederschreiben lassen. Ebenso gut kann der Lebensrückblick auf Tonträger oder Video aufgezeichnet werden.

Der Führende sollte vorsichtig vorschlagen, dass der oder die Sterben-de bei den entsprechenden Menschen soweit als möglich Wiedergutma-chung leistet – entweder persönlich von Angesicht zu Angesicht, am Te-lefon oder schriftlich. Man kann eine Nachricht der Liebe und Hoffnung schreiben oder diktieren.

Auf ausdrücklichen Wunsch können das Tagebuch, die losen Blätter oder die Ton- bzw. Video-Aufzeichnungen als Dokumente der Familien-geschichte und Träger von Erinnerungen und lang gehegten Familien-geheimnissen aufbewahrt werden. Dokumente auf Papier können aber auch zum Beispiel durch Verbrennen vernichtet, Ton- und Videoaufnah-men gelöscht werden.

◆

In Verbindung mit dem Lebensrückblick können liebe Angehörige oder Freunde einen todkranken Menschen auch durch die Meditation oder Vi-sualisierung über Vergebung und liebende Güte aus Kapitel Vier führen. Sie ist ebenfalls eine Möglichkeit, um Vergebung zu bitten und Verge-bung zu gewähren.

Üben Sie aber keinesfalls Druck auf einen Sterbenden aus, einen mündlichen oder schriftlichen Lebensrückblick zu erstellen. Sie können nur einen geschützten Rahmen anbieten – was in der umtriebigen und oft übergriffigen Atmosphäre in einem Krankenhaus schon schwierig genug sein kann – in dem der oder die Todkranke nach und nach über die einzelnen Ereignisse und Beziehungen in seinem Leben sprechen und für alte Verletzungen und Schulden um Vergebung bitten bzw. Vergebung schenken kann.

Der Lebensrückblick auf Erden hilft einem sterbenden Menschen außerdem bei allen Fragen nicht nur zum Sinn seines Lebens, sondern auch seines momentanen Leidens und seiner Schmerzen. Diese Technik kann zu einem umfassenderen Verständnis beitragen und dem Sterbenden helfen, sich mit allem, was er im Leben und auch jetzt, am Ende seines Erdendaseins, durchgemacht hat, zu versöhnen.

Verstorbene Angehörige, Freunde und Engel visualisieren

Visualisierte Kontakte mit verstorbenen Angehörigen und Freunden sowie mit Engeln öffnen dem Sterbenden jetzt und in Zukunft neue Ausblicke bei der Suche nach dem Sinn des ewigen Lebens und des Weges der Seele nach dem Tod. Wenn ein schwerkranker Mensch dafür empfänglich ist, dann können liebe Angehörige oder Freunde ihn zehn bis fünfzehn Minuten lang durch die folgende Visualisierung führen.

Geführte Visualisierung von verstorbenen Angehörigen, Freunden und Engeln

Einleitende Hinweise: *Die oder der Führende sollte versuchen, eine warmherzige, offene Atmosphäre zu schaffen, eine Umgebung voll heiterer Gelassenheit, in der Raum ist für die innere Reise. Dämpfen Sie das Licht im Zimmer ein wenig, falls möglich. Kerzen können eine Stimmung schaffen, die die Meditation begünstigt (im Krankenhaus ist das vielleicht etwas schwierig).*

Der Führende sollte die Sterbende bitten: Schließe deine Augen, setze dich ruhig hin oder entspanne dich und bringe deinen Körper zur Ruhe, indem du dich hinsetzt, zurücklehnst oder hinlegst. Atme ganz normal ein und aus und spüre dem Atem nach, wie er in deinen Körper hinein- und wieder herausströmt. Gleiche deine Atemzüge einander an, so dass Ein- und Ausatmung gleich lang sind. Dadurch wird der Körper entspannt und der Geist hellwach. (Selbstverständlich müssen Sie diese Anleitungen dem Zustand der Sterbenden anpassen.)

◆

Die Führende sollte den todkranken Menschen bitten: Stelle dir deinen Schutzengel oder einen anderen Engel vor, vielleicht einen der vier Engel aus der Geführten Schutzengel-Meditation *aus Kapitel Vier.*

Der Führende sollte zur Kommunikation mit dem Schutzengel (oder anderen Engeln) einladen und fragen: Zu welchem Zeitpunkt in deinem Leben ist dieser Engel zu dir gekommen? Was tut er jetzt für dich? Was tut er in Zukunft?

Der Führende sollte die Sterbenden zu völliger Entspannung führen und den Schutzengel (oder andere Engel) bitten, verschiedene Stadien der Seelenreise im Jenseits zu beschreiben: Den Moment des Todes und den Übergang unmittelbar danach und insbesondere die Begegnung mit bereits verstorbenen Angehörigen und Freunden, die in den nachtodlichen Welten als Führer dienen.

Wenn es passt, dann laden Sie den Schutzengel (oder andere Engel) auch ein, Fegefeuer, Paradies und Schatzhaus der Seelen zu beschreiben, die in den Kapiteln Sieben, Acht und Neun dieses Buches besprochen werden.

Abschließende Hinweise: *Der Führende sollte diese Anleitungen sprechen. Danach sollte er die sterbende Person einladen, wieder ins Hier und Jetzt zurückzukehren. Er sollte ihr sagen, dass sie sich dazu Zeit lassen und ganz langsam zurückkommen darf: „Kehre mit deiner Aufmerksamkeit langsam in deinen Körper zurück; spüre wieder, dass du im Zimmer bist, und dann öffne die Augen."*

Ergebung und Eintritt ins Klare Licht

Laden Sie die sterbende Person mit sanftem Drängen ein, sich dem intensiven Klaren Licht, das im Moment des Todes oder unmittelbar danach erscheint, zu ergeben und hineinzugehen. Sprechen Sie einem todkranken Menschen Mut zu, dem in Kapitel Vier erläuterten Beispiel des Baalschemtow zu folgen und irdische Bindungen und Wünsche aufzugeben; langsam und bewusst die materielle Welt zu verlassen sowie offen zu bleiben für das Klare Licht und die nachtodlichen Welten. Regen Sie diesen Prozess an und begleiten Sie ihn, wenn die körperlichen Kräfte des Sterbenden nachlassen, jedoch noch bevor der Tod unmittelbar bevorsteht, was sich – wie in Kapitel Vier beschrieben – durch das allmähliche Versiegen verschiedener Lebensfunktionen ankündigt. Der richtige Zeitpunkt für ein solches Gespräch ist eine schwierige Ermessensentscheidung, denn dem todkranken Menschen bleiben vielleicht noch Tage oder Wochen bis zu seinem Abschied.

Lösung vom Körper

Ermutigen Sie einen sterbenden Menschen nicht nur dazu, auf sein Leben zurückzublicken, verstorbene Angehörige, Freunde und Engel zu visualisieren sowie sich dem Klaren Licht zu ergeben und in es hineinzugehen, sondern erleichtern Sie ihm auch die Ablösung von seinem physischen Körper und von der irdischen Ebene. Dadurch, dass er sich bemüht, die Verbindung zu seinem Körper zu kappen, identifiziert sich ein Sterbender immer weniger mit der materiellen Dimension seines Daseins und mit der irdischen Welt. Seine Aufmerksamkeit richtet sich dann eher auf seine zeitlose, unsterbliche Seele und deren nachtodliche Reise in der Seelenwelt.[68] Wenn wir erkennen, dass unser Körper nicht alles ist, was wir sind, dann hilft diese geringere Bindung an die physischen, materialistischen

---

68   Simcha Steven Paull, *Judaism's Contribution to the Psychology of Death and Dying*, Ph.D. diss., California Institute of Integral Studies 1986, S. 342.

Aspekte des Lebens unserer Seele, den Körper zu verlassen, und öffnet uns für die nächste Stufe unseres Daseins.

Die folgende geführte Meditation (oder Visualisierung) ermutigt zum Prozess des Loslassens und erleichtert die Identifikation mit den spirituellen Dimensionen unseres inneren Lebens. Denken Sie aber daran, dass Loslassen Zeit erfordert. Jeder Mensch benötigt Zeit, um die Bindung an die materielle Welt und seinen physischen Körper zu überwinden. Führen Sie einen Sterbenden etwa zehn bis fünfzehn Minuten lang durch diese Meditation (oder Visualisierung).

Geführte Meditation (oder Visualisierung) *zur Lösung vom Körper*

Einleitende Hinweise: *Die oder der Führende sollte versuchen, eine warmherzige, offene Atmosphäre zu schaffen, eine Umgebung voll heiterer Gelassenheit, in der Raum ist für die innere Reise. Dämpfen Sie das Licht im Zimmer ein wenig, falls möglich. Kerzen können eine Stimmung schaffen, die die Meditation begünstigt (im Krankenhaus ist das vielleicht etwas schwierig).*

Der Führende sollte die sterbende Person bitten: Schließe deine Augen, setze dich ruhig hin oder entspanne dich und bringe deinen Körper zur Ruhe, indem du dich hinsetzt, zurücklehnst oder hinlegst. Atme ganz normal ein und aus und spüre dem Atem nach, wie er in deinen Körper hinein- und wieder herausströmt. Gleiche deine Atemzüge einander an, so dass Ein- und Ausatmung gleich lang sind. Dadurch wird der Körper entspannt und der Geist hellwach. (Selbstverständlich müssen Sie diese Anleitungen dem Zustand der Sterbenden anpassen.)

♦

Der Führende sollte den Sterbenden einladen: Fühle deinen Körper, das Gewicht deines Kopfes, das Gewicht deiner Arme und Hände, das Gewicht deines Rumpfes, das Gewicht deiner Beine und Füße. Spüre, wie die Schwerkraft an deinem Körper zieht.

Der Führende sollte die sterbende Person bitten: Öffne dein Herz deinen feinstofflicheren und leichteren Empfindungen, deiner unsterblichen Seele.

Der Führende sollte die sterbende Person einladen: Erschaue bei jedem Einatmen, wie der Atem von deiner Seele aufgenommen wird, spüre den Kontakt mit deiner Seele; erschaue, wie jeder Atemzug deine Seele nährt. Dann stelle dir vor, jeder Atemzug sei dein letzter. Die Verbindung zwischen deinem Körper und deiner Seele wird durchtrennt.

Danach sollte der Führende folgendermaßen fortfahren:

Lasse deinen letzten Atemzug los, für immer.

Lasse sanft los und gehe. Lasse deine Bindungen los, deine Wünsche, deine Ängste, deine Gedanken. Lasse zu, dass du stirbst und sanft ins Klare Licht hineingehst.

Erschaue, wie deine Seele völlig unabhängig vom Körper schwebt.

Lasse deine Identifikation mit deinem Körper und mit allen Dingen, die dich noch halten, offenen Herzens los. Lasse zu, dass du frei bist von der Inkarnation auf der Erde.

Öffne dich deiner Seele, die frei und unabhängig von deinem Körper dahinschwebt.

Abschließende Hinweise: *Der Führende sollte diese Anleitungen sprechen. Danach sollte er die sterbende Person einladen, wieder ins Hier und Jetzt zurückzukehren. Der Führende sollte ihr sagen, dass sie sich dazu Zeit lassen und ganz langsam zurückkommen darf: Kehre mit deiner Aufmerksamkeit langsam in deinen Körper zurück; spüre wieder, dass du im Zimmer bist, und dann öffne die Augen.*

Der Lebensrückblick, das Visualisieren verstorbener Angehöriger und Freunde sowie Engel, der Eintritt ins Licht und die Lösung vom physischen Körper helfen jeweils für sich genommen (oder kombiniert), die

Angst der Sterbenden vor dem Tod zu verringern, vorausgesetzt sie sind dafür empfänglich. Diese Techniken lindern auch den Grabesschmerz. Dieser ist der nächste Schritt auf der nachtodlichen Reise und tritt ein, solange das Bewusstsein des Menschen noch eng mit seinem physischen Körper identifiziert ist.

Kapitel Sechs

DIE TRENNUNG DER SEELE VOM PHYSISCHEN KÖRPER

Teil III: Der Grabesschmerz

Auf der letzten Stufe des Sterbeprozesses geht es darum, dass der Sterbende sowohl seine Bindungen an den physischen Körper und die materielle Welt aufgibt als auch nach und nach die Realität des Todes akzeptiert. Das vorliegende Kapitel zeigt, wie der jüdische Glaube den „Grabesschmerz" in den Tagen unmittelbar nach dem Tod darstellt (das, was Rabbi Elimelechs Freund Chaim in der Erzählung aus Kapitel Eins erlebt), wenn das Bewusstsein des Verstorbenen womöglich verwirrt oder noch mit dem Körper verbunden ist und nicht begreift, dass dieser verstorben ist.

Außerdem werden jüdische Rituale nach dem Tod besprochen. Dazu gehören die Aufgaben einer Beerdigungsgesellschaft, der Beerdigungs-Gottesdienst und die Andacht am Grab sowie der formelle Trauerprozess (*Schiwa*). Der Schwerpunkt liegt dabei auf der Wirkung dieser Rituale als Seelenführer, insbesondere als Hilfe zur Überwindung des Grabesschmerzes. Alle spirituell Suchenden und Menschen, die mit der Trauer ringen, finden dazu Vorschläge und hilfreiche Techniken. Für alle, die glauben, dass das Bewusstsein den Tod des Körpers überdauert, bereichern solche Seelenführungstechniken die Trauerzeit um eine wichtige neue Wahrnehmungsebene.

Der Grabesschmerz

In der leidvollen Zeit um die Beerdigung herum macht die Seele schmerzliche Qualen durch, die in jüdischen Schriften als „Grabesschmerz" bezeichnet werden. Die Seele verweilt dicht bei ihrem physischen Körper, hält krampfhaft am Leben fest und gibt nur ganz langsam ihre Bindung an den Körper und an die materielle Welt auf.[69]

Rabbi Simcha Bunam von Pžysha – der von 1767 bis 1827 lebte und großen Wert auf Innenschau und Selbsterkenntnis legte – erklärte den „Grabesschmerz" mit einer Metapher. Einer der Lieblingsschüler des Rebe hatte sein Halstuch verloren. Als er es mit großem Eifer überall suchte und seine Gefährten seine missliche Lage sahen, lachten sie ihn aus. „Lacht nicht", rügte Rebe Bunam sie. „Er tut recht, wenn er ein Ding, dessen er sich bedient hat, wert hält. So besucht ja auch die Seele nach dem Tod den entsunkenen Leib und neigt sich über ihn."[70]

Wenn sie nicht bereit ist, ihre Bindung an die physische Welt loszulassen, dann erleidet die Seele, insbesondere ihre physische Ebene, die eng mit dem Körper und der materiellen Welt identifiziert ist, in einer drei bis sieben Tage währenden Phase nach dem Tod beträchtliche Qualen. Die mystischen Lehren besagen: „Während der gesamten sieben Tage geht die Seele von ihrem Haus zu ihrem Grab und von ihrem Grab zu ihrem Haus und trauert um den Körper. … Sie geht in ihr Haus und wohnt darin. Sie sieht alle von Trauer gebeugt und trauert auch selbst." (Sohar II 218b-219a)

Daher bleibt also eine Seele mit starken Bindungen an die physische Welt in dieser Zeit oft erdverhaftet und irrt zwischen dem Grab, in dem ihr früherer Körper liegt, und ihrem ehemaligen Zuhause, in dem sich die trauernden Angehörigen und ihr materieller Besitz befinden, hin und her. Die mystischen Schriften vermuten, dass die Seele, die um die Gedanken und Gefühle ihrer Angehörigen weiß, versucht, mit den Hinterbliebenen

---

69   Simcha Paull Raphael, *Jewish Views of the Afterlife*, Jason Aronson 1994, S. 139f., 166f., 291-294, 344f., 381-384.
70   Martin Buber, *Die Erzählungen der Chassidim*, Manesse, Zürich 1949, S. 746.

zu sprechen und auch ihre gewohnten Gegenstände zu benutzen. Beim Anblick der weinenden Familienmitglieder wird der Seele bewusst, dass es einen Todesfall gegeben hat.

Während dieser drei- bis siebentägigen Phase nach dem Tod verweilt die Seele in der Nähe des Körpers und versucht eventuell sogar, wieder in ihn einzutreten. Sobald jedoch die Verwesung eintritt und die Seele erkennt, dass sie keinen Körper mehr hat, der einen Schatten werfen oder ein Spiegelbild abgeben könnte – so besagt die rabbinische Literatur – verlässt sie den Körper rasch und begibt sich auf ihre nachtodliche Reise:

Rabbi Abba bar R. Papi und Rabbi Josua von Sichnin im Namen des Rabbi Levi sagten: Drei volle Tage schwebt die Seele um (über) den Körper in der Meinung, dass sie wieder zu ihm zurückkehre, wenn sie aber sieht, dass sich der Glanz des Angesichts verändert hat, geht sie ihres Wegs ...[71]

Eine andere rabbinische Schrift schildert die Reise der Seele in der Zeit unmittelbar nach dem Tod wie folgt:

Während der sieben Tage der Trauer geht die Seele hin und her zwischen ihrem ehemaligen Haus und ihrer Wohnstatt im Grab und zwischen ihrer Wohnstatt im Grab und ihrem ehemaligen Haus. Nach den sieben Tagen der Trauer bringt der Körper Würmer hervor, beginnt zu vermodern und zerfällt zu dem Staub, der er gewesen ist. ... Die Seele geht hin und kehrt zurück zu dem Ort, von dem sie gegeben wurde, vom Himmel, wie gesagt ist: „Und die Seele kehrt zurück zu Gott, der sie gegeben hat." (Prediger 12, 7)[72]

---

71 *Midrasch Wajikra Rabba.* Das ist die Haggadische Auslegung des Dritten Buches Mose. Zum ersten Male ins Deutsche übertragen von Lic. Dr. Aug., Wünsche, Otto Schulze 1884, S. 117 (zu 3. Mose 18, 1)

72 *Pirke de Rabbi Elieser*, übers. von Gerald Friedlander, „The Resurrection of the Dead", Kapitel XXXIV, Sepher-Hermon 1965. (Die bei Gruyter im Jahr 2004 erschienene deutsche Ausgabe der Pirke de Rabbi Elieser hat die Streichungen übernommen, die in der Edition Warschau 1852 vorgenommen wurden, weil sie Nichtjuden als polemisch hätten erscheinen können. Das vorliegende Zitat ist davon teilweise betroffen und wurde daher nach der englischen Übersetzung übertragen. Anm. d. Ü.)

Um der Seele die Lösung vom Körper zu erleichtern, fragt nach jüdischem Glauben Duma – der Schutzengel der Seele des Verstorbenen, über den bereits in Kapitel Fünf gesprochen wurde – die Seele nach ihrem Namen. Wörtlich fragt Duma: Wessen Seele ist es? Durch diese Frage nach ihrem Namen hilft Duma der Seele, sich an ihr wahres Wesen zu erinnern. Mithilfe dieser Erinnerung an ihre spirituelle Identität fällt es ihr leichter, sich von der materiellen Welt zu lösen. Sie braucht dann auch nicht mehr so sehr mit sich zu ringen, um ihren physischen Körper zurückzulassen.[73]

Aus den mystischen Schriften lässt sich schließen, dass viele Seelen keinen schmerzlosen Übergang aus ihrem physischen Körper erleben, da sie sich aus dem Körper herauswinden und dabei nur langsam die Verstrickungen mit der irdischen Ebene erkennen. Der Rückzug der Seele oder ihre Trennung vom Körper wühlt uns meist emotional stark auf und verläuft oft sogar qualvoll, wie es der folgende Auszug aus der mystischen Literatur erklärt:

„Denn stark wie der Tod ist die Liebe" (Hohelied 8, 6), das heißt: Stark wie die Kraft der Lösung des Geistes vom Körper. Denn so haben wir gelernt: In der Stunde, wenn der Mensch sich anschickt, aus der Welt zu gehen und schon sehend wird, da wandert und kreist sein Geist durch alle Glieder des Leibes, einem Manne gleich, der, steuerlos, ohne Sinn auf dem Meere treibt, und er bittet sich bei allen Gliedern des Leibes frei; und ihre Trennung wird nur mit großer Gewalt bewirkt. (Sohar I, 245a)[74]

Aus der Sicht des Spirituellen Judentums kann das, woran wir im Leben am meisten hängen, nach dem Tod Leid auslösen. Wenn also das Leben eines Menschen sich allzu ausschließlich um die physischen Aspekte oder die körperlichen Sinnesfreuden drehte und der Mensch an die materielle Welt gebunden oder süchtig war nach Nikotin, Alkohol oder Drogen, fällt

---

73 Raphael, *Afterlife*, S. 293-294.
74 *Der Sohar. Das heilige Buch der Kabbala.* Aus dem Hebräischen übertragen von Ernst Müller, Diederichs 2005. (Im letzten Satz weicht diese Übertragung vom englischen Wortlaut ab, weshalb dieser nach der englischen Übersetzung ins Deutsche gebracht wurde, Anm. d. Ü.)

es seiner Seele, eben weil sie daran festhält, sehr schwer, den Grabesschmerz zu überwinden. In einer solchen Seele löst es höchste Verwirrung und schmerzhafte Qualen aus, wenn sie mitansehen muss, wie ihr Körper zerfällt und sie sich von irdischen Belangen lösen muss. Doch wie bei jeder Sucht, kann auch das beharrliche Verlangen danach nicht wirklich gestillt werden.

Denjenigen Menschen, die sich zu Lebzeiten weigern, ihre Bindungen an den physischen Körper und die materielle Ebene im Allgemeinen aufzugeben oder zumindest zu lockern (oder die gewaltsam oder plötzlich gestorben sind), macht die Trennung der Seele vom Körper nicht nur sehr zu schaffen, sondern sie kann auch wesentlich längere Zeit in Anspruch nehmen. Die Seele solcher Verstorbener kann durchaus erheblich länger als sieben Tage in der Verwirrung verharren.

Umgekehrt verläuft die Zeit der Trennung vom physischen Körper bei jenen, die ein „reineres" Leben geführt haben, leichter und schneller. Wer fällt, gemäß den jüdischen Weisen, in diese Kategorie? Jene, die bestimmte Süchte gemieden haben. Ebenso jene, die die spirituellen, immateriellen Dimensionen des Lebens – ein ausgewogeneres Dasein auf Erden – gepflegt und sich nicht allzu stark mit dem physischen Körper und der materiellen Welt identifiziert haben. Weil sie im Leben gelernt haben, dass das Selbst den Körper und die irdische Ebene übersteigt, kann ihr Grabesschmerz gelindert oder sogar ganz vermieden werden.

Auf der Grundlage der jüdischen Ethik – wie sie auch das Spirituelle Judentum mit seiner Betonung von liebender Güte, Mitgefühl und Vergebung vertritt – versichert der jüdische Glaube, dass ein Leben der „guten" Werke, Worte und Gedanken es der Seele leichter macht, den Körper zu verlassen. Für die „Gerechten" ist die Lösung der Seele vom Körper wohl keine allzu schmerzliche oder langwierige Angelegenheit.

Nachtodliche Rituale im jüdischen Glauben

Nach jüdischem Glauben werden grundsätzlich drei feststehende Methoden angewandt, um die Verstorbenen zu ehren und die Hinterbliebenen durch den Trauer-Prozess zu führen, nämlich die Handlungen der Beerdigungsgesellschaft, die Gottesdienste bei der Bestattung und am Grab sowie der eigentliche formelle Trauer-Prozess (auf Hebräisch *Schiva*). Diese Bräuche ermöglichen es den Lebenden, zu einem Umgang mit dem Tod zu finden und dessen Realität anzuerkennen sowie ihr Leid zu lindern. Zwar trauert jeder Mensch auf seine eigene Art und Weise, doch als Hinterbliebene können wir erst dann wirklich mit dem Geschehenen abschließen, wenn wir unsere Erlebnisse und Erfahrungen mit dem Verstorbenen sowohl zu seinen Lebzeiten als auch nach seinem Tod lebendig erhalten und wertschätzen.

Die jüdische Beerdigungsgesellschaft

Aus Verehrung für die Toten wird ein Leichnam nach dem körperlichen Hinscheiden im jüdischen Glauben nie allein gelassen. Ständig bleibt ein Wächter bei dem Toten, rezitiert Psalmen und gibt den Hinterbliebenen die Gewissheit, dass gut für den Leichnam gesorgt ist.

Jüdische Beerdigungsgesellschaften (auf Hebräisch *Chewra Kadischa*) entstanden etwa ab dem 14. Jahrhundert in den europäischen jüdischen Gemeinden. Damit sollte der Notwendigkeit von Massenbegräbnissen in Zeiten schwerer Krisen Rechnung getragen werden, insbesondere während der Schwarzen Pest, die ein Viertel der europäischen Bevölkerung hinwegraffte.

Die Mitglieder einer jüdischen Beerdigungsgesellschaft, ein Brauch, der erst etwa seit der Jahrtausendwende in den USA wieder auflebt, sprechen Gebete und Psalmen für den Verstorbenen und bereiten den Leichnam für die Beerdigung vor.[75] Sie bitten Gott, die Sünden des Ver-

---

75 Tzvi Rabinowicz, *A Guide to Life: Jewish Laws and Customs of Mourning*, Jason Aronson 1989, S. 11f., 28-32; Maurice Lamm, *The Jewish Way in Death and Mourning*, Jonathan

storbenen zu vergeben und seiner Seele dauerhaften Frieden zu schenken. Doch die Mitglieder der Beerdigungsgesellschaft erweisen dem Verstorbenen nicht nur die Ehre, sondern sie vollziehen auch die rituelle Waschung und Reinigung des Leichnams (die auf Hebräisch als *Tahara*-Ritual bezeichnet wird). Dabei werden vierundzwanzig Quart Wasser[76] über dem Leichnam ausgegossen und währenddessen Gebete gesprochen. Danach wird er mit einem Leinenhemd bekleidet, einem ungebleichten übergroßen Nachthemd ohne Knoten, Schleifen oder Taschen. Dahinter steht die Vorstellung, dass nichts die Rückgabe des Körpers an die Erde behindern sollte und wir keinerlei materiellen Besitz mitnehmen können.

Sodann wird der ins Totenhemd gehüllte Leichnam in einen sehr schlichten Kiefernsarg gelegt, der ohne Nägel, Schrauben oder andere Verschlüsse gefertigt ist. Nach jüdischem Glauben sollten alle Menschen, ungeachtet ihres Wohlstandes oder gesellschaftlichen Status, im Tod gleich sein.

Der Leichnam wird nach jüdischem Glauben jederzeit mit größter Hochachtung behandelt. Deshalb wird er auch weder vor noch bei der Beerdigung zur Schau gestellt. Das Verbot des offenen Sarges macht eine kosmetische Behandlung oder Einbalsamierung des Verstorbenen überflüssig.

Die Beerdigung

Unmittelbar vor dem Beerdigungsgottesdienst zerreißen die Trauernden ihre äußere Kleidung (was auf Hebräisch als *Keria* bezeichnet wird).[77] Heute reicht man den Trauernden meist ein schwarzes Band, das sie einschneiden oder einreißen können.

David 1969, S. 6-8; Jack Riemer (Hrsg.), *Jewish Insights on Death and Mourning*, Schocken 1995, S. 81-107.

76 Ein Quart sind ca. 950 ml. (Anm. d. Ü).

77 Rabinowicz, *Guide*, S. 24-27; Lamm, *Jewish Way* S. 28-44; Central Conference of American Rabbis, *Rabbi's Manual*, Central Conference of American Rabbis 1988, S. 249; *Jewish Insights*, S. 121-124; Anne Brener, *Mourning & Mitzvah: A Guided Journal for Walking the Mourner's Path Through Grief to Healing*, Jewish Lights Publishing, S. 109-115.

Ein Kleidungsstück, oder dessen symbolische Verkörperung, zu zerreißen, steht für das Durchtrennen der Blutsverwandtschaft oder des Bundes der Ehe. Es symbolisiert ein gebrochenes Herz. Das Zerreißen der Kleidung durchbricht die Benommenheit, die Trauernde oft verspüren; es bringt sie in Verbindung mit den tiefen Gefühlen, die sie angesichts des Todes empfinden, und hilft ihnen, diesen freien Lauf zu lassen. Sie beginnen, sich mit der Endgültigkeit des Todes auseinanderzusetzen.

Traditionell dient der jüdische Trauergottesdienst dem Gedenken an den Verstorbenen.[78] Er bietet den Angehörigen und Freunden eine emotionale Läuterung und gibt ihnen noch einmal Gelegenheit zu einem letzten Lebewohl. Die Beerdigung stellt den Beginn der formellen Trauerzeit dar und hilft so den Hinterbliebenen, die Realität des Todes zu akzeptieren und ihren aufgestauten Gefühlen von Trauer und Verlust freien Lauf zu lassen. Die Leere in ihrem Leben trifft die Angehörigen wie nie zuvor. Zugleich schenkt die Beerdigung die Gewissheit, dass das Leben auch im Angesicht des Todes weitergeht.

Der Beerdigungs-Gottesdienst findet in der Gemeinde statt. Familie und Freunde bieten den Hinterbliebenen ihre Unterstützung an und helfen, ihre Trauer und Einsamkeit zu lindern. Wenn Familie und Freunde zusammenkommen, so ist dies für die Trauernden eine Quelle der Kraft. Liebe und Gemeinschaft sind eine große Hilfe.

Bei der traditionellen, recht schlichten Zeremonie werden mehrere Psalmen, zum Beispiel Psalm 23, und Gebete gesprochen, die uns im Glauben an einen gerechten Gott stärken sollen, auch wenn wir die Wege des Ewigen nicht begreifen können. Im Angesicht des Todes bekräftigt die Beerdigungs-Liturgie eine Vision der Hoffnung und schenkt Entschlossenheit auszuharren. Hauptthema des Gottesdienstes ist der Sinn des Lebens, deshalb zwingt er die Besucherinnen und Besucher oft, selbst Bilanz zu ziehen und den Vorsatz zu fassen, konstruktiver zu leben.

Es wird ein traditionelles Gebet für die Seele (auf Hebräisch *El Male Rachamim*) gesprochen. Mit diesem Gebet wird Gott angerufen, er möge

---

78 Rabinowitz, *Guide*, S. 32-44; Lamm *Jewish Way*, S. 45-67; *Rabbi's Manual*, S. 250f.: *Jewish Insights*, S. 108-121; 124-140.

die Seele des Verstorbenen unter die nährenden Schwingen des göttlich-weiblichen Aspekts, der Schechina, nehmen. Familie und Freunde beten darum, dass die Seele auf ihrem Weg im Jenseits Gottes Liebe und Mit-gefühl erfährt:

Mitfühlender Gott, Ewiger Geist des Universums, Gott der Vergebung, der Barmherzigkeit und der überreichen liebenden Güte, vergib seine/ihre Verfehlungen und schenke [Name], der/die in die Ewigkeit einge-gangen ist, vollkommene Ruhe im Schatten Deiner Schwingen. O Gott des Mitgefühls, gedenke all der verdienstvollen Werke, die [Name] auf Erden vollbracht hat. Öffne ihm/ihr die Tore der Gerechtigkeit und des Lichtes, die Tore der Barmherzigkeit und der Gnade. Lasse den Verstor-benen/die Verstorbene in Deiner ewigen Gegenwart Zuflucht finden. Nimm seine/ihre Seele auf in den Bund des ewigen Lebens. Gott ist sein/ihr Erbe. Möge er/sie in Frieden ruhen.[79]

Traditionelle Beerdigungs-Rituale, wie das Hinunterlassen des Sarges in die Erde, worauf Angehörige und Freunde Erde auf den ins offene Grab gesenkten Sarg werfen, rufen deutlich ins Bewusstsein, dass der Tod ein-getreten ist. Der Klang der Erde, die auf den Kiefernsarg fällt, löst in uns einen tiefen Widerhall aus. Meiner Erfahrung nach führt dies den Trau-ernden vor Augen, dass ein bleibender Verlust eingetreten ist. Der Tod ist real. Der oder die Verstorbene ist zur Erde zurückgekehrt. – „Staub zu Staub" und für immer fort. Er oder sie weilt nicht mehr unter den Le-benden. Das Gefühl der Trennung und der Endgültigkeit des physischen Todes ist jetzt am stärksten.

Bevor die Andacht am Grab endet, sprechen die Hinterbliebenen das Kaddisch der Trauernden, mit dem sie Gottes Größe verherrlichen und um Frieden bitten. Danach ist die Andacht beendet. Familie und Freunde gehen auf die Trauernden zu und drücken ihnen ihr Beileid aus. Sie stehen in einer Zweierreihe, und während die Trauernden wie durch ein Spalier

---

[79] Nach Dr. Joseph H. Hertz, *The Authorised Daily Prayer Book*, überarbeitete Ausgabe, Bloch 1985, S. 1073.

in der Mitte hindurchgehen, schenkt man ihnen Worte der Hoffnung und des Trostes: „Möge Gott dich trösten, so wie er alle tröstet, die um Zion und Jerusalem trauern."

Zusammen mit der gesamten Beerdigung weckt der Gottesdienst auf dem Friedhof tiefe Trauer und schafft damit die Möglichkeit, aufgestauten Gefühlen Ausdruck zu geben. Tränen fließen und zeigen die Traurigkeit, die Einsamkeit und die Sehnsucht.

Formelle Trauerzeit

Unmittelbar nach der Beerdigung beginnt die formelle Trauerzeit (auf Hebräisch *Schiwa*). Sie dauert zwischen drei und sieben Tagen, wobei die längere Dauer – während der die traditionellen Pflichten allerdings durch den Sabbat und hohe jüdische Feiertage unterbrochen werden – dem klassischen jüdischen Brauchtum entspricht.[80] Der Grabesschmerz, der bereits an früherer Stelle in diesem Kapitel beschrieben wurde, korrespondiert mit der Zeit der *Schiwa*, bei der Freunde und Verwandte als Gemeinschaft den Trauernden emotional und spirituell zur Seite stehen und so die Hinterbliebenen trösten.

Wer hält den formellen Trauerprozess ein? *Schiwa* wird für folgende Familienangehörige gehalten: Für Eltern, Ehegatten, Kinder, die älter wurden als dreißig Tage, und Geschwister (auch Halbgeschwister). Im Allgemeinen ist es für die Familie am besten, wenn alle Angehörigen gemeinsam im Haus des Verstorbenen *Schiwa* halten, zwingend vorgeschrieben ist es jedoch nicht.

Die engsten Familienangehörigen, die nach jüdischem Brauch *Schiwa* „sitzen", verzichten auf alle weltlichen Aktivitäten und verwenden ihre gesamte Energie darauf, des Verstorbenen zu gedenken und um ihn zu trauern. Andere Angehörige und Freunde besuchen die Trauernden und sprechen ihnen ihr Beileid aus. Sie sind da, um urteilsfrei zuzuhören, wenn

---

80 Rabinowicz, *Guide*, S. 45-54, 81-89; Lamm, *Jewish Way*, S. 77-146, 175-187; *Rabbi's Manual* S. 252-254; *Jewish Insights* S. 141-167, 186-198, Rabbi Aaron Levine, *To Comfort the Bereaved: A Guide for Mourners and Those Who Visit Them*, Jason Aronson 1994. Der Sabbat zählt dennoch immer als voller Tag der *Schiwa*.

die Trauernden besondere Erinnerungen an den Verstorbenen wachrufen und um Erkenntnisse über den Sinn des Lebens des oder der Verstorbenen zu gewinnen. Zweimal täglich wird im Trauerhaus ein Gebetsgottesdienst gehalten, außer am Sabbat, wenn die Trauernden in die Synagoge gehen.

Zu den häuslichen Bräuchen in der Trauerzeit gehört unter anderem das Verhängen der Spiegel, um die Aufmerksamkeit auf das Trauern und nicht auf die persönliche Eitelkeit zu lenken sowie um die Seele von einer Rückkehr abzuhalten. Während der gesamten Zeit der *Schiwa* brennt ununterbrochen eine besondere Kerze zum Gedenken an den Verstorbenen. Diese Gedächtniskerze symbolisiert seine unsterbliche Seele.

Die direkten Familienangehörigen sitzen auf kleinen Stühlen (oder Kisten), die den niedergeschlagenen emotionalen Zustand der Trauernden symbolisieren, und tragen Hausschuhe oder Socken, keine Lederschuhe, die traditionell mit Komfort und Eitelkeit verbunden werden.

Männer rasieren sich nicht. Trauernde schneiden ihr Haar nicht und verwenden keine Kosmetika. Diese Bräuche symbolisieren das Desinteresse der Trauernden an ihrem persönlichen Wohlergehen und ihrer Wirkung auf andere.

Der *Schiwa*-Prozess stärkt die Gemeinschaft und die Bindungen innerhalb der Familie. Er ist für die Trauernden ein Quell des Trostes und der Hilfe, nimmt ihnen die Last großer Einsamkeit von den Schultern und leitet eine Zeit der emotionalen Heilung ein.[81] Familie und Freunde kommen und bieten ihre Liebe und ihre Unterstützung an. Die Besucher zeigen mit ihrer Anwesenheit: „Ich bin hier, weil du mir wichtig bist. Ich möchte dich nicht alleine lassen."

In der Zeit der *Schiwa* haben die Trauernden Gelegenheit, über den Verlust des Verstorbenen zu klagen und in einer Atmosphäre völliger Akzeptanz der ganzen Bandbreite an Gefühlen Ausdruck zu geben, die auf den Tod eines geliebten Menschen folgen. In einem gemeinschaftlichen Rahmen erhalten sie außerdem hilfreiche emotionale Unterstützung durch Angehörige und Freunde. Oft entstehen lebhafte Gespräche, es werden

---

81   Brener, *Mourning & Mitzvah*, S. 87-105.

Geschichten über den Verstorbenen erzählt, Erinnerungen ausgetauscht und es wird sogar herzlich gelacht. Umgeben von einer Gemeinschaft, die sie unterstützt, erleben die Trauernden, dass sie nicht alleine sind. So werden sie ermutigt, der Realität des Todes ins Gesicht zu sehen und sie nach und nach zu akzeptieren.

Für diejenigen, die den *Schiwa*-Prozess einhalten, dauert die Trauerzeit dreißig Tage, beginnend mit dem Tag der Beerdigung. Während dieses Trauermonats, auf Hebräisch *Scheloschim*, dürfen die Trauernden zwar das Haus verlassen und allmählich wieder in die Gesellschaft zurückkehren, traditionellerweise jedoch schneiden sie sich nicht das Haar, heiraten nicht und nehmen auch nicht an Festen und Vergnügungen teil. Sie denken weiterhin über ihren Verlust nach. Nach dem Tod eines Elternteils nehmen die Hinterbliebenen vom Todestag an gerechnet zwölf Monate lang (nach dem hebräischen Kalender) nicht an fröhlichen gesellschaftlichen Ereignissen teil, wie zum Beispiel einem Essen im Freundeskreis und Unterhaltungsveranstaltungen.

Vom Tag der Beerdigung an sprechen diejenigen, die ein Elternteil verloren haben, elf Monate lang täglich im Rahmen des Gottesdienstes in der Gemeinde ein besonderes Gedenk-Gebet, das Kaddisch der Trauernden. Wer ein Kind, einen Ehegatten oder einen Bruder bzw. eine Schwester verloren hat, sagt nur dreißig Tage lang Kaddisch. Nach dem jüdischen Glauben sind wir verpflichtet, für folgende Menschen Kaddisch zu sagen und zu trauern: Eltern, Kinder, Ehegatten und Geschwister. Die Bedeutung des Kaddisch der Trauernden wird in Kapitel Sieben näher besprochen.

Nachtodliche Rituale, um der Seele ihren Weg im Jenseits zu erleichtern

Von der Zeit unmittelbar vor dem Moment des Todes bis zur Beerdigung und während der gesamten anschließenden Trauerzeit braucht die Seele des oder der Verstorbenen starke Unterstützung und Anleitung, um den

Grabesschmerz zu vermeiden oder ihn zumindest zu lindern. Doch im modernen Amerika wird der Leichnam eines Verstorbenen nur allzu oft durch eine beträchtliche Geräuschkulisse hindurch und unter unnützem Geplapper durch Krankenhausflure geschoben und in Aufzüge verfrachtet, wobei völlig außer Acht gelassen wird, dass die Seele nach klassisch jüdischer Sicht in den Stunden nach dem Tod immer noch damit beschäftigt ist, den Körper zu verlassen. Selbst in einem Beerdigungsinstitut schenkt man der Seele häufig nur wenig Aufmerksamkeit, während ein hohes Bewusstsein für den Körper existiert. Doch gerade dann braucht die Seele alle Unterstützung und alle Anleitung, die sie nur bekommen kann.

Wenn die Hinterbliebenen anerkennen, dass die Welt der Lebenden und die Welt der Verstorbenen miteinander verbunden sind, dann können sie der Seele durch die Anwendung verschiedener Seelenführungstechniken im Rahmen der üblichen Rituale helfen, ihre Bindung an den physischen Körper loszulassen und in die nachtodlichen Welten einzutreten. Konzentrieren wir uns auf vier solche Rituale: Das bekennende Gebet auf dem Sterbebett (Widduj); die Aktivitäten der Beerdigungsgesellschaft; den Beerdigungsgottesdienst und die Andacht am Grab sowie den formellen Trauerprozess.

Das bekennende Gebet auf dem Sterbebett

Gehen wir als Erstes noch einmal einen Schritt zurück zum *Bekennenden Gebet* auf dem Sterbebett, das bereits in Kapitel Vier besprochen wurde. Das Widduj (gleich ob es bei einem Menschen, der bei Bewusstsein ist, als Gebet oder geführte Meditation verwendet oder ob es von jemand anderem für einen Sterbenden gesprochen wird, der das Bewusstsein verloren hat) begleitet den Abschied der Seele und den Übergang des Bewusstseins. Das Widduj verringert die Bindung an den physischen Körper und hilft dadurch der Seele, die materielle Welt zu verlassen. Damit begünstigt es zugleich einen bewussten Tod (wie ihn die letzten Stunden des Baalschemtow, über die in Kapitel Vier berichtet wurde, beispielhaft zeigen). Außerdem erleichtert es den Übergang des Sterbenden aus der Welt der Lebenden in die Seelenwelt. Ich habe während des Sterbeprozesses etwas beobachtet, was man wohl am besten als „Ruhigstellung" bezeichnen könnte, und was eintritt, wenn die Seele des Menschen – seine Essenz und tiefere Gegenwart – sich darauf vorbereitet, den physischen Körper zu verlassen.

In der Zeit unmittelbar nach dem Tod sollten liebe Angehörige und Freunde weiterhin das Widduj sprechen und visualisieren, wie die Seele des Verstorbenen seinen Körper verlässt. Damit helfen sie der Seele, ihren oft quälenden Grabesschmerz zu lindern.

Die jüdische Beerdigungsgesellschaft

Während die Mitglieder einer jüdischen Beerdigungsgesellschaft das in diesem Kapitel bereits erwähnte *Tahara*-Ritual vollziehen, sollten sie sich über die spirituelle Bedeutung des Waschens und Reinigens des Leichnams vollkommen im Klaren sein. Beim *Tahara*, so stellte Gail fest, „spüre ich deutlich, dass es einen Unterschied gibt zwischen dem Körper und dem Geist oder der Seele. ... Wir sind nicht bloß Haut und Knochen. In uns lebt ein Geist, es gibt eine Seele, und das wird mir dabei immer sehr bewusst."[82]

Wenn die Mitglieder einer jüdischen Beerdigungsgesellschaft ihre Gebete und Psalmen sprechen, sollten sie sich darauf konzentrieren, ihr Bewusstsein und die Seele des Verstorbenen miteinander in Einklang zu bringen.[83] So können die Gebete und Psalmen die Seele trösten, was ihr hilft, den physischen Körper zu verlassen und in die nachtodlichen Welten einzutreten.

Darüber hinaus können die Hinterbliebenen noch einige Stunden bei dem Verstorbenen wachen, so wie sie es vor seinem Hinscheiden getan haben. Wenn sie ihre Gedanken auf den Verstorbenen richten, können sie

---

82 Caryle Murphy, „A Community Reassets Religious Values in Funeral Ritual", *Washington Post*, 15. Februar 1998, B1, B13 (Zitat von Gail Schwartz).
83 Simcha Steven Paull, *Judaism's Contribution to the Psychology of Death and Dying*, Ph.D. diss., California Institute of Integral Studies, S. 130.

der Seele helfen, sich vom Grabesschmerz zu befreien und den Weg ins Jenseits zu finden.

Beerdigungs-Gottesdienst und Andacht am Grab

Der Beerdigungs-Gottesdienst und die Andacht am Grab bieten weitere Möglichkeiten, der Seele ihre nachtodlichen Erfahrungen leichter zu machen.[84] Der Beerdigungs-Gottesdienst – insbesondere die Trauerrede, bei der des Verstorbenen auf wohlwollende Weise gedacht wird und die die Trauernden angesichts ihres Verlustes oft zu Tränen rührt – sollte die Seele daran erinnern, dass sie nun nicht mehr auf der irdischen Ebene unter den Lebenden weilt. Der Gottesdienst sollte die Seele dazu ermutigen, ihre Reise fortzusetzen und nicht mehr am physischen Körper oder an der materiellen Welt festzuhalten. Nun, da ihr irdisches Werk vollbracht ist, sollte ihr Mut zugesprochen werden, von dannen zu ziehen und offen und neugierig zu erkunden, was sie im körperlosen Bewusstseinszustand erleben wird.

Im Beerdigungs-Gottesdienst sollte auch versucht werden, das heilende Band zwischen den Hinterbliebenen und der Seele des Verstorbenen zu stärken und die Vergebung zwischen ihnen zu fördern. Auf diese Themen werden wir an späterer Stelle in diesem und im nächsten Kapitel noch einmal zurückkommen. Aus der Sicht des Spirituellen Judentums sollten die Anwesenden Zeit bekommen, über Vergebung für den Verstorbenen zu meditieren oder ihn um Vergebung zu bitten, insbesondere wenn – wie dies oft der Fall ist – die Anwesenden ihm gegenüber noch ungeklärte Gefühle und Empfindungen hegen. Je nachdem können Angehörige und Freunde um Vergebung bitten oder sie gewähren.

Um der Seele auf ihrer nachtodlichen Reise noch besser zu helfen, sollte der Beerdigungs-Gottesdienst eine oder mehrere Zeiten der Stille enthalten, damit die Anwesenden ihr Bewusstsein auf die Seele des Verstorbenen richten können. Wenn alle, die an der Beerdigung teilnehmen,

---

84 Ebd., S. 356f.; Stephen Levine, *Wege durch den Tod. Who Dies?*. Kamphausen, Bielefeld 1997, S. 283-291.

gebeten werden, entweder im Stillen oder laut liebevolle, wohlwollende Erinnerungen an den Verstorbenen wachzurufen und seiner Seele liebende Güte und Mitgefühl entgegenzubringen, dann hilft dies der Seele, sich vom physischen Körper zu lösen und anzuerkennen, dass sie nicht zur materiellen Welt gehört.

Auch am Grab sollten die Lebenden ihre Gedanken noch einmal auf die Seele des Verstorbenen richten und sie drängen, ihren nachtodlichen Weg fortzusetzen. Sie sollten die Seele dazu anhalten, ihre Bindung an die irdische Ebene aufzugeben. Im Vertrauen auf die mystische Überlieferung sollten die Hinterbliebenen der Seele außerdem die Welten beschreiben, die sie im köperlosen Bewusstseinszustand durchlaufen wird: Fegefeuer, Paradies und das Schatzhaus der Seelen (die in den Kapiteln Sieben, Acht und Neun dieses Buches noch näher erläutert werden).

Formelle Trauerzeit

Obwohl sie oft als gesellschaftliches Ereignis betrachtet wird, als Gelegenheit zu einer Dauer-Cocktailparty mit üppigem Essen, Trinken und Smalltalk, stellt die formelle Trauerzeit doch eine ausgezeichnete Gelegenheit dar, die Seele anzuleiten.[85] Planen Sie während *Schiwa* auch Zeit für stille Gebete und Meditationen ein, entweder alleine oder in der Gruppe. Versuchen Sie, sich durch die stille Wendung nach innen, durch Gebet und Meditation mit der Seele des Verstorbenen zu verbinden und ihr in einer Zeit, in der sie wahrscheinlich durcheinander ist und nicht so recht weiß, wohin sie gehört, Zuneigung, Mitgefühl und Vergebung zu senden. Trauernde empfinden die *Meditation über Vergebung und Liebende Güte*, die auf den folgenden Seiten erklärt wird, oft als sehr hilfreich, um der Seele ihre Liebe und ihre Unterstützung anzubieten.

Versuchen Sie als Trauernder, auf persönliche, spontane und formlose Art mit der Seele des Verstorbenen Verbindung aufzunehmen und ihr bisher unausgesprochene und in manchen Fällen auch ungeklärte Gefühle zu

---

85 Paull, *Judaism's Contribution*, S. 362-364.

übermitteln. Wenn Sie die Gefühle, die Sie als Hinterbliebene im Herzen tragen, herauslassen, so ist das sowohl für Sie selbst als auch für die Seele wertvoll. Ihnen wird dabei geholfen, Ihre Bindung an den Verstorbenen loszulassen.

Richten Sie auch jetzt, wie beim Beerdigungs-Gottesdienst, Ihre Gedanken und Ihr Bewusstsein auf die Seele des Verstorbenen und helfen sie ihr, ihre Angelegenheiten auf dieser Welt abzuschließen. Spornen Sie sie auf ihrem nachtodlichen Weg zur Eile an. Ermutigen Sie den Verstorbenen, die physische Welt hinter sich zu lassen und sich der unbekannten Realität zu öffnen, auf die seine Seele als körperloses Bewusstsein trifft.

Vorschläge für spirituell Suchende und andere, die mit der Trauer ringen

Ein tiefer Schock kennzeichnet die Zeit, in der die Hinterbliebenen mit ihrer Trauer ringen und sich allmählich des ganzen Ausmaßes ihres großen Verlustes bewusst werden. Ich weiß, wovon ich spreche. Der Tod eines lieben Menschen ist wie eine Amputation. Sie verlieren einen Teil von sich. Kaum eine Erfahrung ist schwieriger oder schlimmer als die Trauer, die auf den Tod eines geliebten Menschen folgt. Die Trauer frisst sich einen Weg mitten ins Herz hinein. Es ist einem, als sei das Herz entzwei gerissen worden. Man befindet sich am Grunde eines tiefen Brunnens der Verzweiflung und der Sehnsucht. Dies ist äußerst schmerzhaft und verwirrend.

Wenn Sie spüren, dass Rituale Ihr spirituelles Leben eher blockieren, dann können Sie als spirituell suchende Hinterbliebene oder als jemand, der mit der Trauer ringt, Methoden finden, die Ihnen dabei helfen, den Schock allmählich zu überwinden, die Trauer zu heilen und die einschneidende Realität des Todes zu akzeptieren.[86] Diese Methoden helfen

---

86 Judy Tatelbaum, *The Courage to Grieve*, Lippincott & Cromwell 1980, bietet eine gute Einführung in die Trauerarbeit, ebenso David A. Crenshaw und William Van Ornum, *Bereavement: Counseling the Grieving Throughout the Life Cycle*, Continuum 1990.

außerdem der Seele des Verstorbenen, sich vom physischen Körper zu lösen, und verbinden sie mit der Welt der Lebenden. In der Zeit unmittelbar nach dem Tod ist es wichtig, dass die Lebenden sich bewusst machen, dass der Verstorbene wesentlich mehr ist als sein physischer Körper. Er hat eine Seele, und diese hat die irdische Ebene verlassen (oder ist im Begriff, dies zu tun). Betrachten wir auch hier wieder drei Zeiträume: Erstens die Zeit zwischen Tod und Beerdigungs- (oder Gedenk-) Gottesdienst, zweitens die Zeit beim Beerdigungs- (oder Gedenk-) Gottesdienst und der Andacht am Grab und drittens die darauffolgende Trauerzeit. Denken Sie daran, dass Dauer und Art der Trauer etwas sehr Persönliches sind.

Vom Tod bis zum Beerdigungs-Gottesdienst

Geben Sie der Seele des Verstorbenen vom Zeitpunkt des Todes bis zum Beerdigungs-Gottesdienst (bei dem der Leichnam zugegen ist) oder dem Gedenk-Gottesdienst (bei dem der Leichnam bereits nicht mehr zugegen ist) so viel Unterstützung, wie Sie nur können. Damit lösen Sie ihre Bindung an die materielle Welt (die im jüdischen Glauben als Grabesschmerz bezeichnet wird) und unterstützen ihren Eintritt in die nachtodlichen Welten. Schenken Sie der Seele Ihre achtsame Aufmerksamkeit und Unterstützung, während die letzten Reste des Bewusstseins den physischen Körper verlassen.

Überlegen Sie, ob Sie nicht, wenn irgend möglich, nach dem Tod noch ein paar Stunden bei dem Leichnam bleiben können. Manche Krankenhäuser und Hospize gestatten dies, wenn es im Vorhinein abgesprochen wurde. Erweisen Sie Ihrem Verstorbenen weiterhin die letzte Ehre und lassen Sie Ihren Tränen freien Lauf. Zwar kühlt der Körper aus und die Hautfarbe wird fahler, doch der Gesichtsausdruck des Verstorbenen wird oft merklich weicher, sogar nach einem schmerzhaften und langen Sterbeprozess. Sein innerer Friede wird sichtbar, und der Verstorbene strahlt schweigend aus: „Alles ist gut." Oft hilft diese Zeit beim Verstorbenen den Hinterbliebenen, sich auf ihren Verlust einzustellen.

Machen Sie sich bewusst, dass Ihre Gedanken, Ihre Worte und Ihr Handeln der Seele des Verstorbenen gleich mehrfach im positiven Sinne helfen können. Drängen Sie die Seele durch Gebet und Meditation, loszulassen und auf ihrem Weg voranzuschreiten, jetzt, da ihr Werk auf Erden vollendet ist. Ein aus tiefstem Herzen zur Seele gesprochenes „Geh vorwärts!" ist auch für Sie eine erste Möglichkeit, Ihre Trauer zu heilen.

Geben Sie in dieser entscheidenden Zeit nur Ihrer aufrichtigsten Liebe und Ihrem tief empfundenen Mitgefühl für den Verstorbenen Ausdruck. Machen Sie sich klar, dass die Seele versuchen könnte, wieder nach Hause zurückzukehren, und greifen Sie in dieser Zeit nicht nach seinem materiellen Besitz; streiten Sie auch nicht darum.

Für viele Hinterbliebene ist es noch deutlich zu früh, an Vergebung zu denken. Sie stecken noch mitten im ersten Schock sowie der damit einhergehenden Benommenheit, Fassungslosigkeit und Trauer.

Auch wenn es jetzt in erster Linie darum geht, die Realität des Todes zu akzeptieren, können doch einige wenige bereits beginnen, den Verstorbenen um Vergebung für Verletzungen zu bitten, die sie ihm womöglich zugefügt haben. Diese Angehörigen und Freunde können über ihre ungeklärten Gefühle und Empfindungen dem Verstorbenen gegenüber nachdenken. Wenn sie um Vergebung für nicht aufgearbeitete Dinge und unausgesprochene Schwierigkeiten in ihrer Beziehung bitten möchten, können sie mithilfe der *Meditation über Vergebung und Liebende Güte* den nachtodlichen Prozess der Vergebung und Versöhnung fördern, entweder gleich in den ersten Stunden nach dem Tod oder in den Tagen und Wochen danach. Machen Sie diese nicht geführte Meditation zweimal täglich etwa zehn bis fünfzehn Minuten lang. Nach und nach können dann immer mehr Trauernde diese Meditation nutzen.

Meditation über Vergebung und Liebende Güte

Einleitende Hinweise: *Schaffen Sie eine warmherzige, offene Atmosphäre, eine Umgebung voll heiterer Gelassenheit, in der Raum ist für die innere Reise. Dämpfen Sie das Licht im Zimmer ein wenig.*

Schließen Sie die Augen und setzen Sie sich ruhig hin. Lassen Sie Ihren Körper zur Ruhe kommen und entspannen Sie sich. Atmen Sie ganz normal ein und aus und spüren Sie dem Atem nach, wie er in Ihren Körper hinein- und wieder herausströmt. Gleichen Sie Ihre Atemzüge einander an, so dass Einatmung und Ausatmung gleich lang sind.

Fühlen Sie sich von Wärme und Liebe umgeben. Lassen Sie alle Wut, die vielleicht vorhanden ist, sich in diese Wärme hinein auflösen. Spüren Sie, wie die Wärme Sie nährt.

Atmen Sie Liebe ein und spüren Sie die Offenheit, die die Liebe in Ihnen bewirkt. Lassen Sie zu, dass aus der Wärme und der Liebe Vergebung entsteht. Die Macht der Liebe ist sehr groß.

Visualisieren Sie den Verstorbenen. Laden Sie ihn in Ihrem neuen Zustand der Offenheit in Ihr Herz ein. Versuchen Sie, den Verstorbenen in Ihr Herz hinein zu lassen. Achten Sie darauf, was verhindert, dass er in Ihr Herz kommen kann.

Bitten Sie ihn aus tiefstem Herzen um Vergebung: Ich bitte dich um Vergebung für das, was ich in der Vergangenheit absichtlich oder unabsichtlich durch meine Werke, Worte oder Gedanken getan habe und was dir wehgetan oder dich verletzt hat. Wiederholen Sie die Worte: Bitte vergib mir. Lassen Sie sich auch jetzt wieder davon berühren, dass Vergebung möglich ist. Bitten Sie den Verstorbenen, Sie wieder in sein Herz zu lassen.

Lassen Sie zu, dass Ihr Herz sich mit Vergebung und liebender Güte für Sie selbst füllt. Sprechen Sie: Möge ich glücklich und im Frieden sein. Möge ich frei sein von Wut, Schmerz, Angst und Zweifel. Möge ich erfüllt sein von Liebe.

♦

Abschließende Hinweise: *Kommen Sie nun ins Hier und Jetzt zurück. Lassen Sie sich Zeit und kehren Sie ganz langsam wieder. Lenken Sie Ihre Aufmerksamkeit allmählich auf Ihren Körper; spüren Sie, dass Sie im Zimmer sind, und öffnen Sie dann die Augen.*

♦

Beim Beerdigungs- (oder Gedenk-) Gottesdienst

Öffnen Sie sich als Hinterbliebener beim Beerdigungs- (oder Gedenk-) Gottesdienst der Trauer, die Sie empfinden, und geben Sie Ihrem Schmerz, Ihrem Verlust und Ihrer Einsamkeit Ausdruck. Es ist wichtig, diese Gefühle herauszulassen und die Trauer nicht zu verdrängen. Senden Sie dem Verstorbenen auch weiterhin Ihre Liebe und Ihre guten Gedanken. Lassen Sie Ihre Bindung an den Verstorbenen ganz allmählich los, aber lassen Sie sie in Liebe los.

Wer dem Verstorbenen liebevoll verbunden war, hat nun Gelegenheit, sein Bewusstsein auf das Bewusstsein des Verstorbenen zu richten. Denken Sie daran, dass wir nicht nur aus unserem physischen Körper bestehen und „Leben" sehr viel mehr bedeutet.

Versuchen Sie, sich mit der Seele des Hinübergegangenen zu verbinden, und richten Sie Ihre Gedanken auf sie. Geben Sie Ihrer Liebe und Vergebung Ausdruck, und laden Sie die Seele ein, frei ihre nachtodliche Reise anzutreten und nicht mehr am physischen Körper festzuhalten.

Als Joyce vom Grab ihrer Mutter wegging, war sie in einem tiefen Konflikt hin und her gerissen. Sie hatte ihre Mutter, die Selbstmord begangen hatte, gebeten, sie nicht zu verlassen, und nun fragte sie sich: „Warum hat meine Mutter mich verlassen?" Außerdem plagten sie Schuldgefühle, weil sie mehrfach die Gelegenheit verpasst hatte, Verbindung zu ihr aufzunehmen oder alte Missverständnisse zu klären. Zugleich aber kannte sie die Überlieferung aus der jüdischen Mystik und wünschte ihrer Mutter eine gute und sanfte Reise.

Zwar fällt es den meisten Hinterbliebenen sehr schwer, so schnell zu vergeben, doch durch die *Meditation über Vergebung und Liebende Güte* auf den vorangegangenen Seiten oder durch ein formloses Herzensgebet können Angehörige und Freunde anfangen, ihr unerledigtes „Beziehungs-Gepäck" mit dem Verstorbenen zu heilen.

Ein Beerdigungs-Gottesdienst, in dem es mehr um das Leben und die Werte des Verstorbenen geht als um seinen physischen Körper, kann für spirituell Suchende eine günstige Atmosphäre schaffen, in der sie diese Methoden zur Seelenführung anwenden können.

Formelle Trauerzeit

Lassen Sie in der Trauerzeit Raum für spontane individuelle Gebete aus tiefstem Herzen, stille Meditationen und Visualisierungen. Diese Techniken sollten nach Möglichkeit täglich angewendet werden; denn dies hilft den Hinterbliebenen, sich auf einer ganz persönlichen Ebene mit der Seele des Verstorbenen zu verbinden. Sie können ihr Liebe, Unterstützung und Vergebung senden und bisher unausgesprochene Gefühle und Empfindungen übermitteln. Bemühen Sie sich, der Seele dabei zu helfen, ihre Angelegenheiten mit dieser Welt abzuschließen, ihre Bindungen an die irdische Ebene aufzugeben, ihren physischen Körper zu verlassen und ihre Reise durch die nachtodlichen Welten anzutreten. Den Hinterbliebenen bietet dies außerdem die Gelegenheit, sich nach innen zu wenden, über ihre eigene Vergänglichkeit nachzudenken und diese anzuerkennen.

Vielleicht möchten Sie Ihr Herz Gott öffnen und zwar nach der Methode der Bratzlawer Chassidim, der Anhänger des Rabbi Nachman von Bratzlaw, des Urenkels des Baalschemtow, der von 1772 bis 1810 lebte. Die Bratzlawer begeben sich ins Freie und sprechen ein persönliches Gebet, auf Hebräisch *Hitbodidut*.[87] Sie schreien zu Gott, oft eine ganze Stunde lang. Sie können dies zu Hause tun, in Ihrem Auto oder überall da, wo Sie alleine sind und lauter werden können, als Sie normalerweise sprechen.

Öffnen Sie Gott Ihr Herz. Bitten Sie den Ewigen Gott vom Grunde

---

87 Rabbi Nathan of Breslov, *Rabbi Nachman: Advice*, übers. von Abraham Greenbaum, The Breslov Research Institute 1983, S. 80-87; Chaim Kramer, *Crossing the Narrow Bridge: A Practical Guide to Rebbe Nachman's Teachings*, hrsg. von Moshe Mykoff, Breslov Research Institute 1989, S. 137-165.

Ihres Herzens: „Bitte, hilf mir." Verwenden Sie Ihre ganz normale Alltagssprache, keine Gebetsliturgie. Sprechen Sie aus, was Ihnen auf dem Herzen liegt. Sagen Sie es Gott.

Schütten Sie dem Höchsten Herrscher Ihr Herz aus. Sagen Sie: „Bitte, öffne und heile mein Herz." Geben Sie Ihrem Kummer Ausdruck, Ihrem Schmerz, Ihrer Traurigkeit, Ihrer Benommenheit, Ihrer Einsamkeit, Ihrer Ohnmacht, Ihrer Fassungslosigkeit, Ihren Schuldgefühlen, Ihrer Verwirrung, Ihrer Verzweiflung, Ihrem Groll oder Ihrer Unfähigkeit, in alledem einen Sinn zu erkennen. Bitten Sie Gott aus tiefstem Herzen um Hilfe. Lassen Sie Ihren Tränen freien Lauf. Machen Sie Ihrer Wut auf Gott Luft.

Visualisieren Sie, dass Gott antwortet, dass er Lichtstrahlen sendet, die Sie mit Liebe und Mitgefühl erfüllen, die Ihr Leiden verwandeln und Ihnen bedingungslose Akzeptanz und Liebe schenken. Denken Sie daran, dass aus der Sicht des Spirituellen Judentums Gott Sie liebt. Sie werden die Göttliche Gegenwart spüren, auch mitten in Ihrer scheinbar unerträglichen Trauer und Einsamkeit.

Vielleicht möchten Sie ein besonderes Gebet sprechen, zum Beispiel das traditionelle Gebet für die Seele von Seite 131, damit Sie mithilfe dieser etwas strukturierteren Form leichter visualisieren können, wie der Ewige Seine Liebe und Sein Mitgefühl über die Seele des Verstorbenen ausgießt.

Wenn Sie Ihr Herz Gott öffnen oder ein Gebet für die Seele sprechen, dann hilft Ihnen dies, Ihre Bindung an den Verstorbenen zu lösen. Zugleich unterstützt es die körperlose Seele in der Zeit ihres Übergangs. Allmählich lässt Ihre Sehnsucht nach dem Verstorbenen nach. Die Wahrscheinlichkeit wird geringer, dass Sie sagen: „Ohne dich kann ich nicht leben." Wenn Sie Ihre Bindung loslassen, dann können Sie schließlich sogar sagen: „Ich wünsche dir auf deiner Reise alles Gute." Bei den meisten Menschen dauert es normalerweise allerdings weit länger als eine Woche, bis sie so weit sind.

Überlegen Sie auch, ob Sie die bevorzugten spirituellen Lehren, Gedichte oder Lieder des Verstorbenen (oder Ihre eigenen) auswählen und vorlesen oder spielen möchten. Auch dies hilft, sich zu verabschieden und loszulassen. Diese Methode unterstützt nicht nur Angehörige und Freunde darin, nach und nach die Realität des Todes zu akzeptieren, sondern sie kann auch dazu beitragen, der Seele den Übergang zu erleichtern.

Stellen Sie auf einem Tisch in Ihrer Nähe ein Foto des Verstorbenen auf, um den Prozess des Loslassens und Fortschickens der Seele zu fördern. Gönnen Sie sich jeden Tag eine besondere Zeit und sitzen Sie zehn bis fünfzehn Minuten bei Ihrem Lieben. Sagen Sie ihm, er solle alle Bindungen an die irdische Welt loslassen und seine Reise fortsetzen.

In dieser Zeit kann sich für die Lebenden zugleich ein Kommunikationsfenster zur Seele des Verstorbenen öffnen sowie eine neue Beziehung entstehen, die nicht auf eine physische Präsenz auf Erden angewiesen ist. Der folgende Dialog zwischen Roberta und ihrem Stiefsohn Mark, der bei einem Verkehrsunfall ums Leben kam, in den sein Wagen und ein Schulbus verwickelt waren, zeigt, dass die Beziehungen zwischen Menschen nach dem physischen Tod weitergehen:

Mark:	Roberta … Roberta …
Roberta:	O Mark, ich bin unglaublich sauer auf dich.
M:	Warum?
R:	Du bist tot, und jetzt kann ich nie mehr mit dir reden.
M:	Aber das tust du doch gerade.
R:	O mein Gott! Mark, bist du das?
M:	Wie geht es dir?
R:	Machst du Witze? Mir geht es hundeelend! Ich kann gar nicht glauben, dass das da gerade wirklich passiert! Mein Gott, Mark ist doch tot. O mein Gott.
M:	Mir geht es gut.
R:	Mark, bist du das wirklich?
M:	Ja, ich bin's.
R:	O mein Gott. Warum bist du gestorben? Wie konntest du bloß! Ich bin so sauer auf dich! Du bist so ein Dummkopf! Ich habe dir doch gesagt, du sollst vorsichtig fahren. Aber nein, du weißt es ja immer besser. …. Ich könnte dich

glatt umbringen. Du bist so ein Dummkopf! O Gott, und nun sehe ich dich nie wieder ... Warum kriegen andere Kinder eine zweite Chance und du nicht? Ein einziger Fehler, und jetzt bist du fort. Was soll ich bloß machen?

M: Mir geht es gut. Es ist alles in Ordnung.

R: Ich hasse das! Ich hasse das! Kinder sollten nicht vor ihren Eltern sterben. Das ist einfach nicht richtig! So sollte es nicht sein!

M: Es war ein Unfall.

R: Was meinst du damit: „Es war ein Unfall"? Hat Gott nicht alles in der Hand, Mark? Sein Wille, Seine Vorsehung, weißt du?

M: Es war ein Unfall.

R: Was meinst du damit?

M: Unfälle eben. So etwas passiert einfach.

R: Du meinst, das passiert einfach? Einfach so? Es gibt keinen Plan?

M: Es passiert einfach ... alles, was passiert, ist der Plan.

R: Nein, nein, nein! Ich muss doch irgendwo Berufung einlegen können oder so. So etwas darf einfach nicht passieren! Kann ich nicht irgendwas tun und die Zeit zurückdrehen, und dann machen wir einfach alles nochmal ... und zwar so, dass das nicht passiert? O Mark! Mark! Wie war es, als du gestorben bist? Bitte sage es mir. Ich muss es einfach wissen. Aber lüge mich nicht an. Ich möchte wissen, ob es weh tut.

M: Es hat nicht wehgetan. Ich bin ganz normal die Straße entlang gefahren. Aus dem Radio kam Musik. Jane saß auf dem Beifahrersitz. Wir haben alle geredet. Eine Sekunde lang habe ich weggeschaut, und als ich wieder aufsah, habe ich bloß noch die Mauer gesehen. Ich wusste nicht einmal, was es war. Ich war überrascht. Ich kann mich nicht erinnern, dass ich irgendetwas gedacht hätte. Es hat nur eine Sekunde gedauert. Dann war alles total dunkel. Und total still. Es war richtig dunkel ... man konnte die Hand nicht vor Augen sehen. Ich habe mich gefragt, ob ich die Augen überhaupt offen hatte. Ich habe gar nichts gespürt. Dann habe ich eine Stimme gehört. Sie fragte: „Nun, bist du so weit?" Ich hatte keine Ahnung, was er damit meinte ... aber er klang nett. Ich hatte keine Angst. Ich sagte: „Ja, ich glaube schon." Und dann fing plötzlich alles an, sich zu bewegen. Es war völlig dunkel – total schwarz, aber es hat sich bewegt. Ich konnte spüren, dass es sehr schnell durch einen schwarzen Tunnel ging ... und dann ...

R: O Mark! Das war ja wunderbar. Du hast gar nichts gespürt!

M: Nein, überhaupt nichts. Wie geht es den anderen? Es tut ihnen bestimmt sehr weh, nicht wahr?

R: Ja, aber vor allem machen sie sich Sorgen um dich.

M: Aber mir geht es gut!

R: Das weiß ich – und du weißt es, aber sie wissen es nicht ... und manchmal weiß ich es auch nicht.

M: Es wird euch bald wieder besser gehen.

R: Aber ich kann dich nicht anfassen, und ich kann dich nicht sehen.

M: Es ist anders, aber wir können immer noch miteinander reden.

R: Aber es ist nicht so wie vorher.[88]

Der Trauerprozess, gleich ob eher rituell oder spirituell betrachtet, hilft der Seele des Verstorbenen hoffentlich, sich aus der materiellen Welt zu lösen und sie hinter sich zu lassen. Zugleich kann dadurch der Grabesschmerz auf ein Mindestmaß reduziert werden. Mithilfe der jüdischen

---

88   Roberta Ayers Carson, *Mark, My Words: An After Death Dialogue*, Lifestream Associates 1988.

„Landkarte" für das Jenseits können Angehörige und Freunde für die Seele in der Zeit unmittelbar nach dem Tod eine unschätzbar wertvolle spirituelle Funktion erfüllen.

Manchen Hinterbliebenen gibt eine Zeit intensiver Trauer auch Gelegenheit, mit Regionen in ihrem Inneren in Kontakt zu kommen, die ihnen sonst unzugänglich sind. Sie rühren an etwas Wesentliches in sich und erkennen, dass sie sich nicht vor sich selbst verstecken können. Ihre Trauer löst manchmal eine große Wende in ihrem Leben aus, und fortan öffnen sie anderen ihr Herz, werden liebevoller, mitfühlender und eher bereit zu vergeben.

Noch ein weiterer Punkt verdient Erwähnung. Die Beerdigung in Form der Erdbestattung ist seit jeher die alt-ehrwürdige Art der Juden, ihre Toten zu versorgen.[89] Die Erdbestattung ist Sinnbild der Haltung, dass wir Gottes Geschöpfe sind und jeder Mensch aus einer Mischung aus Körper und Seele besteht. Daher gilt die Kremation, bei der der menschliche Körper durch Feuer vernichtet wird, nach jüdischem Glauben seit jeher und bis heute als Akt der Gewalt gegen die betreffende Person. Der Körper sollte auch dann, wenn ihn die Seele verlässt, weiterhin mit Respekt behandelt werden.

Im 19. und 20. Jahrhundert wurden Feuerbestattungen in einem geschlossenen Ofen aus mehreren Gründen üblicher, darunter auch die geringeren Kosten. In den USA müssen dafür weder Sarg noch Grabstätte gekauft werden.

Weil die Nazis im Zweiten Weltkrieg die Juden in Krematorien ermordet haben, lehnen Juden seither die Feuerbestattung eher ab. Denn die Kremation weckt Erinnerungen an die schreckliche Zeit, in der Juden als unwert galten.

Obwohl einige östliche Religionen meinen, dass bei der Feuerbestattung Unreinheiten ausgelöscht, der Geist befreit und die Seele für eine bessere

---

89 Rabinowicz, *Guide*, S. 15-17; Lamm, *Jewish Way*, S. 56f. Das reformierte Judentum rät von der Feuerbestattung ab, „wenn irgend möglich, besonders in unserer Generation, die die mörderische Entsorgung von Millionen Angehörigen unseres Volkes in Krematorien erlebt hat". *Rabbi's Manual* S. 248.

Wiedergeburt gereinigt wird, sollten spirituell Suchende, zumindest wenn sie dem Rat der jüdischen Mystik folgen wollen, die Kremation eher kritisch betrachten. Warum? Bei den meisten Verstorbenen braucht die Seele eine gewisse Zeit, im Allgemeinen drei bis sieben Tage (bei Menschen, die gewaltsam oder plötzlich zu Tode gekommen sind, auch länger), um mit dem Grabesschmerz fertig zu werden. Die Ungewissheit, wann die Seele den physischen Körper tatsächlich verlassen hat, erklärt die traditionelle Ansicht, dass eine Feuerbestattung vermieden werden sollte.

Die jüdischen Weisen behaupten, wenn die Seele eines verstorbenen Menschen sieht, dass die Hinterbliebenen über ihr Hinscheiden aus der Welt trauern, dann wird ihr die Realität ihres physischen Todes bewusst, und sie erkennt, dass sie nicht mehr unter den Lebenden weilt. Die Seele akzeptiert die Realität des Todes und kann nun ihre Sehnsucht nach der materiellen Welt und dem Leben in einem physischen Körper aufgeben.

Schließlich lässt der Grabesschmerz nach, die Seele fügt sich in die Realität des Todes und betritt die nächste Stufe ihrer bevorstehenden nachtodlichen Reise. Schauen wir uns einmal an, wie die Seele durch verschiedene Reinigungserfahrungen ihre ursprüngliche Reinheit wiedererlangt.

Kapitel Sieben

DIE REINIGUNG DER SEELE
IM FEGEFEUER

Nach dem Tod löst sich die Seele aus dem physischen Körper, dessen Verwesung beginnt. Auf ihrer nachtodlichen Reise durchläuft sie verschiedene Stadien und erlebt dabei die Qualen des Fegefeuers ebenso wie die Glückseligkeit des Paradieses.

In diesem Kapitel beschäftigen wir uns mit der Reinigung, die die Seele im Fegefeuer erfährt, einem Bewusstseinszustand, in dem die Qualität des eben beendeten Lebens begutachtet wird. Außerdem befassen wir uns mit einem ganz bestimmten Ritual im jüdischen Glauben, nämlich dem Kaddisch der Trauernden, das neben seinen anderen Funktionen auch die Reinigung der Seele im Fegefeuer begünstigt. Wegen der besonderen Bedeutung der Vergebung im Spirituellen Judentum stellt der Kaddisch-Prozess eine Zeit dar, in der die Lebenden mit dem Verstorbenen abschließen und in manchen Fällen auch eine zuvor belastete Beziehung heilen können. Für spirituell suchende Hinterbliebene und andere, die mit der Trauer ringen, gibt es außerdem Vorschläge, wie sie eine Brücke zum Jenseits bauen und dauerhafte Kommunikationswege zwischen den Lebenden und den Verstorbenen etablieren können.

Die Reinigung der Seele im Fegefeuer: Ein Überblick

Nachdem die Seele alle Bindungen an den physischen Körper aufgegeben hat, durchläuft sie einen Reinigungsprozess im Fegefeuer (Purgatorium, auf Hebräisch *Gehenna*). Dieser wird in den jüdischen Schriften unterschiedlich beschrieben, besteht aber aus einer heilsamen Transformation, bei der weitere Verunreinigungen der Seele entfernt werden. Für manche Seelen ist der Weg durchs Fegefeuer sehr schwer; für andere stellt er eine wesentlich weniger schmerzhafte Erfahrung dar. Jedes Erlebnis im Purgatorium spiegelt nicht nur Verhalten, Worte und Gedanken der Seele in ihrem eben beendeten Leben wider, sondern auch Tiefe und Beschaffenheit ihrer ungelösten emotionalen und Beziehungsprobleme.

Während des Reinigungsprozesses im Fegefeuer büßt jede Seele für ihr Fehlverhalten auf Erden. Verschiedene Unreinheiten werden entfernt, darunter auch verletzende Taten, unfreundliche Worte, destruktive Gedanken, schädliche Einstellungen und negative Gefühle: Hass, Aggression, Wut, Furcht, Feindseligkeit, Scham, Schuldgefühle, Ängste, Habgier, Geiz, Stolz, Eifersucht, Wollust, Manipulation, Rache, Schuldzuweisungen, Verlangen, Traurigkeit, Groll, Mäkelei und die Unfähigkeit zu vergeben.

Diese innere Auflösungsphase im Fegefeuer stellt den Anfang vom Ende der Wünsche, Bindungen und Ängste, aber auch des Egoismus und der Gier der Seele dar. Auf ihrer Reise durchs Purgatorium entwickelt jede Seele tiefere Formen von innerem Frieden, Liebe, Mitgefühl und Vergebung.

Durch die anschaulichen Beschreibungen des Fegefeuers, wie sie das Judentum im Laufe der Jahrtausende immer wieder hervorgebracht hat, können wir selbst mit unserem auf die materielle Welt beschränkten Verstand etwas begreifen, was wir wohl andernfalls kaum zu fassen vermöchten. Betrachten Sie deshalb die folgende Schilderung des Fegefeuers und der dort ablaufenden Prozesse als Metaphern für die Läuterung, durch die die Seele gereinigt und verwandelt wird. Mit anderen Worten, die Beschreibungen der Seelenqualen im Purgatorium versteht man am besten als symbolische Umschreibung des Bewusstseinszustandes der

Seele, nicht als physischen Schauplatz oder tatsächlich existierenden Ort.

Betrachten wir das Thema Fegefeuer im jüdischen Glauben zunächst aus historischer Sicht.[90] Wir beginnen mit der biblischen Vorstellung vom *Scheol*, gehen dann weiter zum Fegefeuer in der rabbinischen Überlieferung und betrachten danach die anschaulichen Darstellungen des Fegefeuers in der mittelalterlichen jüdischen Literatur. Dieser Abschnitt schließt mit Ausführungen über die Verweildauer der Seele im Purgatorium und die metaphorischen Elemente des Fegefeuers in der Beschreibung der jüdischen Weisen.

Die biblische Vorstellung von *Scheol*

In jüdischen Schriften wurde der Ort der Reinigung anfänglich als eine tatsächlich existierende physische Welt begriffen. Bei der Beschreibung des Fegefeuers baut der jüdische Glaube auf der biblischen Auffassung von *Scheol* als einem Reich unter der Erde auf, in das die Toten „hinabfahren" und wo sie wohnen. Der legendäre Jakob spricht vom unterweltlichen Totenreich, wenn er zu Ruben sagt: „Wenn [Benjamin] ein Schaden trifft auf dem Weg, den ihr geht, so bringt ihr mein graues Haupt in Kummer hinab zur Gruft." (Genesis 42, 38) Anschaulicher wird die unterirdische Bilderwelt des *Scheol* später vom Propheten Jesaja beschrieben: „Gestürzt ward zur *Scheol* dein Stolz, das Rauschen deiner Harfen, dir unterbettet ist Gewürm, dich decken Maden." (Jesaja 14, 11)[91]

---

90 Ich beziehe mich hier auf Simcha Pauli Raphael, *Jewish Views of the Afterlife*, Jason Aronson 1994, S. 51-64, 140-149, 173-184, 264-266, 298-308 und 384-388. Raphael entwickelt auf der Grundlage seiner Lektüre des Nachmanides, eines mittelalterlichen jüdischen Philosophen (1194-1270 u.Z.), ein Verständnis des Fegefeuers aus psychologischer Sicht. Unterschiedliche Vorstellungen vom Fegefeuer finden sich auch in Yonassan Gershom, *Kehren die Opfer des Holocaust wieder?*, Verlag am Goetheanum, Dornach 1997, S. 78-80; Anne Brener, *Mourning & Mitzvah: A Guided Journal for Walking the Mourner's Path Through Grief to Healing*, Jewish Lights Publishing, S. 198f.; Gershon Winkler, *The Soul of the Matter: A Psychological and Philosophical Study of the Jewish Perspective on the Odyssey of the Human Soul Before, During and After „Life"*, The Judaica Press 1982, S. 19f.; Rifat Sonsino und Daniel B. Syme, *What Happens After I Die? Jewish Views of Life After Death*, UAHC Press 1990, S. 14-19, 26-28.

91 Beide Zitate aus: *Die Heilige Schrift*, ins Deutsche übertragen von Naftali Herz Tur-Sinai, Hänssler, 5. Auflage 2008. (Anm. d. Ü.)

Scheol galt als eher düsteres unterirdisches Reich: Ein Land ohne alle Ordnung (Hiob 10, 22), unter dem Meer gelegen, voller Finsternis und Dunkel (Hiob 10, 21) und verschlossen durch Tore (Jesaja 28, 10; Psalm 9, 14; Hiob 38, 17). *Scheol* wurde auch bezeichnet als das Land des Vergessens (Psalm 88, 13), des Schweigens (Psalm 94, 17) und der Stille (Psalm 115, 17), wo die Toten Gott nicht anrufen können (Jesaja 38, 18; Psalm 6, 6). Schwache, kraftlose Wesen – modern ausgedrückt: Geister – bewohnen *Scheol*, so heißt es (Jesaja 26, 14; Psalm 88, 5, Sprüche Salomos 21, 16).

Die menschliche Existenz ging in der *Scheol* also weiter, aber in geschwächter, entkräfteter Form, und die Verstorbenen waren nur noch ein Schatten ihres früheren Selbst. Doch auch hier spiegelte sich der Glaube an die Verbundenheit des Totenreichs mit der Welt der Lebenden, denn diejenigen, die in der *Scheol* weilten, verfügten auch weiterhin, zumindest bis zu einem gewissen Grad, über die Fähigkeit, durch ihr Wissen und ihre Kraft mit den Menschen in Verbindung zu treten. So suchte zum Beispiel König Saul, als er vor einer großen militärischen Herausforderung stand, den Rat des verstorbenen Propheten Samuel, der in der *Scheol* war (1. Samuel 28, 12-20).

Ursprünglich galt *Scheol* als amoralische Welt, die Gottes Fürsorge und Kontrolle entzogen war. Die Straf-Aspekte, die *Scheol* später kennzeichneten, fehlten zunächst. Bei ihrem Ableben gingen sowohl Gerechte als auch niederträchtige Sünder in die *Scheol* (Hesekiel 32, 18-32). Es gab weder Belohnung noch Strafe für irdische Werke, Worte oder Gedanken.

Schließlich wurde der Ewige für die Juden des Altertums zum Gott des gesamten Kosmos. Dementsprechend entwickelte sich zur Zeit der Babylonischen Gefangenschaft, im 6. Jahrhundert vor unserer Zeitrechnung, die Auffassung, dass die Göttliche Macht sich auch über *Scheol* erstreckt. Gott übernahm die Kontrolle über die Unterwelt, daher konnte nun Gottes Macht die Menschen aus der Umklammerung der *Scheol* retten. Der Psalmist schreibt: „Nur Gott löst meine Seele aus der *Scheol*, da er mich fasst." (Psalm 49, 16)[92] *Scheol* wurde ein Ort zur Bestrafung der Frevler.

---

92 Ebd.

Vom ethischen Standpunkt der jüdischen Weisen aus betrachtet, wurde nun jeder Mensch gemäß seiner Rechtschaffenheit oder seiner Vergehen im Leben belohnt oder bestraft. Gute Menschen, so hieß es, hätten eine gesegnete Existenz auf Erden oder in der Welt der Seelen, wohingegen die Frevler von Gott zur Strafe in die *Scheol*, das unterirdische Totenreich, verbannt wurden. Entsprechend heißt es in den Sprüchen Salomos: „Ein Lebensweg [führt] empor für den Verständigen, dass der Scheol tief unten er entgeht." (Sprüche Salomos 15, 24)[93]

Das Fegefeuer nach den rabbinischen Lehren

Die Jenseitslehren der Rabbinen beruhen auf der Auffassung vom Fegefeuer als einem Reich nachtodlicher Bestrafung für alle, die kein rechtschaffenes Leben – also ein Leben der guten Werke, Worte und Taten, einschließlich Liebe, Mitgefühl und Vergebung – geführt haben. Zu den Verhaltensweisen, die eine Bestrafung im Fegefeuer nach sich zogen, gehörten Ehebruch, Stolz (oder mangelnde Demut), Wut und ein übermäßiges Streben nach materiellen Annehmlichkeiten.[94] Für die Rabbinen war das Fegefeuer die ausführende Göttliche Gerechtigkeit. Hier musste jeder Mensch die Konsequenzen seiner Gedanken, Worte und Werke im Leben tragen.

Die verschiedenen Beschreibungen des Fegefeuers haben sich über viele Jahrhunderte hinweg entwickelt. Zunächst verwendeten die Rabbinen die diversen ursprünglichen Bezeichnungen für das Fegefeuer, die stets auf einem Abschnitt aus der Bibel beruhen, zum Beispiel: *Scheol* wie bereits besprochen, „Vernichtung" (Jesaja 38, 17), „grausige Grube" (Jesaja 14, 15; Hesekiel 26, 20; 28, 18; Psalm 40, 3; 55, 24) sowie den klassischen Begriff „Unterwelt der ewigen Qualen". Mit der Zeit wurden diese verschiedenen Namen dann auf unterschiedliche Bereiche des Fegefeuers bezogen, das man als unterirdischen Ort verstand, an den die Frevler zur Bestrafung für ihre weltlichen Werke, Worte und Gedanken geschickt wurden.

---

93 Ebd.
94 Raphael, *Afterlife*, S. 142-144, 303.

Die sieben Bereiche des Fegefeuers

Die Vorstellung vom Fegefeuer entwickelte sich weiter, die verschiedenen Strömungen des Judentums entwarfen eine Topographie und beschrieben die unterschiedlichen Arten des Leidens, das die Seelen dort erdulden mussten. Die furchterregenden Darstellungen sollten die Juden von den schrecklichen Folgen ihrer irdischen Bosheit überzeugen.

Seit über tausend Jahren stellen die jüdischen Weisen das Fegefeuer als aus sieben Bereichen oder Ebenen bestehend dar, in denen die Bestrafung durch jeweils andere Qualen vorgesehen ist. Die Sünder werden in bestimmte Kategorien eingeteilt, dann einer (oder mehreren) der sieben Regionen des Fegefeuers zugewiesen und dort entsprechend ihrer Sünden besonderen Reinigungsmaßnahmen unterzogen.

Die mystische Überlieferung besagt:

[Das Fegefeuer] hat sieben Tore, die sich zu sieben Wohnstätten hin öffnen; und ebenso gibt es sieben Arten von Sündern: Übeltäter, Wertlose, Sünder, Frevler, Verführer, Spötter und die Arroganten; ihnen entsprechen die Wohnstätten [im Fegefeuer], darin jeder seinen bestimmten Platz hat, je nach seinem Rang. (Sohar IV, 150b)

Die verschiedenen Ebenen des Fegefeuers verfügten nach dieser Darstellung jeweils über einen eigenen Rache-Engel sowie einen ihnen zugewiesenen Führer. Gemäß einem Verfasser der mittelalterlichen Deutungsschriften sind die Führer der sechs Abteilungen des Fegefeuers (die erste Abteilung, *Scheol*, galt als führerlos):

1. Absalom – 10. Jahrhundert vor unserer Zeitrechnung, Sohn von König David, der seinen Bruder Amnon getötet hat, der wiederum seine Schwester Tamar vergewaltigt hatte. Er war der Anführer einer gescheiterten Rebellion gegen David, bei der seine Armee geschlagen und er getötet wurde. (2. Samuel, 13-19)

2. Korach – der zusammen mit Datan und Abiram sowie zweihundert-
   fünfzig Anführern der Israeliten gegen Moses und Aaron rebellier-
   te. (4. Mose 16) Zu ihrer Bestrafung öffnete sich die Erde und ver-
   schlang sie. (4. Mose 26, 10)
3. Jerobeam II. – 8. Jahrhundert vor unserer Zeitrechnung, König Israels, dessen Regentschaft von Korruption gekennzeichnet war, wie
   von den Propheten Amos und Hosea geweissagt. (1. Könige 14)
4. Ahab – König über Israel im 9. Jahrhundert v.u.Z., der vom Propheten Elia dafür gerügt wurde, dass er Nabots Weinberg an sich gerissen hatte. (1. Könige 21)
5. Micha – jüdischer Prophet im 8. Jahrhundert v.u.Z., der in Juda gelebt und das Volk gegen die Unterdrückung durch die herrschenden
   Klassen verteidigt hatte; er hatte die Vernichtung Judas und die Ba-
   bylonische Gefangenschaft vorhergesagt.
6. Elischa ben Abuja – lebte im 2. Jahrhundert v.u.Z. und bezweifelte
   die Einheit Gottes, die Göttliche Vorsehung sowie Lohn und Strafe;
   letzten Endes lehnte er das Judentum ab.[95]

In recht anschaulichen Einzelheiten stellt die mittelalterliche Deutungs-
literatur die Geographie des Fegefeuers dar und verdeutlicht dabei zugleich das Schicksal der Frevler:

1. Fünf Arten der Bestrafung gibt es im [Fegefeuer], und Jesaja, der Sohn
   des Amos, hat sie alle gesehen. Er betrat die erste Abteilung und sah
   dort zwei Männer, die Wassereimer auf ihren Schultern trugen. Dieses Wasser gossen sie in eine Grube, die sich dennoch niemals füllte.
   Jesaja sprach zu Gott: „O Du, der Du alles Verborgene [entschleierst],
   entschleiere mir das Geheimnis hiervon." Und der Geist Gottes antwortete: „Dies sind Männer, die das Gut ihres Nächsten begehrten,
   und dies ist ihre Strafe."

---

95 Nach „This is the Description of Gehinnom (Hell)" in *The Chronicles of Jerahmeel*, XXI,
    6, übersetzt von M. Gaster, Ktav 1971, S. 45f. Die Aufnahme des Propheten Micha in diese
    Liste ist schwer nachvollziehbar.

2. Er betrat die zweite Abteilung, und er sah zwei Männer, die an ihrer Zunge aufgehängt waren, und er sprach: „O Du, der Du alles Verborgene [entschleierst], entschleiere mir das Geheimnis hiervon." Gott antwortete: „Dies sind Männer, die andere verleumdet haben, deshalb werden sie so bestraft."

3. Er betrat die dritte Abteilung und sah dort Männer, die an ihren Geschlechtsteilen aufgehängt waren. Er sprach: „O Du, der Du alles Verborgene [entschleierst], entschleiere mir das Geheimnis hiervon." Und Gott antwortete: „Dies sind Männer, die ihre eigenen Frauen vernachlässigt und Ehebruch begangen haben mit den Töchtern Israels."

4. Er betrat die vierte Abteilung und sah dort Frauen, die an ihren Brüsten aufgehängt waren, und sprach: „O Du, der Du alles Verborgene [entschleierst], entschleiere mir das Geheimnis hiervon." Und Gott antwortete: „Dies sind Frauen, die ihr Haar nicht bedeckt hielten … und auf dem offenen Marktplatz ihre Kinder [gestillt] haben, um die Blicke der Männer anzuziehen und sie zur Sünde zu verleiten; deshalb werden sie so bestraft."

5. Er betrat die fünfte Abteilung und fand sie voller Rauch. Dort waren alle Fürsten, Häuptlinge und großen Männer, und der gottlose Pharao steht ihnen vor und bewacht das Tor [des Fegefeuers] und [spricht] zu ihnen: „Warum habt ihr nicht von mir gelernt, als ich in Ägypten war?" So sitzt er da und bewacht die Tore [des Fegefeuers].

6. Sieben Abteilungen gibt es [im Fegefeuer], und jede hat siebentausend Räume, und jeder Raum hat siebentausend Fenster, und in jedem Fenster (jeder Nische) stehen siebentausend Kelche voller Gift, und ein jeder ist verleumderischen Schreibern und voreingenommenen Richtern bestimmt.[96]

---

96 Ebd., S. 36f.

Auf ihrem Weg durch eine oder mehrere Ebenen des Fegefeuers begegnet die körperlose Seele verschiedenen mythischen Wesen, darunter Duma (der in bereits in Kapitel Fünf als der Engel beschrieben wurde, der sich unmittelbar nach dem Tod um die Seele kümmert und sie behütet), der auch der Wächter des Fegefeuers ist und vor dessen Eingang patrouilliert. Jüdischen Quellen zufolge übergibt Duma, dem unzählige Helfer zur Verfügung stehen, die neu angekommenen Seelen an die jeweiligen Torhüter der sieben Regionen des Fegefeuers. Diese Torhüter schließen sodann „die Tore aus loderndem Feuer". (Sohar II, 237b)

Duma untergeben sind, so vermuten die Mystiker, drei besondere Vorsteher des Fegefeuers, nämlich Vernichtung, Wut und Zorn. Sie bestimmen die Bestrafung von Sündern, die sich des Mordes, des Inzests und des Götzendienstes schuldig gemacht haben. Außerdem treffen die Seelen auf besondere Engel, die in jedem Bereich des Fegefeuers die Aufgabe haben, entsprechend der Sünden der Frevler die jeweiligen Strafen zu vollstrecken.

Metaphorische Elemente des Fegefeuers

Über die sieben Bereiche hinaus, die in der mittelalterlichen Literatur so anschaulich dargestellt werden, sprechen die jüdischen Weisen von den metaphorischen Elementen des Fegefeuers. Sie schauten ein blendendes Feuer von außergewöhnlicher Stärke sowie Schnee und Eis und ließen ihrer Fantasie freien Lauf. Die Rabbinen betrachteten das Fegefeuer aber auch als einen Ort der Finsternis.

Die Kommentatoren bauen häufig auf dem Motiv von Feuer und Eis auf. Ein mittelalterlicher Schriftsteller behauptet: „*Scheol* besteht halb aus Feuer und halb aus [Eis], und wenn die Sünder darin aus dem Feuer herauskommen, so werden sie vom [Eis] gequält, und wenn sie aus dem [Eis] herauskommen, dann verbrennt sie das Feuer. ..."[97]

---

97 Ebd., *The Chronicles of Jerahmeel*, XXVII, S. 38.

Derselbe mittelalterliche Autor erklärt das Feuer-Element näher, und zwar wie folgt:

Fünf verschiedene Arten von Feuer gibt es [im Purgatorium]: Eine verschlingt und nimmt auf; eine andere nimmt auf und verschlingt nicht, [eine weitere verschlingt und nimmt nicht auf], während wieder eine andere weder verschlingt noch aufnimmt. Ferner gibt es Feuer, das Feuer verschlingt. Es gibt Kohlen so groß wie Berge und Kohlen so groß wie Hügel. Kohlen wie über das Tote Meer und Kohlen wie riesige Steine. Es gibt Flüsse aus Pech und Schwefel, die fließen und rauchen und brodeln.[98]

Die jüdischen Mystiker erklären auch den Reinigungsprozess durch das Feuer bei den vom irdischen Schmutz verunreinigten Seelen. Das Feuer, das vierundzwanzig Stunden am Tag brennt (außer am Sabbat), entspricht den heißen, sündigen Leidenschaften des Menschen. Je stärker ein Mensch verunreinigt ist, je mehr er sich auf Erden der ungezügelten Wollust hingegeben hat, desto notwendiger wird das reinigende Feuer, das die Sünden der Leidenschaft ausbrennt. Daher lodern im Fegefeuer Flammen von außergewöhnlicher Stärke, damit alle Verunreinigungen verbrannt werden können, die ein Mensch im Laufe seines Lebens angehäuft hat.

Die mystische Literatur geht davon aus, dass die Bestrafung im Fegefeuer aus einer Kombination von Feuer sowie Schnee und Eis besteht. Die Bestrafung durch Feuer und Schnee wird folgendermaßen beschrieben:

Rabbi Chiskija ... sagte, dass Sünder [im Fegefeuer] zwölf Monate lang bestraft werden, halb mit Feuer, halb mit Schnee. Wenn sie ins Feuer gehen, sagen sie: „Das ist wahrhaft [das Fegefeuer]!" Wenn sie in den Schnee gehen, dann sagen sie: „Das ist wahrlich der Winter des Allmächtigen." Zu Beginn rufen sie: „Ach!" und dann „Weh!" Die höchste Strafe ist der Schnee. (Sohar II, 238b)

---

98 Ebd., *The Chronicles of Jerahmeel*, XIV, 4-5, S. 33.

Für die jüdischen Mystiker stellt Eis die Barmherzigkeit dar, die Sündern erwiesen wird, um die Feuerflammen der Leidenschaft oder der Wut zu kühlen. Vom Schnee heißt es, er löse durch seine frostige Kälte die Sünden der Berechnung und die Verfehlungen eines lieblosen, vergebungsunwilligen Herzens.

Verweildauer im Fegefeuer

Jüdische Quellen betrachten die Zeit, die eine Seele im Fegefeuer verbringt, im Allgemeinen als endlich.[99] Mit anderen Worten, die Verdammnis währt nicht ewig. Der Weg der Seele durchs Fegefeuer und die damit einhergehende Reinigung vom irdischen Schmutz haben schließlich ein Ende.

Über die Jahrhunderte hinweg haben die jüdischen Weisen stets wiederholt, dass die Zeit der Reinigung und Läuterung im Fegefeuer für die Seele normalerweise nach längstens zwölf Monaten abgeschlossen ist. Der Überlieferung nach beträgt die erforderliche Zeitspanne, um die Verunreinigungen der Seele größtenteils zu entfernen und sie auf ihren weiteren nachtodliche Weg vorzubereiten, ein Jahr. Weil es jedoch in der Kommenden Welt keine Zeit gibt, können wir nicht wissen, wie lange ein Jahr im Fegefeuer empfunden wird.

Trotz dieser allgemeinen Regelung behaupten jedoch einige Richtungen im Judentum – rabbinische, mittelalterliche und mystische –, bestimmte Gruppen von Sündern würden auf ewig in die verschiedenen Bereiche des Fegefeuers verdammt. Ein mittelalterlicher Kommentator stellt zum Beispiel fest:

Drei fahren auf ewig hinab [ins Fegefeuer] und steigen daraus nicht wieder auf – der Mann, der Ehebruch begeht, derjenige, der öffentlich falsche Anschuldigungen gegen seinen [Nächsten] erhebt und wer sich

---

99 Raphael, *Afterlife*, S. 144f., 303-305.

des Meineids schuldig macht. Andere sagen, diejenigen, die um [Ehre] für sich selbst eifern, indem sie ihre [Nächsten] verleumden und diejenigen, die Zwietracht zwischen Mann und Frau stiften, um Streit unter ihnen zu entfachen.[100]

Diese Lehren von der ewigen Verdammnis dienten einem ethischen, erzieherischen Zweck. Dadurch, dass sie die schrecklichen Folgen des Erdenlebens aufzeigten, sollten sie die Menschen zu einem Leben der guten Worte und Werke anregen oder zumindest zu aufrichtiger Reue. Wer nie bereut, könnte zu ewigen Strafen verdammt werden. Denn gemäß der mystischen Überlieferung heißt es:

Rabbi Jose sagte: „Weh den Frevlern, die ihre Sünden vor dem Allmächtigen nicht bereuen, solange sie noch auf dieser Welt sind. Denn wenn ein Mensch seine Sünden bereut und ihretwegen Zerknirschung verspürt, dann vergibt ihm der Heilige [Gesegnet sei Er]. Diejenigen aber, die an ihren Sünden festhalten und sich weigern, sie zu bereuen, werden am Ende zum [Fegefeuer] hinabfahren und nie wieder daraus hervor kommen.“ (Sohar I, 66a)

Doch die Lehren von einer ewigen Bestrafung der Seelen im Fegefeuer wurden stets nur von einer Minderheit unter den jüdischen Weisen vertreten. Gemäß allgemeinem jüdischen Glauben ist der weitaus überwiegende Teil der Seelen nach einer vorübergehenden Erfahrung im Fegefeuer so weit gereinigt, dass sie ins Paradies eintreten können. Hier ist allerdings unbedingt festzuhalten, dass nur relativ wenige Menschen, wie zum Beispiel Chaim, um den sich Rabbi Elimelechs Geschichte in Kapitel Eins dreht, das Fegefeuer überspringen und direkt ins Paradies eingehen. Diejenigen, die eher, aber noch nicht völlig „gerecht" sind, durchleben einen kürzeren und leichteren Reinigungsprozess im Fegefeuer.

---

100 „This is the Description of Gehinnom (Hell)" in *The Chronicles of Jerahmeel*, XV, 6, S. 35.

Traditionelle jüdische Rituale

Wie bereits in Kapitel Sechs besprochen, dauert die traditionelle Trauerzeit nach dem Tod eines Elternteils vom Todestag an zwölf Monate (oder dreißig Tage bei anderen nahen Verwandten). Die Kinder sprechen für den verstorbenen Elternteil ein besonderes Gedenkgebet, das Kaddisch der Trauernden.[101] Zwar wurde es ursprünglich nur von den Söhnen für die Eltern gesprochen (mittlerweile von Söhnen und Töchtern, zumindest in nicht-orthodoxen Gemeinden), doch inzwischen ist es üblich, dass die Hinterbliebenen auch für ein Kind, den Ehepartner, Geschwister oder andere nahe Verwandte, wie zum Beispiel die Großeltern, das Kaddisch der Trauernden sprechen.

Die Ursprünge des Kaddisch der Trauernden liegen im Dunkeln. Zwar werden in den Makkabäer-Büchern Gebete für die Toten erwähnt, und Anklänge ans Kaddisch gibt es auch in frühen rabbinischen Schriften, doch in seiner heutigen Form stammt das Kaddisch der Trauernden aus der Zeit des Gaonismus im 7. Jahrhundert unserer Zeitrechnung, ist also etwa eintausendvierhundert Jahre alt. Im 13. Jahrhundert war es schließlich allgemein üblich, dass die Trauernden das Kaddisch als verbindendes Glied in der Kette des Lebens sprachen, das den Lebenden ihren Platz in der Generationenfolge zuwies.

Die Zeitspanne, in der das Kaddisch der Trauernden gesprochen wird (bei einem Elternteil elf Monate lang ab dem Todestag) entspricht grob den zwölf Monaten, die die Seele nach Aussage der jüdischen Weisen im Fegefeuer bleibt. Die Trauernden sprechen das Kaddisch elf Monate lang, um jede Anspielung darauf zu vermeiden, dass die Seele ihrer Eltern die volle Zeit im Fegefeuer verbringen müsse.

---

101 Bei den Hintergrundinformationen zum Kaddisch der Trauernden stütze ich mich auf Tzvi Rabinowicz, *A Guide to Life: Jewish Laws and Customs of Mourning*, Jason Aronson 1989, S. 69-79; Maurice Lamm, *The Jewish Way in Death and Mourning*, Jonathan David 1969, S. 149-175; Central Conference of American Rabbis, *Rabbi's Manual*, 1988, S. 254f.; Jack Riemer (Hrsg.), *Jewish Insights on Death and Mourning*, Schocken 1995, S. 168-182 sowie Gershom, *Kehren die Opfer des Holocaust wieder?*, Verlag am Goetheanum, Dornach 1997.

Traditionell spricht ein Trauernder das Kaddisch öffentlich bei den täglichen (Morgen- und Abend-) Gottesdiensten. Dabei muss ein Minjan anwesend sein – das ist die erforderliche Anzahl von zehn jüdischen Erwachsenen, traditionell Männern, doch in der Zeit der Gleichberechtigung in nicht-orthodoxen Gemeinden Männern und Frauen.

Durch das öffentliche Kaddisch-Sprechen können die Trauernden von der Gemeinde unterstützt und von anderen aufgefangen werden, außerdem schafft es ein Gefühl der Gemeinschaft und hilft so, die Isolierung und die Einsamkeit zu überwinden, die sich nach einem Todesfall oft einstellen. Darüber hinaus führt das Kaddisch-Sprechen mehrere Trauernde, die in einer Zeit scheinbarer Ohnmacht und Verzweiflung regelmäßig den Gottesdienst besuchen, als Gruppe zusammen.

Das Kaddisch der Trauernden ist ein Gebet zum Lob und zur Verherrlichung Gottes, ein Erflehen der Herrschaft des Ewigen und eine Bitte um Frieden für die gesamte Menschheit. Es ist darin nicht die Rede von Verstorbenen, von Trauer oder vom Jenseits. Stattdessen dreht es sich um das Leben in dieser Welt und den Tag, an dem die Erde Gottesfurcht zeigt. Es enthält eine Botschaft des Trostes, der Hoffnung und des Friedens. Der Blickwinkel der Hinterbliebenen wird geweitet, wenn sie wieder blauen Himmel und Sonnenschein, herrliche Blumen und wunderschöne Vögel sehen.

Eine bekannte Geschichte aus dem Talmud kann uns einen Schlüssel reichen, der uns hilft, die Geheimnisse des Kaddisch zu erschließen. Rabbi Meir, so erfahren wir darin, verlor seine beiden Söhne am selben Tag. Es war an einem Sabbat-Nachmittag, und er unterrichtete im Lehrhaus. Als er nach Hause zurückkehrte, überbrachte seine Frau Beruria ihm die Nachricht nicht gleich, um seine Sabbat-Freude nicht zu stören. Sie wartete bis zum Abend. Nachdem er gegessen hatte, fragte sie ihren Mann: „Ich habe eine Frage. Vor etlicher Zeit kam ein Freund und gab mir ein paar Schmuckstücke, damit ich sie für ihn aufbewahre. Heute ist er nun gekommen und hat sie zurückverlangt. Was soll ich tun?" Ohne Zögern antwortete Rabbi Meir: „Du musst den Schmuck herausgeben." Dann führte sie ihren Mann in das Zimmer, in dem ihre toten Kinder lagen. Sie sagte:

„Dies sind die Schmuckstücke, die ich zurückgeben muss." Schluchzend sprach Rabbi Meir die Worte Hiobs: „Der Ewge gab, der Ewge nahm, des Ewgen Name sei gepriesen." (Hiob 1, 21)[102]

Mit dem Kaddisch erklärt der Trauernde öffentlich seinen tiefen Glauben an Gottes erhabene Größe und Güte sowie seine Unterwerfung unter Gottes ewigen Willen und Seine Gerechtigkeit mit folgenden Worten:

Verherrlicht und geheiligt werde Gottes großer Name in der Welt, die Gott nach eigenem Ratschluss schuf. Gottes Reich erstehe in eurem Leben und zu euren Zeiten und im Leben ganz Israels schnell und bald. Darauf sprecht: So sei es.

Gottes großer Name sei gepriesen, immerzu und bis in Ewigkeit!

Gottes Name sei gepriesen und gelobt, Gottes Name sei verherrlicht und erhoben. Gottes Name sei verehrt und gerühmt, Gottes Name sei gefeiert und besungen. Gepriesen sei er über allem Lob und jedem Lied, hoch über allem Preis und jedem Trost der Welt. Darauf sprecht: So sei es.

Frieden in Fülle komme vom Himmel, Leben für uns und alle Menschen. Darauf sprecht: So sei es.

Gott schafft Frieden in der Höhe. Möge Gott uns und ganz Israel Frieden geben. Darauf sprecht: So sei es.[103]

Das Kaddisch-Gebet zu sprechen, ist ein Akt der Ehrerbietung für verstorbene Eltern oder andere nahe Verwandte. Als solcher ist er ein res-

---

102 Nach Dr., Joseph H. Hertz, *The Authorised Daily Prayer Book*, revidierte Ausgabe, Bloch 1985, S. 270. Hiob-Zitat aus: *Die Heilige Schrift*, ins Deutsche übertragen von Naftali Herz Tur-Sinai, Hänssler, 5. Auflage 2008. (Anm. d. Ü.)
103 Nach Kerry M. Olitzky, Ronald H. Isaacs, Kleines 1x1 des jüdischen Lebens, S. 74. Eine andere Form des „Kaddisch der Leidtragenden" findet sich in Andreas Nachama, Jonah Sievers (Hrsg.) *Jüdisches Gebetbuch Schabbat und Werktage*, Gütersloher Verlagshaus 2009.

pektvolles Totengedenken. Es dient dazu, dem Leben des Verstorbenen Sinn und Wert zu geben und die Bindungen in der Familie zu stärken. Außerdem hilft es den Trauernden, an ihren Erinnerungen festzuhalten und das Erbe des Verstorbenen klarer zu erkennen.

◆

Das tägliche Sprechen des Kaddisch schenkt emotionale und psychische Heilung. Kaddisch zu sprechen, hilft einem Kind oder anderen Trauernden, den Tod nach und nach zu akzeptieren und mit dem Tod eines Elternteils oder anderen nahen Verwandten zurechtzukommen. Außerdem hilft es den Trauernden, mit dem anhaltenden Prozess der „Trauerarbeit" in Kontakt zu bleiben, wozu auch das Erkennen des Ausmaßes des Verlusts, die Anpassung an eine irdische Umgebung, in der der oder die Verstorbene fehlt, und die Gestaltung neuer Beziehungen gehören.

Es erlaubt eine Läuterung der Gefühle. Das Kaddisch-Gebet zu sprechen, hilft dem Trauernden, den verschiedenen Emotionen und Empfindungen, die normalerweise durch den Verlust eines geliebten Familienangehörigen ausgelöst werden, achtsamer nachzuspüren.

Rabbi Zalman Schachter-Shalomi, der Begründer der jüdischen Erneuerungsbewegung Jewish Renewal Movement, verwendet die Formulierung „ins Kaddisch-College gehen", wenn er vom Kaddisch-Prozess spricht. Der Trauernde lernt dabei sehr viel über sich, den Verstorbenen und seine Beziehung zu ihm, in einem gewissen allgemeinen Sinne vielleicht sogar mehr, als er in weiterführenden Schulen gelernt hat.

Schachter-Shalomi erzählt die folgende Geschichte über den Tod seines Vaters:

Ich fuhr in meinem Kleinlaster „Beryl" nach Hause. Kaum war ich losgefahren, da nahm mir ein Fahrer auf der Straße die Vorfahrt. Sofort stieß ich eine ganze Kette von Flüchen aus – auf Polnisch, Jiddisch … jedes unanständige Wort in meinem Wortschatz.

Plötzlich unterbrach ich mich, weil ich merkte, dass ich klang wie mein

*Vater. Es hörte sich genauso an, wie er hinter dem Steuer immer ge-
schimpft und geflucht hatte. Laut sagte ich: „Papa, das ist deins! Das
kannst du behalten."*

*Ich merkte, dass ich eben begonnen hatte, ... Papas Erbe in mir zu sich-
ten; zu erkennen, was er mir gegeben hatte, was ich als mein Eigentum
annehmen konnte und was seines war, nicht meines."*[104]

Der Kaddisch-Prozess ist ein Sichten dessen, was wir vom Verstorbenen geerbt haben, und zwar auf mehreren Ebenen – intellektuell, emotional und spirituell. Die Trauernden gewinnen dadurch ein Gefühl inneren
Friedens und können mit dem Verstorbenen abschließen. Nach und nach
gelangen die Hinterbliebenen vom Leugnen zur Anerkennung und zur
Akzeptanz der Realität des Todes und ihres Verlustes. Sie erfahren ein
Gefühl der Erneuerung und bewegen sich auf ein Leben zu, das nicht
mehr so sehr durch ihre Bindung an den Verstorbenen definiert ist.

Zusätzlich zum Kaddisch-Sagen spenden die Hinterbliebenen im Namen des Verstorbenen und widmen seinem Gedenken auch andere Akte
der Freundlichkeit.

Das Kaddisch der Trauernden sprechen, um der Seele ihren Weg im Jenseits zu erleichtern

Geht man davon aus, dass die Lebenden und die Verstorbenen mitein-
ander verbunden sind, so hat der Kaddisch-Prozess eine Funktion als
Seelenführer[105] und ermöglicht einen interaktiven Dialog zwischen den
Hinterbliebenen und der Seele des Verstorbenen. Die Lebenden können
mit den Verstorbenen auf zwei Ebenen kommunizieren. Erstens trägt das
Kaddisch-Sagen zu einer Versöhnung in der Beziehung zwischen den
Hinterbliebenen und der Seele des toten geliebten Menschen bei. Zwei-

---

104 Simcha Steven Paull, *Judaism's Contribution to the Psychology of Death and Dying*, Ph.D.
diss. California Institute of Integral Studies, 1986, S. 367.
105 Ebd., S. 368-370 und Raphael, *Afterlife*, S. 387f.

tens kann das Sprechen dieses Gebets der Trauernden helfen, die Seele auf ihrem Reinigungsweg durchs Fegefeuer zu erlösen. Mit anderen Worten, Kaddisch zu sagen, beeinflusst das nachtodliche Schicksal der Seele im Fegefeuer.

Das Rezitieren des Kaddisch erleichtert in der Zeit nach dem Tod den Abschluss der Beziehung zwischen den Lebenden und der Seele im Fegefeuer. In manchen Familienkonstellationen arbeiten die Hinterbliebenen und die Seele des Verstorbenen weiterhin an ihrem ehemaligen stürmischen Verhältnis. Die Hinterbliebenen nutzen den Trauerprozess – insbesondere das Sprechen des Kaddisch-Gebets – um ihre alten emotionalen Angelegenheiten zu bereinigen sowie um mit verschiedenen negativen Gefühlen und ihrer Verbitterung fertig zu werden.

Für solche Familien kann das Fegefeuer als ein Reinigungsprozess für die emotionalen Konflikte gelten, die zu Lebzeiten zwischen (und unter) den Angehörigen unter den Teppich gekehrt wurden. Der Kaddisch-Prozess stellt eine Zeit dar, in der Beziehungen, insbesondere negative Gefühle und schwelender Groll, geheilt werden können, die zu Lebzeiten des Verstorbenen nicht bereinigt wurden. Dazu zählen auch gemiedene Themen und nicht angepackte Schwierigkeiten.

Eine chassidische Erzählung berichtet von Rebe Abraham Hamalach – genannt der Engel, der Sohn des Maggid von Mesritsch, der von 1740-1776 lebte – und seiner Witwe. Darin heißt es:

Eines Nachts hatte seine Witwe einen Traum. Sie sah eine weite Halle, darin ein Halbrund von Thronen, auf jedem Thron ein Gewaltiger. Ein Tor öffnete sich, einer trat ein, den anderen ähnlich, ihr Mann Abraham. Er sprach: „Ihr Gefährten, mein Weib ist mir gram, weil ich auf der Erde abgeschieden war. Das Recht ist bei ihr. Es tut mir not, dass ich ihre Vergebung erlange." Die Frau rief: „Mit dem ganzen Herzen ist dir vergeben", und erwachte getröstet.[106]

---

106 Nach Martin Buber, *Die Erzählungen der Chassidim*, Manesse, Zürich 1949, S. 217.

Diese Geschichte zeigt, dass nach Auffassung der jüdischen Mystiker das Bewusstsein das Hinscheiden des Körpers überlebt. Zuvor nicht abgeschlossene Beziehungen erfordern Heilung, und zwar sowohl für die Hinterbliebenen als auch für die körperlose Seele.

Schon zehn oder fünfzehn Minuten einer kurzen, aber aufgeschlossenen Kommunikation in einem Traum, in der Meditation oder in der Visualisierung können eine Lücke schließen, die durch jahrzehntelange Trennung entstanden ist. Dieses Lösen alter Emotionen und Beziehungen erinnert mich an die Geschichte von zwei Menschen, die beide mit aller Kraft an den entgegengesetzten Enden eines Seiles ziehen. Sobald einer von beiden loslässt, löst sich die ganze Spannung zwischen ihnen.

Oft erfordert dies allerdings mehr als ein Viertelstündchen. Der vergleichsweise langwierige Kaddisch-Prozess hilft manchen Trauernden, ihre schwelenden, unabgeschlossenen Gefühle gegenüber einem verstorbenen Angehörigen zu klären. Der Trauernde kann seine starken, jedoch bisher unausgesprochen Gefühle zum Ausdruck bringen, um Antworten auf wichtige Fragen bitten und der Seele des Verstorben Dinge erzählen, die bisher vielleicht verschwiegen wurden oder ein negatives Licht auf den Verstorbenen warfen. Wenn er um Vergebung bittet – ein entscheidendes Element des Spirituellen Judentums – kann der Hinterbliebene der Antwort der Seele, die durchaus als Entschuldigung bei den Lebenden ausfallen kann, vielleicht aufgeschlossener zuhören. Weil sie sich dabei Belastendes von der Seele reden, kann das Sprechen des Gebets der Trauernden den Lebenden tatsächlich helfen, ihr Leben wieder selbst in die Hand zu nehmen. Es kann sie befreien, nach vorne zu schauen und unbelastet von allem zu leben, was in der Beziehung zum Verstorbenen noch ungelöst war.

Dies ist oft ein interaktiver Prozess zwischen den Lebenden und den Toten, bei dem erfreuliche Gedanken an Stelle schmerzlicher Erinnerungen treten. Stellen wir uns das folgende Kaddisch-Gespräch zwischen einem Sohn und der Seele seines verstorbenen Vaters vor:

Anfangs:

Sohn: Ich bin mordsmäßig wütend auf dich.
Vater: Du bist hundsgemein.

♦

Zehn Monate später:

Sohn: Du warst nie für mich da, als ich Kind war.
Vater: Du weißt gar nicht, was bei mir damals los war.
Sohn: Du fehlst mir, Dad. Sag mir, was los war. Ich bin so traurig.
Vater: Mit dem, was ich geben konnte, habe ich mein Bestes versucht.
Sohn: Ich konnte dir gar nicht mehr sagen, dass ich dich lieb habe,
bevor du gestorben bist.
Vater: Es tut mir leid, dass ich kein besonders guter Vater war. Ich
möchte dir meinen Segen geben.
Sohn: Ich hab dich lieb. Jetzt sehe ich, dass das, was du mir gegeben
hast, gut war.
Vater: Ich segne dich. Jetzt gehe und lebe dein eigenes Leben.[107]

♦

Durch den Dialog beim Kaddisch kann der Sohn seine Erinnerungen vor dem Vater ausschütten, er kann ihm sagen, was er ihm gerne noch zu Lebzeiten gesagt hätte; er kann von den Narben sprechen, die eine fehlende starke väterliche Präsenz hinterlassen hat; er kann etwas erfragen, was er schon immer von seinem Vater wissen wollte; er kann klären, was der Vater nie verstanden hat, oder etwas bereinigen, was er seinem Vater übel nahm.

Nach und nach gelangen Eltern und Kinder zu einer neuen Offenheit, wenn sich die Kluft, die sich mit den Jahren zwischen ihnen aufgetan und sie getrennt hat, schließt und Liebe, Vergebung und Versöhnung Raum

---

107 Nach einem Vortrag von Simcha Paull Raphael, „Jewish Views of the Afterlife", vom 21. Mai 1997.

gibt. Wenn man, auch noch nach dem Tod, Ungeklärtem nachgeht, kann sich eine Beziehung zunächst kaum vorstellbar, doch letzten Endes sehr beachtlich weiterentwickeln. Der Kaddisch-Prozess hält das Gespräch in Gang, bis die Lebenden der Seele des Verstorbenen im Großen und Ganzen alles gesagt haben, was sie ihr noch sagen wollten.

Auf einer anderen Ebene kann das Kaddisch auch das Schicksal der Seele des Verstorbenen in den nachtodlichen Welten beeinflussen. Nach mystischer Überlieferung unterstützt das Kaddisch-Sagen die Seele eines Elternteils (oder anderen nahen Verwandten) bei der Reinigung im Fegefeuer. Wenn der Trauernde innerlich zur Ruhe kommt und das Gefühl erlangt, dass die Beziehung sowie alle emotionalen Themen im Zusammenhang mit dem Verstorbenen und seinem Abschied gelöst sind, dann übt er damit einen günstigen Einfluss auf die Seele in ihrem Reinigungsprozess aus. Wenn die Lebenden das Gebet der Trauernden sprechen und ein Gespräch mit der Seele aufnehmen, eine Kaddisch-Runde einlegen, um es einmal modern auszudrücken, dann kann die Seele als körperloses Bewusstsein nach und nach die Folgen ihres negativen Verhaltens, ihrer Worte und Gedanken zu Lebzeiten erkennen und spüren. Einem Elternteil (oder anderen nahen Verwandten) zu vergeben, womit er einen verletzt oder geschadet hat, hilft dessen Seele, Schuldgefühle und Scham abzulegen. Dieser Prozess unterstützt dabei, reinen Tisch zu machen. Die unabgeschlossenen Gefühle der Seele werden nach und nach gereinigt. Daher kann das Kaddisch-Sagen für die Seele des Verstorbenen eine Quelle der Inspiration und Anleitung sein und so ihr Leiden im Fegefeuer abkürzen.

Die folgende Volkserzählung ist zwar problematisch für Menschen, die keine Kinder haben, verdeutlicht aber anschaulich die Bedeutung des Kaddisch der Trauernden für die Seele und für die Verbindung zwischen den Lebenden und den Verstorbenen:

Rabbi Akiva (der große Rabbi, Krieger und Märtyrer des 1. Jahrhunderts u.Z.) sah die schattenhafte Gestalt eines Mannes, der ein großes Bündel Holz auf seinen Schultern trug und unter seiner Last stöhnte. „Was plagt dich?", fragte der Rabbi. „Ich bin eine jener verlorenen Seelen, die für ihre

Sünden zu den Qualen des Höllenfeuers verdammt wurden. Ich muss das Holz herbeischaffen und selbst den Ort meiner Folter herrichten." "Gibt es denn keine Hoffnung für dich?", fragte der Rabbi voller Mitgefühl. "Doch, wenn mein kleiner Sohn, den ich als Säugling hinterlassen habe, gelehrt wird, das Kaddisch zu sprechen und die Versammlung der Gläubigen dazu gebracht wird, dass sie spricht: ,Amen, Gottes großer Name sei gepriesen für immer und ewig.'" Da beschloss Rabbi Akiva, die Familie und den kleinen Sohn des Verstorbenen zu suchen. Er stellte fest, dass die Mutter wieder geheiratet hatte, dieses Mal einen Nicht-Juden, und das Kind noch nicht beschnitten (das heißt rituell in den Bund Abrahams aufgenommen) worden war. Rabbi Akiva nahm das Kind in seine Obhut und lehrte es, das Kaddisch zu lispeln. Schon bald erreichte ihn die himmlische Kunde, dass der Vater aus dem Fegefeuer entlassen worden war. [108]

Auch durch gute Werke, einschließlich Spenden zum Gedenken an den Verstorbenen, können die Lebenden ihre Beziehung zum Verstorbenen stärken. Das Verdienst, das diese wohltätigen, lebensbejahenden Handlungen bewirken, soll, so heißt es, der Seele auf ihrem nachtodlichen Weg einen oder mehrere zusätzliche Aktivposten einbringen.

Vorschläge für spirituell Suchende und andere, die mit der Trauer ringen

Aus der Sicht des Spirituellen Judentums sind die Einhaltung des Kaddisch-Rituals und das Sprechen des Gebets der Trauernden wesentlich weniger wichtig als das Konzept der Seelenführung, das diesem Prozess zugrunde liegt. Mit anderen Worten, es geht viel eher um den Prozess als um das routinemäßige Abspulen eines Gebetes. Hinterbliebene Angehörige werden die Teilnahme an täglichen Gottesdiensten – offen gesagt – wohl eher als recht stumpfsinnig empfinden, weil es ihnen dort an spi-

---

108 Nach Hertz, *The Authorised Daily Prayer Book*, S. 271.

ritueller Spontaneität und an einer vertraulichen Atmosphäre fehlt, vom Aufwand noch gar nicht zu reden. Es ist nicht leicht, im dunklen kalten Winter jeden Morgen früh aufzustehen und jeden Abend zum Gottesdienst zu gehen.

Trauernde spirituell Suchende und andere, die mit der Trauer ringen, aber nicht der Tradition folgen, sondern etwas Persönliches schaffen möchten, empfinden es oft als wohltuend, sich ein paar Wochen oder Monate (oder manchmal auch ein Jahr oder länger) regelmäßig jeden Tag eine bestimmte Zeit freizuhalten, in der sie uneingeschränkt trauern, ihre Gefühle ordnen und an einer Verbindung zwischen der Welt der Hinterbliebenen und dem Totenreich arbeiten können. Studien zeigen, dass nicht weniger als sechsundsechzig Prozent aller Witwen kurz nach dem Tod ihres Mannes dessen Gegenwart spüren oder sehen. Und sogar fünfundsiebzig Prozent der verwaisten Eltern haben innerhalb eines Jahres nach dem Tod ihres Kindes Kontakt mit dessen Seele.[109]

Versuchen Sie, durch spontane, formlose, individuelle Gebete aus tiefstem Herzen, durch stille Meditationen und Visualisierungen mit der Seele des Verstorbenen in Kontakt zu bleiben und zu spüren, dass zwischen Ihnen eine dauerhafte Beziehung besteht. Überlegen Sie, ob Sie sich nicht ein Tagebuch zulegen und darin Notizen machen möchten, denken Sie an lange Spaziergänge, selbst im städtischen Umfeld, oder sehen Sie sich alte Foto-Alben, ein Schmuckstück oder andere besondere Gegenstände an. Zwar kommen mit der Erinnerung auch die Tränen, aber sie wirkt auch wie ein Brennpunkt, von dem aus Sie auf Ihre persönliche Weise mit der Trauer zurechtkommen und sie heilen können.

Manchmal können wir gar nicht glauben, dass wir die Verstorbenen nie wiedersehen: So sehr fehlen sie uns. Wir möchten mit ihnen sprechen. Verlustgefühle, noch so frisch wie am ersten Tag, durchdringen unser ganzes Leben.

Zunächst sind wir hin- und hergerissen und können uns einfach nicht trennen. Wir sind durch ein sehr starkes Band der Liebe gefesselt. Nach und

---

109 Raymond Moody (mit Paul Perry), *Blick hinter den Spiegel. Botschaften aus der anderen Welt*, Goldmann, München 1996.

nach lernen wir Lebenden loszulassen. Wir akzeptieren unsere eigene Endlichkeit und Vergänglichkeit und die des Verstorbenen. Wir passen uns an
die veränderte Umgebung an und gehen allmählich neue Beziehungen ein.

In der Gewissheit, dass nach jüdischem Glauben das Bewusstsein den
körperlichen Tod überlebt, sagen Sie weiterhin Lebewohl. Geben Sie Ihrer
Achtung und Dankbarkeit Ausdruck und schicken Sie der Seele des Verstorbenen liebevolle, befreiende Gedanken, nicht solche, die ihre Bindung
an die materielle Welt stärken würden.

So schwer es bei einem geliebten Angehörigen oder Freund auch fallen
mag, grübeln Sie nicht übermäßig über den Verstorbenen nach. Natürlich
sollten Sie dem Verschiedenen Achtung und Ehre erweisen und ihm Ihre
Liebe entgegenbringen. Doch der jüdische Glaube lehrt, dass Gott uns
nicht erschaffen hat, um uns zu vernichten. Jede Seele ist zu weiterer Entwicklung und einem besseren Leben bestimmt.

Mehrere Monate nach dem Tod meiner Mutter sah ich sie in einem
Traum. Ich konnte nicht erkennen, welche Kleidung sie trug, aber sie sah
aus wie Mitte Siebzig, etwa so alt wie sie war, als sie starb. Sie wirkte so
gesund und strahlend. Sie war durch und durch voller Frieden und Freude. Sie lächelte glücklich und ließ mich wissen: „Mir geht es gut." Nach
allem, was ich sah und hörte, hatte sie keine Schmerzen mehr, wie noch
in den letzten beiden Wochen ihres Lebens. Da wurde mir klar, dass der
Tod dem Leben kein Ende setzt. Das Leben geht weiter, wenngleich auf
einer anderen Ebene.

Wenn wir positive Empfindungen zum Ausdruck bringen, wenn wir
insbesondere um Reinigung und Heilung beten, dann kann die Seele dadurch, so sagen die jüdischen Weisen, ihren Reinigungsprozess im Fegefeuer schneller und gründlicher abschließen. Öffnen Sie dem Ewigen Ihr
Herz und rufen Sie Gottes Liebe und Mitgefühl für die Seele des Verstorbenen an. So können die Lebenden einer Seele auf ihrem Weg in den
nachtodlichen Welten helfen und sie erheben.

In manchen eher belasteten familiären Situationen kann der spirituelle
Prozess nach dem Tod die Versöhnung und den Abschluss einer schwierigen Beziehung zwischen den Lebenden und der Seele des Verstorbenen

erleichtern. Die betroffenen Familienmitglieder sollten sich dann auf die ungelösten emotionalen Angelegenheiten, die schmerzlichen Erinnerungen, das, was sie bereuen, und alle schwelenden Gefühle konzentrieren, die im Zusammenhang mit dem Tod entstanden sind.

Wie wir in Kapitel Zwei gesehen haben, spielt Vergebung im Spirituellen Judentum eine große Rolle. Die Lebenden können der Seele des Verstorben helfen, indem sie die Beziehung noch einmal Revue passieren lassen; die Seele um Vergebung für alle früheren Verfehlungen ihrerseits bitten; ihre Bereitschaft ausdrücken, dem Verstorbenen seine Taten, Worte oder Gedanken zu vergeben und ihn auch dazu ermutigen, sich selbst zu verzeihen.

Bemühen Sie sich, offen und ehrlich sowohl Ihre anhaltende Dankbarkeit als auch Ihren schwelenden Groll und die Spannungen mit dem Verstorbenen auszudrücken. Versuchen Sie, alles, was der Verstorbene jetzt in Ihrer Beziehung als „negativ" betrachtet, aus seiner Perspektive zu sehen, auch Reue, Furcht, Wut, Schuldgefühle, Sorgen, Einsamkeit oder Ängste.

Wenn die Verstorbenen daraufhin ihre Gefühle offen aussprechen und versuchen, Dinge wiedergutzumachen sowie sich von ihrer Schuld zu befreien, dann hören Sie dieser Antwort aufmerksam zu, denn oft ist sie ein Ausdruck der Vergebung. Wie in sehr vielen Situationen, müssen auch hier beide Seiten ihre gemeinsame Verantwortung anerkennen. Nur so können sie die Wut, die Ängste und die Schuldgefühle überwinden, die aus den Fehlern, die sie in ihrer Beziehung gemacht haben, entstanden sind.

Vielleicht kann Ihnen die folgende, nicht geführte Meditation (oder Visualisierung) helfen, den Kommunikationskanal zwischen Ihnen und der Seele des Verstorbenen zu öffnen und bisher ungelöste Angelegenheiten abzuschließen, so dass Sie innerlich zur Ruhe kommen und sich gestärkt fühlen. Sprechen Sie aus tiefstem Herzen, und versuchen Sie etwa zehn bis fünfzehn Minuten lang, ins Gespräch mit der Seele des Verstorbenen zu kommen. Bemühen Sie sich auszusprechen, was Ihrer fortwährenden Trennung zugrunde liegt. Ein anhaltender – täglicher – interaktiver Dialog, der auf Vergebung und ein Loslassen der Vergangenheit zielt, wird hoffentlich Kommunikationsleitungen zwischen Ihnen beiden öffnen und dafür sorgen, dass die Entfremdung schwindet.

Meditation (oder Visualisierung) über Vergebung und Liebende Güte

Einleitende Hinweise: *Schaffen Sie eine warmherzige, offene Atmosphäre, eine Umgebung voll heiterer Gelassenheit, in der Raum ist für die innere Reise. Dämpfen Sie das Licht im Zimmer ein wenig.*

Schließen Sie die Augen, und setzen Sie sich ruhig hin. Lassen Sie Ihren Körper zur Ruhe kommen, und entspannen Sie sich. Atmen Sie ganz normal ein und aus, und spüren Sie dem Atem nach, wie er in Ihren Körper hinein- und wieder herausströmt. Gleichen Sie Ihre Atemzüge einander an, so dass Einatmung und Ausatmung gleich lang sind.

◆

Fühlen Sie sich von Wärme und Liebe umgeben. Lassen Sie alle Wut, die vielleicht vorhanden ist, sich in diese Wärme hinein auflösen.

Atmen Sie mit jedem Atemzug Wärme ein. Spüren Sie, wie die Wärme Sie nährt. Atmen Sie Liebe ein, und spüren Sie die Offenheit, die die Liebe in Ihnen bewirkt. Lassen Sie zu, dass aus der Wärme und der Liebe Vergebung entsteht. Die Macht der Liebe ist sehr groß.

Visualisieren Sie den Verstorbenen. Laden Sie ihn in Ihrem neuen Zustand der Offenheit in Ihr Herz ein. Achten Sie darauf, was verhindert, dass er in Ihr Herz kommen kann: Das Problem, die Verletzung, die Angst, die Wut, die Schuldgefühle, ganz gleich, was es ist. Beginnen Sie ein Gespräch mit dem Verstorbenen, und führen Sie es so lange fort, bis es nichts mehr zu sagen gibt. Versuchen Sie jetzt, den Verstorbenen in Ihr Herz hinein zu lassen. Lassen Sie den Stolz los, der am Groll festhalten will. Lassen Sie zu, dass der Schmerz alter Verletzungen sich auflöst.

Sprechen Sie in Ihrem Herzen: Ich vergebe dir alles, was du in der Vergangenheit absichtlich oder unabsichtlich durch deine Werke, Worte oder Gedanken getan hast und was mir wehgetan oder mich verletzt hat. Wiederholen Sie die Worte: Ich vergebe dir. Lassen Sie die Vergebung anwachsen, lassen Sie Ihren Groll los und öffnen Sie sich bedingungslos der Liebe und dem Mitgefühl.

Visualisieren Sie den Verstorbenen noch einmal. Nimmt er Ihnen etwas übel? Haben Sie ihn verletzt. Hat der Verstorbene Sie aus seinem Herzen versioßen? Laden Sie ihn in Ihrem neuen Zustand der Offenheit in Ihr Herz ein. Achten Sie darauf, was verhindert, dass er in Ihr Herz kommen kann. Versuchen Sie, den Verstorbenen in Ihr Herz hinein zu lassen.

Bitten Sie ihn aus tiefstem Herzen um Vergebung. Sagen Sie: Ich bitte dich um Vergebung für das, was ich in der Vergangenheit absichtlich oder unabsichtlich durch meine Werke, Worte oder Gedanken getan habe und was dir wehgetan oder dich verletzt hat. Wiederholen Sie die Worte: Bitte vergib mir. Lassen Sie sich auch jetzt wieder davon berühren, dass Vergebung möglich ist. Bitten Sie den Verstorbenen, seine Wut und Verletztheit loszulassen und Sie wieder in sein Herz aufzunehmen. Spüren Sie seine Vergebung.

Lassen Sie zu, dass Ihr Herz sich mit Vergebung und liebender Güte für Sie selbst füllt. Sprechen Sie: Möge ich glücklich und im Frieden sein. Möge ich frei sein von Wut, Schmerz, Angst und Zweifel. Möge ich erfüllt sein von Liebe.

◆

Abschließende Hinweise: *Kommen Sie nun ins Hier und Jetzt zurück. Lassen Sie sich Zeit und kehren Sie ganz langsam wieder um. Lenken Sie Ihre Aufmerksamkeit allmählich auf Ihren Körper; spüren Sie, dass Sie im Zimmer sind, und öffnen Sie dann die Augen.*

◆

Wenn Sie Ihre Beziehung zum Verstorbenen klären möchten, kann es vielleicht auch für Sie – wie bereits für viele andere – eine große Hilfe sein, wenn Sie in einem Tagebuch, auf losen Blättern oder in einem Brief an den Verstorbenen die jeweiligen ungelösten Themen, die genauen

Schwierigkeiten, mit denen Sie sich nie wirklich auseinandergesetzt haben, die unausgesprochenen Worte, die nie gezeigten Gedanken und Gefühle, die Wut, den Schmerz, die Schuldgefühle, die Traurigkeit und alles, wonach Sie sich sehnen, festhalten. Dieses detaillierte, konzentrierte Niederschreiben einer schwierigen Beziehung kann es Ihnen leichter machen, ins Gespräch mit dem Verstorbenen zu kommen und die Dinge auch von seiner Warte aus zu sehen. Schreiben Sie auch einige versöhnliche positive Eigenschaften des Verstorbenen auf. So können sich Ihre Gefühle ihm gegenüber nach und nach verschieben, und Sie werden fähig, Ihre unabgeschlossene Beziehung, Ihre ungelösten Empfindungen und aufgewühlten Emotionen aufzuarbeiten und sich wieder Ihrem eigenen Leben zuzuwenden. Schließlich werden Sie in der Lage sein, sich aufrichtig und dauerhaft voneinander zu verabschieden.

Jeder Mensch trauert auf seine Weise und in seiner Zeit. Die Trauernden bewahren sich zwar ihre Liebe zum und ihre Achtung vor dem Verstorbenen, aber nach und nach akzeptieren sie die Realität des Todes und lassen ihre Identifizierung mit dem Verstorbenen sowie ihre Bindung an ihn los. Trauer, Traurigkeit und Schuldgefühle lassen nach. Sie erkennen, dass die Beziehung im Guten wie im Schlechten (und die meisten Beziehungen sind ja eine Mischung aus Gutem und Schlechtem) vorüber ist. Ein Gefühl des Verlustes bleibt, aber es ist viel weicher und sanfter. In seinem sehr persönlichen und bewegenden Bericht über seine Suche nach der Bedeutung des Kaddisch fasst Leon Wieseltier dies in folgende Worte: „Allmählich gewinnst du einen Standpunkt, von dem aus du deinem Kummer Widerstand leistest, bis dein Kummer ein Teil von dir geworden ist. Er wird nicht ausgelöscht, er wird nicht erobert; und er ist erobert, wenn er zum Kontext geworden ist. Kontext ist ein anderes Wort für Tröstung."[110] Sie werden frei weiterzuleben. Sie entwickeln neue Interessen und schließen Freundschaften, die das Verlorene ersetzen.

Mit der Seele des Verstorbenen in Kontakt zu bleiben, hilft oft den Lebenden. Dies veranschaulicht die folgende Anekdote:

---

110 Leon Wieseltier, *Kaddisch*, Hanser, München 2000; S. 522.

Nachdem sie jahrelang immer wieder Männer kennengelernt, als Single gelebt und dazwischen kurze Beziehungen gehabt hatte, begegnete Betsy, eine junge Frau Anfang dreißig, dem Mann, den sie heiraten wollte. Die Erfahrung dieser Liebe und die bevorstehende Hochzeit erfüllte sie mit großer Freude, in die sich allerdings eine tiefe Traurigkeit mischte, weil es Betsys Mutter zusehends schlechter ging. Leben und Tod, Freude und Traurigkeit waren für Betsy eng miteinander verflochten. Zwei Tage vor der eigentlichen Hochzeit wurde am Bett ihrer Mutter im Krankenhaus eine Scheintrauung vollzogen; denn dies war die einzige Möglichkeit, wie Betsy ihre Mutter an diesem kostbaren Augenblick teilhaben lassen konnte. Am Tag nach der tatsächlichen Heirat von Betsy und ihrem geliebten Mann traten beide ihre lang ersehnte Hochzeitsreise an.

Sonne, Sand und Meer der Karibik verwöhnten die Frischvermählten, schenkten ihnen eine harmonische Zeit, um eine tiefe Bindung aufzubauen und ihr Eheleben zu beginnen. Doch am dritten Tag spürte Betsy plötzlich mitten in der Nacht, dass ihre Mutter an ihrem Bett stand und sich verabschiedete. Nur wenige Stunden später, im allerersten Morgengrauen, erhielt Betsy einen Anruf mit der Nachricht, sie solle zur Beerdigung ihrer Mutter nach Hause zurückkehren.

Viele Monate lang versank Betsy in tiefer Trauer. Sie können sich sicher vorstellen, wie schwierig es für sie war, am Anfang einer jungen Ehe zu stehen und dabei den Verlust ihrer innig geliebten Mutter zu verarbeiten. Und doch war es vor allem die Erinnerung an das Erscheinen ihrer Mutter in ihrem Zimmer in jener Nacht, aus des Betsy die Kraft schöpfte, mit ihrem Verlust fertig zu werden und im Angesicht des Todes ein neues Leben zu beginnen.

Ein Jahr nach dem Tod ihrer Mutter sah Betsy sie schließlich in einem leuchtend blauen Kleid. Sie winkte ihr zu und sagte: „Alles ist gut. Ich hab dich lieb. Jetzt lebe dein eigenes Leben." Dieser Traum war für Betsy ein tiefer Trost. Danach fühlte sie sich völlig frei, mit ihrem Mann ein neues und sinnvolles Leben zu beginnen.[111]

---

111 Vgl. Raphael, Jewish Views, 1997

Nach jüdischem Glauben verbringt die Seele nur begrenzte Zeit im Fegefeuer, wo sie einer Reinigung unterzogen wird. Ist ihre Arbeit im Fegefeuer abgeschlossen, so behaupten die jüdischen Weisen, folgt die Seele ihrem weiteren Schicksal. Auf der nächsten Stufe, der wir uns nun zuwenden werden, betritt sie die Welt des *Unteren Paradieses*. Danach gelangt sie ins *Obere Paradies*. Auf ihrem Weg durch das Paradies entdeckt die Seele eine Welt emotionaler, intellektueller und spiritueller Glückseligkeit. Völlig frei erlebt sie die erhabensten Gefühle der Freude und der Ekstase, ohne jede Beschränkung.

Kapitel Acht

DAS PARADIES: DIE HIMMLISCHEN VISIONEN DER SEELE

Auf unserer weiteren Reise durch die Seelenwelt werden wir uns in diesem Kapitel mit der Auffassung vom Paradies nach jüdischem Glauben befassen und uns dabei auf dessen zwei Stufen konzentrieren – das Untere und das Obere Paradies.[112] Auch hier gilt: Wir sollten diese beiden Ebenen des Paradieses – des Gartens Eden oder *Gan Eden*, wie er auf Hebräisch heißt – nicht als reale Wohnstatt der Gerechten nach dem Tod begreifen. Das Paradies stellt vielmehr einen Bewusstseinszustand dar.

In der nachtodlichen Paradies-Welt setzt die Seele ihren Entwicklungsweg des emotionalen, intellektuellen und spirituellen Wachstums fort. Das Paradies ist weder eine statische Erfahrung noch die Endstation der Seele. Es bedeutet für sie vielmehr Ruhe und Erholung; denn auf ihrem nachtodlichen Weg schreitet die Seele schließlich zu noch höheren, transzendenteren Ebenen fort.

Wir werden außerdem die zwei jüdischen Rituale *Jahrzeit* und *Jiskor* näher betrachten, durch die wir lernen sollen, der Verstorbenen zu gedenken und ihre Seele dabei zu unterstützen, dass sie die erhabeneren Regionen des Paradieses erreichen kann. Darüber hinaus enthält dieses

---

112 Ich beziehe mich auf die Auffassung vom Paradies aus Simcha Paull Raphael: *Jewish Views of the Afterlife*, Jason Aronson 1994, S. 149-154, 184-206, 296-298, 308-313, 348-351. Weitere Paradies-Vorstellungen finden sich in Anne Brener, *Mourining & Mitzvah: A Guided Journal für Walking the Mourner's Path Through Grief to Healing*, Jewish Lights Publishing 1993, S. 199f.; Yonassan Gershom, *Kehren die Opfer des Holocaust wieder?* Verlag am Goetheanum, Dornach 1997, S. 77 sowie Rifat Sonsino und Daniel B. Syme, *What Happens After I Die? Jewish Views of Life After Death*, UAHC Press 1990, S. 14-19, 28f.

Kapitel Empfehlungen für spirituell Suchende, die eine echte Verbindung zur Seele eines Verstorbenen aufbauen (oder beibehalten) möchten.

Der Weg der Seele im Unteren Paradies: Ein Überblick

Das Untere Paradies dient als Übergangsstufe zwischen dem Fegefeuer und dem Oberen Paradies. Im Unteren Paradies setzt jede Seele den im Fegefeuer begonnenen Reinigungsprozess fort und bereitet sich auf den Eintritt ins Obere Paradies vor.

Die Seelen nahezu aller Verstorbenen, die nicht den sofortigen Eintritt ins Obere Paradies verdient haben, werden entsprechend der Verdienste, die sie in ihrem jeweiligen soeben beendeten Erdenleben erworben haben, einer niedrigeren Welt, nämlich dem Unteren Paradies, zugewiesen. Im Unteren Paradies erfährt jede Seele die emotionale, intellektuelle und spirituelle Glückseligkeit, die ihren bisherigen Errungenschaften entspricht.

Jüdischen Quellen zufolge stellt das Paradies – und zwar das Untere wie das Obere – eine himmlische Welt dar, in der die Seelen als körperloses Bewusstsein eine unbestimmte, aber nicht ewige Zeit verweilen. Die Zeit, die eine Seele im Unteren Paradies verbringt, ist vielleicht am besten als die Spanne zu verstehen, die zur weiteren Verfeinerung, Vollendung und Prägung der Persönlichkeit auf emotionalem Gebiet, aber auch zur Weiterentwicklung der intellektuellen und spirituellen Seelenebene notwendig ist.

Im Unteren Paradies werden die letzten Überbleibsel der irdischen Persönlichkeit des Verstorbenen und seiner jüngsten individuellen Lebenserfahrungen nach und nach abgebaut.[113] Dort erfährt die Seele, welche Wünsche, Bindungen und Gefühle noch unabgeschlossen sind. Alles Persönliche und Vergängliche löst sich allmählich auf. Im Unteren Paradies erlebt die Seele zunehmend mehr emotionale Freude.

---

113 Raphael, *Afterlife*, S. 289.

Der Eintritt ins Untere Paradies

Die Vorbereitung der Seele auf den Eintritt ins Untere Paradies nach Abschluss ihrer Reinigung im Fegefeuer beschreibt die mystische Literatur folgendermaßen:

Zuerst wird die Seele an eine Stelle ... im Inneren des [Fegefeuers] geführt, wo die Seelen gereinigt und geläutert werden, bevor sie ins Untere Paradies eintreten darf. Zwei Engel-Boten stehen am Tor zum Paradies und rufen die Vorsteher jener Stelle im [Fegefeuer] mit lauter Stimme. Sie weisen sie an, die Seele anzunehmen, und während des gesamten Läuterungsprozesses rufen sie laut das Wort Hinnom [„hier sind sie"]. Wenn der Prozess abgeschlossen ist, nehmen die Vorsteher die Seelen aus dem [Fegefeuer], führen sie ans Tor zum Paradies und sagen den dort stehenden Engel-Boten: „Hinnom, siehe, hier ist die Seele, die rein und weiß hervorgekommen ist." (Sohar IV, 211b)

Nach jüdisch-mystischer Überlieferung legt die spirituelle Seele beim Eintritt ins Untere Paradies ein ätherisches Gewand an; andernfalls muss sie in den Qualen des Fegefeuers verweilen.

Gemäß der recht materialistischen Anschauung der jüdischen Weisen ist die Seele im Unteren Paradies in eine Art irdisches Gewand gekleidet, das jedoch feiner ist als die Kleider, die sie gewöhnlich auf der Erde trug.[114] Diese Gewänder, welche die Gerechten anlegen, spiegeln ihre zu Lebzeiten erworbenen spirituellen Erkenntnisse und Errungenschaften. Die guten Werke, die ein Mensch auf Erden vollbracht hat, sowie seine freundlichen Worte und großzügigen Gedanken ergeben – bildlich gesprochen – die Elemente der Gewänder, die der spirituelle Körper der Seele im Unteren Paradies trägt. Von seinem Handeln sowie von seinen Worten und Gedanken genährt, wird der spirituelle Seelenkörper in „Gewänder der

---

114 Ebd., , S. 296-298, 309-311.

Herrlichkeit" gekleidet, die aus den guten Werken und der guten Rede zu ihren Lebzeiten gefertigt werden. (Sohar IV, 210b) Die Mystiker lehren:

Die guten Werke, die der Mensch in dieser [materiellen] Welt voll-bracht hat, tragen ihm ein Gewand aus himmlischem Glanz ein, mit dem er angetan wird, wenn er in der nächsten Welt vor den Heiligen, gesegnet sei Er, treten soll. (Sohar IV, 229b)

Wenn also die Seele ins Untere Paradies eintritt, „legt sie eine Erschei-nung an, die dem Körper ähnelt, den sie in dieser [materiellen] Welt inne-hatte. Diese Ähnlichkeit ist gewissermaßen ein Gewand, in das der Geist sich hüllt, damit er dort die Freuden des strahlenden [Paradieses] genie-ßen kann". (Sohar III, 141b)

Im Gegensatz zum Unteren Paradies, in dem die Seelen sich in einem eher irdischen, aber dennoch spirituellen Gewand befinden, werden sie nach dem Verständnis der Mystiker im Oberen Paradies in noch kostba-rere himmlische Gewänder gehüllt.

Der erholsame Weg der Seele im Oberen Paradies

Schließlich verlässt die Seele das Untere Paradies und tritt ins Obere Pa-radies ein, in die Welt der himmlischen Glückseligkeit. Nachdem sich im Unteren Paradies die letzten Überreste der Persönlichkeit und des emotio-nalen Lebens des Verstorbenen aufgelöst haben, erholt sich die Seele nun im Oberen Paradies, einem Bereich, der für die höheren Seelendimensio-nen gedacht ist. Hier erlangt sie eine noch höhere Stufe emotionaler, intel-lektueller und spiritueller Erfüllung; sie erfährt Ekstase und die Freude, Gott nahe zu sein.

Beim Eintritt ins Obere Paradies nimmt die Seele noch einmal ein kur-zes Bad im Fluss des Lichtes und erlebt einen zweiten Lebensrückblick. (Diese beiden Schritte wurden bereits in Kapitel Fünf im Zusammenhang mit den Visionen im Moment des Todes besprochen.) Dieses erneute Eintauchen in den Fluss des Lichtes heilt die Seele weiter und reinigt sie von allen eventuell verbliebenen Verunreinigungen und Eindrücken ihres letzten Erdenlebens, damit sie die Herrlichkeit des Oberen Paradieses wahrnehmen kann. Die Mystiker sagen:

[Eine weitere] Prüfung muss die Seele beim Übergang vom Unteren ins Obere Paradies bestehen; denn im Unteren Paradies ist sie noch nicht völlig gereinigt von der Stofflichkeit dieser [irdischen] Welt und kann daher noch nicht bis ganz nach oben aufsteigen. Deshalb wird sie durch den „Fluss des [Lichtes]" gezogen, aus dem sie vollkommen geläutert hervorgeht und daher in jeder Hinsicht gereinigt vor die Gegenwart des Herrn der Welt tritt. Auch die Strahlen des himmlischen Lichtes gereichen ihr zur Heilung. Dies ist ihre letzte Stufe. Auf dieser Stufe stehen die Seelen mit ihren Gewändern angetan und mit ihrer Krone geschmückt vor dem Schöpfer. (Sohar IV, 211b)

Zusätzlich zum erneuten Eintauchen in den Fluss des Lichtes ist der zweite Lebensrückblick ebenso bedeutend. Dabei werden die Ereignisse des eben beendeten Lebens des Verstorbenen noch einmal aus der Perspektive der zahlreichen Leben der unsterblichen Seele betrachtet. Aus der Sicht des ewigen Selbst der Seele wird nun der Sinn dessen erkennbar, was der Verstorbene in seinem letzten Leben erfahren hat.

Die jüdischen Mystiker betrachten das Obere Paradies als eine Welt transzendenter Glückseligkeit, in der die Seele den emotionalen, intellektuellen und spirituellen Lohn erhält, den sie verdient. Jede gerechte Seele wohnt auf derjenigen Ebene des Oberen Paradieses, die ihren Verdiensten entspricht. Dies ist der Lohn, den sie für die Werke, Worte und Gedanken während ihres letzten physischen Daseins auf der Erde angesammelt hat. Jede Seele findet hier weitere verwandte Geister: Sie sind liebevoll, mitfühlend, vergebungswillig, edel, mutig und demütig.

Im Oberen Paradies lässt jede Seele die Wünsche, Bindungen und Gefühle aus ihrem letzten Leben hinter sich und erfährt ganz ohne Streit, Schuldgefühle, Bitterkeit oder Konkurrenzdenken die Freuden des Lernens und Meditierens über die Göttliche Harmonie und die Geheimnisse des Kosmos. Gleichgesinnte Seelen kommen in der *Himmlischen Akademie* zusammen, wie die Mystiker sie bildhaft nennen. Dort erlangt jede Seele eine erhabene, beglückende Erkenntnis Gottes. Der Ewige kommt täglich in die Himmlische Akademie und lässt die Seelen, die sich dort aufhalten, an der Göttlichen Weisheit teilhaben. Diese Seelen, so sagen die jüdischen Weisen, schöpfen große, fast unvorstellbare Freude daraus, dass sie Gott nahe sind.

Die Nahtod-Erfahrenen aus Raymond Moodys Studien sprechen von einer neu entdeckten Achtung vor Wissen und Lernen, vor den intellektuellen Aspekten des Lebens. Manche erkennen, dass das Lernen nicht aufhört, wenn man stirbt. Wir lernen und wachsen immer weiter. Andere beschreiben einen ganzen Bereich im Jenseits, der ausschließlich dazu dient, mit leidenschaftlicher Begeisterung neues Wissen zu erwerben. Eine Frau bezeichnete ihn als „große Universität".[115]

Da intellektuelle Aspekte in den Vordergrund treten, befassen sich die Seelen nach mystischer Überlieferung im Oberen Paradies eifrig mit dem Wissenserwerb. Die jüdischen Mystiker sehen die Seelen ununterbrochen in tiefsinnige Gespräche über den Kosmos, das menschliche Leben und all das vertieft, was die Welt im Innersten zusammenhält. Die Seelen erörtern zeitlose Fragen, darunter auch Sinn und Zweck unseres Erdenlebens und warum manche Menschen zu Lebzeiten so viel Schmerz und Leid ertragen müssen. Das Obere Paradies ist also zutiefst befriedigend für den Geist.

Den Mystikern zufolge nutzt die Seele im Oberen Paradies ihr neu erworbenes Wissen, um ihre persönliche Vollkommenheit und ihre Verbundenheit mit den Menschen zu mehren.[116] Durch dieses Wissen fühlt die Seele sich in allen ihren Aspekten wieder heil und ganz. Die Seele spiegelt in sich die Ganzheit, die Gott ist.

Jede Seele erfasst allmählich die Existenz eines transzendenten, trans-

---

115 Raymond Moody mit Paul Perry, *Das Licht von drüben. Neue Fragen und Antworten.* Rowohlt, Reinbek 1989. rororo 5. Auflage 2010, S. 49.
116 Raphael, *Afterlife*, S. 390f.

personalen Bewusstseins. Jede Seele gewinnt ein umfassenderes, tieferes Verständnis des Erdenlebens. Die intellektuelle und spirituelle Reife, die sie im Oberen Paradies erlangt, insbesondere die erweiterte Sicht der Welt und des Kosmos, ermöglicht es ihr, ein noch umfassenderes Weltbild zu entwickeln und anzuerkennen, dass alle Menschen eins sind.

Während ihrer Zeit im Oberen Paradies nimmt jede Seele das gesamte Universum als ein vereinigtes Ganzes wahr. Alles im Kosmos – jedes Blatt, jede Wolke und jedes Lebewesen – wird als miteinander verbunden begriffen.

Angesichts einer großartigen, majestätischen Ordnung ist sie ergriffen von ehrfürchtigem Staunen. Nach und nach verschwimmen die Unterschiede zwischen den einzelnen Seelen und dem unendlichen Gott. Jede Seele lebt vor dem Ewigen. Eingehüllt in bedingungslose Liebe und Mitgefühl erfährt sie die Herrlichkeit inneren Friedens und spiritueller Erfüllung.

Die Geographie des Paradieses

Wie bereits beim Fegefeuer in Kapitel Sieben, ist es auch beim Paradies hilfreich, es zu visualisieren, und sei es noch so sinnbildlich. Erste Beschreibungen der Geographie des Paradieses finden sich bereits in der rabbinischen Literatur, ihre anschaulichste Form erlangten sie jedoch in den mittelalterlichen Deutungsschriften.

Die Rabbinen stellten sich im Paradies sieben Gruppierungen von Gerechten vor. Ihrer Ansicht nach bewohnten sie dort sieben verschiedene Stockwerke, wobei jeweils eines höher war als das andere. Diese Stockwerke waren: Die Gegenwart (hier sitzen die Seelen in der Gemeinschaft Gottes und schauen die Göttliche Gegenwart), das Haus Gottes, der Berg Gottes, der Vorhof Gottes, das Zelt Gottes, der Heilige Hügel Gottes und schließlich der Heilige Ort Gottes.[117]

---

117 *Midrasch Tehillim oder Haggadische Erklärung der Psalmen / Nach der Textausgabe von Salomon Buber zum ersten Male ins Deutsche übersetzt und mit Noten und Quellenangaben*

Die mittelalterlichen Deutungsschriften (Midraschim) enthalten die anschaulichste von allen jüdischen Beschreibungen des Paradieses Ihnen zufolge gibt es dort Gewürze, Bäume, Engel, Düfte und Edelsteine in reicher Fülle. Ein Schriftsteller aus dem 14. Jahrhundert schenkt uns folgenden recht erstaunlichen und sehr bildhaften Einblick ins Paradies:

1. Wenn der Gerechte sich den [sechzig Myriaden dienender Engel, die vor den beiden Zugangstoren wachen] nähert, entkleiden sie ihn der Gewänder, mit denen er beerdigt worden ist, und legen ihm acht Kleider an, gewebt aus den Wolken der Herrlichkeit. Und auf seinen Kopf setzen sie zwei Kronen, die eine aus edlen Steinen und Perlen, die andere aus Gold, und sie geben ihm acht Myrtenzweige in die Hand und loben ihn und sagen zu ihm: „Geh und iss [dein] Brot mit Freude." Und sie führen ihn an einen Ort voller Wasserläufe … umgeben von achthundert Rosen- und Myrtenarten. Jeder hat einen Baldachin gemäß seiner Verdienste.

2. Und durch [das Paradies] fließen vier Flüsse, einer aus Öl, der andere aus Balsam, der dritte aus Wein und der vierte aus Honig. Jeder Baldachin ist von einer Ranke aus Gold umwachsen, und dreißig Perlen hängen von ihr herab, und eine jede strahlt wie der Morgenstern.

3. Unter jedem Baldachin steht ein Tisch aus edlen Steinen und Perlen. … Der geringste unter den holden [Engeln der Gerechten] ist so schön wie Joseph [der älteste Sohn von Jakob und Rachel] … und wie die Kerne des Granatapfels, die in den Sonnenstrahlen leuchten. Und es gibt keine Nacht, genau wie gesagt ist: „Und das Licht der Gerechten ist wie das strahlende Licht."

…

versehen von Aug. Wünsche, Verlag Siegmund Mayer 1892-93, als Reproduktion erschienen bei Lightning Source UK, 2012, Midrasch zu Psalm XI, 6.

5. An allen Enden des Paradieses stehen achtzig Myriaden Bäume; der
    schwächste [ist] erlesener als ein Gewürzgarten. An allen Enden sind
    sechzig Myriaden Engel, die mit lieblichen Stimmen singen, und der
    Lebensbaum steht in der Mitte und spendet dem ganzen Paradies
    seinen Schatten; und er hat fünfhundert Geschmäcker, von denen
    jeder anders ist als der andere, und auch deren Düfte sind ebenso
    verschieden.

6. Über dem [Paradies] hängen sieben Wolken der Herrlichkeit, und
    die Winde wehen aus allen vier Richtungen und senden ihren [Duft]
    vom einen Ende der Welt zum anderen. … Diese haben zwei Ge-
    wölbe, eines aus Sternen und das andere aus Sonne und Mond, und
    Wolken der Herrlichkeit trennen das eine vom anderen.[118]

Im Paradies, so lehrt die jüdische Mystik, gibt es sieben Bereiche für
die geläuterten, gerechten Seelen (sicher kennen Sie den Begriff „Siebter
Himmel"). Je höher eine Seele spirituell entwickelt ist, desto höher der
Bereich, in dem sie lebt. Jede Ebene hat ihre Engel und biblischen Gestalten, die der jeweiligen Region vorstehen. Diese sind:

Paradies-Ebenen[119]

Siebte:	Für:	Die Vollkommenen
	Engel:	Heilige Engel
	Leiter:	Abraham, Stammvater des jüdischen Volkes
		Und erster Patriarch.
		Isaak, zweiter Patriarch, Sohn von Abraham und Sarah.
		Jakob, dritter Patriarch, Sohn von Isaak und Rebekka.

118 Nach „Paradise" in *The Chronicles of Jerahmeel*, XVII, übers. von M. Gaster, Ktav 1971, S.
40f.

119 Nach „The Garden of Eden and the World to Come" in *Revelation and Redemption: Jewish
Documents of Deliverance from the Fall of Jerusalem to the Death of Nahmanides*, hrsg.
und übersetzt von George Wesley Buchanan, Western North Carolina, 1978, S. 539-563 und
Louis Ginzberg, *The Legends of the Jews*, übers. von Henrietta Szold, Jewish Publication
Society, Band 5, S. 32f., Anm. 97.

Sarah, Abrahams Frau und Mutter von Isaak.

Rebekka, Isaaks Frau und Mutter von Jakob.

Leah, Jakobs erste Frau.

Rachel, Mit-Frau (neben Leah) von Jakob.

Sechste:	Für:	Schulkinder, die nicht gesündigt haben.
	Engel:	Cherubim und Metatron, der Engel des Angesichts, der nach der Überlieferung Gott von Angesicht zu Angesicht gegenübersteht und im Göttlichen Reich eine der höchsten Mächte darstellt.
	Leiter:	Josua, Moses Helfer und Nachfolger.
Fünfte:	Für:	Die Reuigen, die in angemessener Weise zu Gott zurückgefunden haben.
	Engel:	Ophanim und Barkiel.
	Leiter:	Manasse, König von Juda während der Babylonischen Gefangenschaft.
		Abigail, König Davids Frau.
Vierte:	Für:	Die Heiligen, verhüllt von der Wolke der Herrlichkeit.
	Engel:	Himmlische Engel
	Leiter:	Aaron, der erste Hohepriester und Moses älterer Bruder.
		Hulda, die Prophetin.
Dritte:	Für:	Die Vollkommenen, die keine unreinen Gedanken gegen Gottes Wege hegen.
	Engel:	Tarschischim
	Leiter:	Eleasar, Aarons Sohn.
		Miriam, die Schwester von Moses und Aaron, die als Prophetin bezeichnet wird.
Zweite:	Für:	Die Aufrechten, die gerecht sind in ihrem Wandel und aufrechten Herzens und ohne böse Gedanken handeln.

Engel: Haschmalim

Leiter: Phineas, Sohn von Eleasar und Enkel von Aaron.

Jochebed, die Frau von Amram.

Erste: Für: Die Gerechten, die verdienstvolle Werke vollbracht haben, einschließlich der Märtyrer, wie zum Beispiel Rabbi Akiba.

       Engel: Aralim

       Leiter: Joseph, der älteste Sohn von Jakob und Rachel.

Batia, die Tochter des Pharao, die Moses rettete und seine Pflegemutter wurde.

Das Paradies als Spiegel unseres Bewusstseins

Für die jüdischen Mystiker ist das, was eine Seele im Paradies erlebt (wobei immer wieder darauf hingewiesen werden muss, dass sie das Paradies als Bewusstseinszustand betrachten), eine direkte Spiegelung ihrer Erlebnisse während ihres letzten physischen Daseins sowie ihres allgemeinen spirituellen Gewahrseins. Jede Seele erschafft mithin ihr eigenes Paradies. Mit anderen Worten, es gibt eine nahezu unendliche Anzahl nachtodlicher Bewusstseinswelten.

Jede Seele erfährt die emotionale, spirituelle und intellektuelle Glückseligkeit, die den Errungenschaften ihres Lebens entspricht. Daher wird also gemäß den jüdischen Weisen zum Beispiel eine Seele, die auf der irdischen Welt spirituell entwickelt war, in der nachtodlichen Welt eine noch höhere Bewusstseinsstufe erreichen.

Weil sie die Verbundenheit zwischen der Welt der Lebenden und dem, was eine Seele im Paradies erlebt, widerspiegeln – so betonen die Mystiker – haben die Werke, Worte und Gedanken in unserem Leben größere und kleinere Folgen für sowie stärkeren oder schwächeren Einfluss auf unser Schicksal in den nachtodlichen Welten. In den mystischen Schriften heißt es:

Denn es ist der Weg, den ein Mensch auf dieser Welt einschlägt, was den Weg der Seele nach ihrem Hinscheiden bestimmt. Wenn ein Mensch sich zum Heiligen hingezogen fühlt und auf dieser Welt voller Sehnsucht nach dem Ewigen ist, dann wird die Seele, wenn sie von ihm scheidet, durch den Anstoß, der ihr tagtäglich auf dieser Welt gegeben wurde, nach oben in die höheren Welten getragen. … Rabbi Abba fuhr fort: … [E]entsprechend dem Ziel, das ein Mensch sich auf dieser Welt setzt, zieht er einen Geist von oben zu sich. Strebt er danach, ein heiliges und erhabenes Ziel zu erlangen, so zieht er dieses Ziel aus der Höhe zu sich herab. Richtet sich sein Verlangen jedoch darauf, an der anderen Seite festzuhalten, und macht er dies zu seinem ganzen Sinnen, dann zieht er den anderen Einfluss zu sich herab … [D]ies alles hängt ab von der Art der Rede, der Werke und der Absicht, die ein Mensch sich zur Gewohnheit macht, denn er zieht zu sich hier unten aus der Höhe eben jene Seite herab, an der er gewohnheitsmäßig festhält … [W]enn ein Mensch auf dieser Welt einer bestimmten Richtung folgt, wird er in derselben Richtung weitergeführt, sobald er diese Welt verlässt … wenn heilig, dann zum Heiligen, wenn schändlich, dann zum Schändlichen. (Sohar I, 99b-100a)

Rabbi Dow Bär – der Maggid von Mesritsch, der von 1704 bis 1772 lebte und nach dem Tod des Baalschemtow die Führung der chassidischen Bewegung übernahm – formulierte dies folgendermaßen:

„Die guten Taten eines Menschen werden von [Gott] als Samen genutzt, mit denen er im [Paradies] Bäume pflanzt; so erschafft jeder sein eigenes Paradies. Das Umgekehrte gilt, wenn der Mensch Verfehlungen begeht."[120]

Wenn wir in den Begriffen dieser beiden Aspekte, nämlich des Unteren und des Oberen Paradieses, denken, dann sehen wir, dass es verschiedene Ebenen gibt. Jede Seele hält sich in einem Bereich auf, der den in ihrem

---

120 *The Hasidic Anthology: Tales and Teachings of the Hasidim*, hrsg. und übers. von Louis I. Newman, Jason Aronson 1987, S. 1.

Leben angesammelten Verdiensten entspricht, und erhält den ihr zustehenden spirituellen Lohn. Wie bereits erwähnt, betonen die Mystiker, dass Qualität und Quantität unserer täglichen Werke, Worte und Gedanken während unserer irdischen Tage dauerhafte Folgen haben.

Auch wenn ein Mensch vom Unteren ins Obere Paradies gelangt, spiegelt die Art der Erfahrungen, die er in dieser nachtodlichen Welt macht, gemäß jüdischen Quellen weiterhin sein Bewusstsein zu Lebzeiten wider. Mit einem ausgewogeneren, spiritueller ausgerichteten Leben im Hier und Jetzt erschaffen wir daher zugleich gute Erfahrungen für unsere Seele im Jenseits. Die mystische Überlieferung legt nahe, dass diese spirituell gesinnten und suchenden Seelen den Lohn ihres spirituellen Bemühens auf Erden leichter ernten und für die transzendente Glückseligkeit des Oberen Paradieses eher empfänglich sind.

Nach den chassidischen Legenden hat ein böser Mensch, der das Paradies betritt, gar keinen Sinn für dessen intellektuelle und spirituelle Freuden. Ganz in diesem Sinne sagte Rabbi Jakob Josef von Polonoje – der von 1710 bis 1784 lebte und vielleicht der engste Anhänger des Baalschemtow war:

Kein Fegefeuer kann für die Frevler schlimmer sein als die Erlaubnis zum Eintritt ins [Paradies]. Dort finden sie keinerlei Vergnügungen von der Art, nach denen sie im Leben süchtig waren: Kein Essen, Trinken oder andere körperliche Freuden. Sie sehen nichts als Zaddikim, die große Freude daran finden, in [Gottes] Nähe zu sein. Und wer sind diese Zaddikim, die im Paradies einen solch herausgehobenen Platz einnehmen? Es sind eben jene, über die die Frevler im Leben Hohn und Spott ausgegossen und deren Lernen sie von Grund auf verachtet haben. Was also können solche Menschen im Paradies anderes finden als Verbitterung? Woher sollen Sie die Freude an der Nähe der Schechina kennen, wenn sie sich zu ihren Lebzeiten nie in den Vergnügungen des Geistes geübt haben?[121]

---

121 Ebd., S. 3.

Wie erlebt nun also der eher materialistisch orientierte Durchschnitts-
mensch seinen nachtodlichen Weg im Paradies? Die folgende Erzählung
des Gerer Rebbe (Jizchak Meir Alter, der von 1799 bis 1866 lebte) schildert, wie ein „einfältiger" Mensch das „Paradies" so erleben kann, dass er
es begreifen und sich daran zu erfreuen vermag:

Ein Zaddik (ein Rabbi von außergewöhnlichen Gaben, dessen Bindung
an Gott von der Gemeinde abhängt, die sich um ihn schart) war im zei-
tigen Frühjahr in einer Kutsche unterwegs. Die Straßen waren in einem
schrecklichen Zustand, mehrmals brachen die Achsen, und die Pferde
pflügten unter großen Mühen durch Schneematsch und Morast. Es wurde
Freitagmorgen, und noch immer war eine weite Strecke zurückzulegen,
bis der Zaddik sein Ziel erreicht hätte. Er wandte sich an den Kutscher
und sprach: „Es ist wichtig, dass ich mein Ziel erreiche, bevor der Sab-
bat beginnt." Der Kutscher versprach, sein Möglichstes zu tun. Das erste
Pferd fiel vor Erschöpfung tot um, doch der Kutscher fuhr mit dem zwei-
ten weiter und kam tatsächlich noch vor dem Sabbat am Ziel des Zaddiks
an.

Am Sonntag erfuhr der Zaddik, dass auch das zweite Pferd an Erschöp-
fung gestorben war und der Kutscher darüber so sehr trauerte, dass eine
Krankheit ihn niederstreckte. Der Zaddik ließ ihm die beste medizinische
Betreuung zuteil werden – doch vergebens, der Mann verstarb. Als seine
Seele vor das Himmlische Gericht kam, gewann der Anwalt der Vertei-
digung den Fall, und der arme Kutscher wurde ins Paradies befohlen.
Seine Seele gelangte dorthin, fand aber nicht die geringste Freude an
der spirituellen und kulturellen Atmosphäre selbst der untersten Regi-
on. Daraufhin wurde der Kutscher in eine Fantasiewelt geschickt, wo
man ihm eine wunderschöne Kutsche gab, vor die vier prächtige Pferde
gespannt waren und wo die Straßen sich stets trocken und eben vor ihm
erstreckten. Der Kutscher konnte sich nur an einem eingebildeten Para-
dies erfreuen, nicht am wirklichen.[122]

---

122 Ebd., S. 5.

Klassische jüdische Rituale

Für die Hinterbliebenen gibt es nach einem Todesfall zwei jüdische Rituale, die sie ihr ganzes weiteres Leben lang vollziehen können: Erstens das Gebet der Trauernden (Kaddisch), das jährlich am Todestag eines Elternteils oder anderer naher Verwandter gesprochen werden kann (diese *Jahrzeit* wird nach dem hebräischen Kalender berechnet), und zweitens das Gebet zum Totengedenken (*Jiskor*), das an vier jüdischen Feiertagen gesprochen wird.[123] Diese Rituale sind so gestaltet, dass die Lebenden die Toten niemals vergessen.

Zwar halten die Juden den Jahrestag des Todes eines Verstorbenen seit jeher ein – insbesondere indem sie am Todestag der Eltern fasten – der Begriff *Jahrzeit* jedoch entstand erst im Mittelalter. Er bezeichnet eine Zeit, in der man des Todes eines Familienangehörigen oder Freundes sowie seines Lebens und seines Erbes gedenkt.

Am Jahrestag des Todes eines Elternteils oder nahen Verwandten, dem Tag der *Jahrzeit*, vollziehen die Hinterbliebenen verschiedene Rituale. Unter anderem sprechen sie bei den täglichen Gottesdiensten in der Synagoge das Kaddisch, das Gebet der Trauernden (das in Kapitel Sieben ausführlich erläutert wird), zum Gedenken an den Verstorbenen. Wenn die Synagoge eine Gedenktafel hat, dann wird der Name des Toten am Tag seiner *Jahrzeit* angestrahlt.

Am Abend vor dem Jahrestag des Todes entzündet außerdem zu Hause ein Angehöriger das *Jahrzeit*-Licht. Es brennt vierundzwanzig Stunden lang, von Sonnenuntergang zu Sonnenuntergang. Diese Gedenkkerze symbolisiert die unsterbliche Seele des Verstorbenen. Durch das Entzün-

---

123 Zum Hintergrund der Vorschriften und Bräuche zu *Jahrzeit* und *Jiskor* beziehe ich mich auf: Tzvi Rabinowicz, *A Guide to Life: Jewish Laws and Customs of Mourning*, Jason Aronson 1989, S. 90-100; Maurice Lamm, *The Jewish Way in Death and Mourning*, Jonathan David 1969, S. 196-207; Central Conference of American Rabbis, *Rabbi's Manual*, Central Conference of American Rabbis 1988, S. 256f.; Jack Riemer (Hrsg.), *Jewish Insights on Death and Mourning*, Schocken 1995, S. 194-220; Gershom, *Kehren die Opfer des Holocaust wieder?* Verlag am Goetheanum, Dornach 1997, S. 79f. und Brener, *Mourning & Mitzvah: A Guided Journal für Walking the Mourner's Path Through Grief to Healing*, Jewish Lights Publishing 1993, S. 215-238.

den des *Jahrzeit*-Lichtes stimmt der Hinterbliebene sich symbolisch auf den ewigen Geist des Verstorbenen ein.

An *Jahrzeit* wird außerdem das Grab des Verstorbenen besucht. Darüber hinaus vollbringen Menschen, die dem Verstorbenen nahestanden, gute Werke oder freundliche Gesten, geben zum Beispiel Spenden zu seinem Gedenken, um seine Hoffnungen zu erfüllen oder weiterzutragen.

Die *Jahrzeit* dient einem schlichten, aber wichtigen Zweck. Sie gibt den Lebenden Zeit, der Toten zu gedenken. Das ist besonders deshalb wichtig, weil die Zeit vergeht und die Erinnerung an die Verschiedenen verblasst. Durch das Einhalten der *Jahrzeit* bleiben wir in Kontakt mit unseren Erinnerungen an die Verstorbenen.

Die erste *Jahrzeit* kann für die Trauernden besonders bewegend sein. Da sie am Ende des Trauerjahres steht, dient sie als ein Ritual zum Abschluss des Trauerprozesses.

Ein besonderer Gedenk- oder Erinnerungs-Gottesdienst (*Jiskor*) am Versöhnungstag (Jom Kippur) fand wahrscheinlich während der Massaker der Kreuzritter im 11. und 12. Jahrhundert u.Z. zum ersten Mal Eingang in die gemeindliche Gottesdienstpraxis – wenngleich das Totengedenken an Jom Kippur bis ins 5. Jahrhundert unserer Zeitrechnung zurückreicht. Die Juden suchten Vergebung nicht nur für ihre eigenen Sünden, sondern auch für die ihrer verstorbenen Angehörigen.

Zumindest seit etlichen Jahrhunderten sprechen die Hinterbliebenen vier Mal im Jahr entweder zu Hause das *Jiskor*-Gebet oder sie nehmen an besonderen *Jiskor*-Gedenkgottesdiensten in der Synagoge teil, wo ein Minjan anwesend ist. Klassischerweise werden *Jiskor*-Gottesdienste zu folgenden Feiertagen gehalten: Am Versöhnungstag (Jom Kippur), an *Schemini Azeret*, dem Tag zwischen dem letzten Tag von *Sukkot* (Laubhüttenfest, ein Erntedankfest im Herbst) und *Simchat Tora* (an dem der jährliche Thora-Lesezyklus endet und wieder von vorne beginnt); am letzten Tag des Pessach-Festes (ein Fest, das traditionell des biblischen Auszugs der Juden aus Ägypten gedenkt) sowie am zweiten Tag von *Schawuot* (einem Frühjahrsfest, an dem traditionell des Empfangs der Thora durch Moses gedacht wird).

Der Jahreszyklus der vier *Jiskor*-Gottesdienste gibt der Erinnerung an liebe Verstorbene einen Rahmen. Die jüdischen Rituale begrenzen die Zeit anhaltender Trauer und verleihen so dem Gedenken und unseren damit einhergehenden Gefühlen eine fest umrissene Form.

Bei diesen Gottesdiensten in der Gemeinde sprechen Angehörige und Freunde verschiedene Gebete, einschließlich des *Jiskor*-Gebetes (Möge Gott gedenken), wobei jeder die Namen seiner verstorbenen Angehörigen einsetzt, also der Eltern, Großeltern, Ehepartner, Kinder und anderer Verwandter. Außerdem wurde es üblich, das Gebet zum Totengedenken auch für die sechs Millionen Juden zu sprechen, die im Holocaust ermordet wurden.

Das eigentliche *Jiskor*-Gebet, wie es als Teil des Gedenk-Gottesdienstes oder von Angehörigen oder Freunden zu Hause gesprochen wird, lautet:

Möge Gott der Seele meines/meiner lieben [Name] gedenken, der/die in seine/ihre ewige Ruhe eingekehrt ist. Möge seine/ihre Seele in den Bund des Lebens eingebunden werden. Möge seine/ihre Ruhe herrlich sein, erfüllt von der Freude in Deiner Gegenwart und der ewigen Glückseligkeit zu Deiner Rechten.[124]

Durch die ausdrückliche Ehrung der Verstorbenen hält der Gedenk-Gottesdienst, der sich durch das besondere Gebet „Möge Gott gedenken" auszeichnet, eine heilige Zeit bereit, in der die Toten geehrt werden können und der Seelen lieber Angehöriger und Freunde gedacht werden kann. Er ermöglicht es den Lebenden, sich regelmäßig (wieder) mit ihren Erinnerungen an die Verstorbenen zu verbinden, über deren Leben und Erbe nachzudenken und Möglichkeiten zum Umgang mit anhaltendem Leid und fortwährender Trauer zu finden. Der Gedenk-Gottesdienst hilft

---

124 Nach Dr. Joseph H. Hertz, *The Authorised Daily Prayer Book*, revidierte Ausgabe, Bloch 1985, S. 1107.
(In jeweils etwas anderer Form findet sich das *Jiskor*-Gebet auch in *Sefer ha-Tefillot, Das Jüdische Gebetbuch, Band II Gebete für die Hohen Feiertage*, herausgegeben von Jonathan Magonet in Zusammenarbeit mit Walter Homolka. Jüdische Verlagsanstalt, Berlin 2012 sowie in Andreas Nachama, Jonah Sievers (Hrsg.), *Jüdisches Gebetbuch: Pessach, Schawuot, Sukkot*, Gütersloher Verlagshaus, Gütersloh 2011. Anm. d. Ü.)

den Hinterbliebenen außerdem, ihr Leben wieder dem Andenken jener zu widmen, die ihnen in die Seelenwelt vorausgegangen sind.

Nach uraltem Brauch entzünden die Lebenden an den vier jüdischen Feiertagen, an denen das *Jiskor*-Gebet gesprochen wird, außerdem eine Gedenkkerze, das *Jahrzeit*-Licht, für die Verstorbenen und spenden in ihrem Namen Geld. Die Gedenkkerze wird bei Sonnenuntergang angezündet, denn dieser markiert den Beginn des Feiertages, an dem das *Jiskor*-Gebet gesprochen wird.

Die *Jahrzeit*- und *Jiskor*-Rituale lehren uns, der Toten zu gedenken. Nach jüdischem Glauben ist damit die Hoffnung verbunden, dass lange nach dem Tod eines lieben Menschen sein Erbe in uns weiterlebt.

Mit regelmäßigen Ritualen nach dem Tod der Seele ihren Weg im Jenseits leichter machen

In den vorangegangenen Kapiteln habe ich besprochen, inwiefern jüdische Rituale eine Funktion als Seelenführer haben. Ich habe gezeigt, dass zwischen der Welt der Lebenden und der Seele des Verstorbenen eine interaktive Beziehung, ein *Kommunikationsfenster*, besteht. Betrachten wir jetzt die seelenführende Funktion der beiden nachtodlichen Rituale *Jahrzeit* und *Jiskor*.[125]

Durch das alljährliche Sprechen des Gebetes der Trauernden, des Kaddisch, am Todestag – der *Jahrzeit* – eines Elternteils (oder anderen nahen Verwandten), können die Lebenden gemäß mystischer Überlieferung der Seele des Verstorbenen spirituell etwas Gutes tun. Das Verdienst, der Toten zu gedenken, hilft der Seele, auf ihrem weiteren Weg in der nachtodlichen Welt in immer höhere Bereiche des Paradieses aufzusteigen. Der Baalschemtow sagt:

---

125 Simcha Steven Paull, *Judaism's Contribution to the Psychology of Death and Dying*, Ph.D. diss., California Institute of Integral Studies 1986, S. 371.

Die Seele eines Zaddik steigt nicht gleich in die oberen Regionen des Paradieses auf. Zunächst verweilt er im [Unteren Paradies], wo er noch nicht die volle Glückseligkeit erlangt; nur stufenweise wird er in immer höhere Bereiche geführt. Hat er einen Sohn oder eine Tochter oder eine Geldsumme für wohltätige Zwecke hinterlassen und wird seiner am Jahrestag seines Todes durch Gebet und Wohltätigkeit gedacht, so dient dieses Gedenken als Hilfe zum weiteren Aufstieg des Zaddik im Paradies.[126]

Die besonderen Gebete, die vier Mal jährlich bei den Gedenk-Gottesdiensten gesprochen werden, rufen Gott an, der Seele des Verstorbenen zu gedenken und ihr gnädig zu sein. Deshalb hilft, gemäß den jüdischen Mystikern, das Sprechen des *Jiskor*-Gebetes (Möge Gott gedenken) bei einem Gedenk-Gottesdienst und auch das Einhalten der *Jahrzeit* der Seele eines verstorbenen geliebten Menschen, zu einer noch höheren Paradies-Ebene aufzusteigen. Das *Jiskor*-Gebet stärkt außerdem die spirituelle Verbindung zwischen den Lebenden und der Seele der Verstorbenen. Dieses spirituelle Band verknüpft die Vergangenheit mit der Gegenwart und ermöglicht uns, voller Hoffnung und mit dem Gefühl, dass wir mit denen, die wir gekannt und geliebt haben, verbunden sind, in die Zukunft zu blicken.

Der orthodoxe Rabbi Barry Freundel drückt dies folgendermaßen aus:

… Ich würde die Jiskor-Erfahrung als Gespräch mit den Toten bezeichnen. Nun klingt die Formulierung „Gespräch mit den Toten" nach abgedunkelten Räumen und Medien in mystischen Gewändern. Doch Aberglaube und Fernseh-Klischees beiseite, wir sollten uns alle darüber im Klaren sein, dass wir in einem ständigen Dialog mit den Toten stehen.

Wenn wir liebe Angehörige und Freunde verloren haben, dann sprechen wir doch oft noch mit ihnen, auch wenn sie bereits tot sind. Häufig, insbesondere dann, wenn der Trennungsschmerz bereits ein wenig nachgelassen hat, suchen die Hinterbliebenen Trost und Rat in Gesprächen

---

126 *The Hasidic Anthology*, S. 4.

mit denen, die sie verloren haben. Auch wenn wir es selber nicht tun, kennen wir doch meist Menschen, die jeden Abend vor dem Einschlafen oder jeden Morgen nach dem Aufwachen einen kurzen Moment innehalten, um mit einem verstorbenen Elternteil oder Ehepartner zu sprechen. In solchen Gesprächen kann es um einen kurzen Bericht aus ihrem Leben, um Fragen oder die Bitte um Rat gehen. Diese Gewohnheit, sich zu „melden", ist keineswegs Anzeichen einer psychischen Störung, sondern, wenn sie in einem vernünftigen Rahmen bleibt, sehr tröstlich und heilsam.

Manche empfinden den Gedanken an derlei tägliche Gespräche vielleicht als lächerlich. So etwas ist überhaupt nicht ihr Stil. Doch irgendwann im Leben tut es fast jeder. Ich kenne keinen, der sich bei den Vorbereitungen auf ein wichtiges Ereignis, wie etwa die Bar Mitzwa oder eine Hochzeit, nicht vorstellt, dass ein verstorbener Angehöriger oder Freund dabei sei und sich dann ausmalt, wie er oder sie wohl reagieren würde. Auch dies ist eine Form des Gesprächs mit den Toten. …

[D]ie Toten antworten auf unser Rufen – nicht mit Worten, aber auf eine Art und Weise, die dennoch Einfluss auf uns hat. Im Hinblick auf unsere Ethik und unser Verhalten haben wir alle von Menschen, denen wir nahe waren und die wir verloren haben, Wertvolles gelernt. Im besten Falle waren die Lektionen positiv. Doch selbst wenn sie negativ waren, dienen uns diese Lektionen als Wegweiser für unsere Lebensführung und sind daher ebenfalls Bestandteil unseres ständigen Gesprächs mit den Toten. …

…

Jiskor ist die Verkörperung unseres Gesprächs mit den Toten. Unsere Gespräche mit den Toten schenken uns Anleitung, helfen uns festzustellen, wo wir recht und wo wir unrecht hatten, und versöhnen uns mit unserer Vergangenheit. …

Manchmal sind unsere Gespräche mit den Toten schmerzhaft, traurig und tragisch. Ein anderes Mal wieder sind sie wehmütig und sogar tröstlich. Letzten Endes und vielleicht überraschenderweise sind sie eine Feier der Fähigkeit des Menschen, die Grenzen dieses Lebens zu überschreiten.

Der Talmud sagt uns, dass kein Auge je die jenseitige Welt gesehen hat und dann zurückkehren und uns berichten durfte, was in ihr ist. Doch es ist ebenso wahr, dass manche Stimmen von jenseits der großen Kluft herüberklingen. Wenn wir nur lauschen, dann können durch Jiskor und unsere Gespräche mit den Toten unsere Ohren hören, was unsere Augen nicht sehen dürfen.[127]

◆

Aber die Lebenden besuchen nicht nur einen Gedenk-Gottesdienst, beten mit der Gemeinde und sprechen das *Jiskor*-Gebet zum Wohl einer Seele auf ihrem nachtodlichen Weg, sondern das Gebet zum Totengedenken hat noch eine weitere Funktion. Die Hinterbliebenen hoffen, dass die Seele des Verstorbenen – genau wie die mystischen Lehren besagen – durch ihre Teilnahme am Gedenk-Gottesdienst und das Sprechen des *Jiskor*-Gebetes bei Gott besser für sie eintreten kann und dies wiederum den Lebenden in physischer, spiritueller, emotionaler oder materieller Hinsicht Nutzen bringt.

Erinnern Sie sich an Betsy, die frisch verheiratete junge Frau, die wir in Kapitel Sieben kennengelernt haben? Zwei Jahre nach dem Tod ihrer Mutter betete Betsy während des *Jiskor*-Gottesdienstes vor Jom Kippur, ihre Mutter möge für sie eintreten. Ihr Mann und sie wünschten sich verzweifelt ein Kind, doch sie konnte keines empfangen. Am darauffolgenden Jom Kippur besuchte sie den Gottesdienst mit ihrer neugeborenen Tochter, die genau so aussah wie ihre verstorbene Mutter.[128] Zufall – oder war da etwas Bedeutenderes am Werk gewesen?

Wird die Verbindung mit der Seele des Verstorbenen gestärkt, so kann dies auch den Lebenden helfen, ihrem Leben einen tieferen Sinn zu geben. Vielleicht, so lassen jüdische Quellen vermuten, können ja die Lektionen, die die Seele im Paradies lernt, in gewisser Weise auf die Erde rücküber-

---

127 Barry Freundel, „Yizkor: The Unending Conversation", in *Jewish Insights on Death and Mourning*, S. 194f., 198.
128 Nach einem Vortrag von Simcha Paull Raphael, „Jewish Views of the Afterlife", vom 21. Mai 1997.

mittelt werden, was wiederum den Lebenden hilft, ihr Leben zielstrebiger zu gestalten und – aus der Sicht des Spirituellen Judentums – anderen gegenüber mitfühlender, liebevoller und vergebungsbereiter zu sein.

Vorschläge für spirituell Suchende

Wenn Sie Gottesdienste in der Gemeinde eher langweilig finden, dann bemühen Sie sich, am Todestag (oder am Geburtstag) eines Elternteils (oder anderer naher Verwandter) sowie regelmäßig zu weiteren Zeitpunkten im Jahreslauf, zum Beispiel an gemeinsam begangenen Feiertagen, Zeit zum Nachdenken zu finden. Vertrauen Sie auf die Wechselbeziehung zwischen der irdischen Welt und dem Totenreich und versuchen Sie, die Verbindung zu stärken und in Ihrer Beziehung zur Seele des Verstorbenen ein dauerhaftes Gefühl der Partnerschaft aufzubauen. Es ist wichtig, dass die Hinterbliebenen sich nicht nur mit ihren Gefühlen für und Erinnerungen an den Verstorbenen verbinden, sondern auch mit seiner Seele.

Wenn mir ein persönliches Wort gestattet ist: Menschen, die für mich eine wichtige Rolle gespielt haben, sprechen von der Seelenwelt aus auch weiterhin mit mir. Wenn ich auf dieser Welt etwas erreicht habe, das mir wichtig ist, dann spüre ich die Gegenwart meiner Eltern und sehe ihre strahlenden Gesichter vor mir. Zum Beispiel erinnere ich mich daran, dass ich neulich bei einer Trauung, die ich vollzog, aufsah und die Stimme meiner Mutter vernahm: „Ich bin jetzt richtig stolz auf dich."

Der bekannte Nahtod-Forscher Raymond Moody berichtet von seiner eigenen, kaum zu beschreibenden Erfahrung, als er mit seiner Großmutter sprach. Sie lasse sich, so sagt er, nur schwer oder gar nicht in Worte fassen.

Moody wollte versuchen, seine geliebte Großmutter mütterlicherseits zu sehen, die er in all den Jahren seit ihrem Tod schmerzlich vermisst hatte. Obwohl er sein eigenes Verfahren für „herbeigeführte Erscheinungen" genau befolgte und deshalb unter anderem in einer Erscheinungs-Kabine saß, einem kleinen, nur schwach beleuchteten Raum mit schwarzen Wänden, und in einen großen Spiegel schaute, spürte Moody „nicht den leisesten Anflug ihrer Gegenwart". Schließlich gab er auf und saß alleine in einem Zimmer. Da kam seine Großmutter väterlicherseits „einfach so herein". Er erkannte sie „an ihrer unmissverständlichen Präsenz und an den vielen Erinnerungen, die [sie] zurückholten und besprachen". Moody erinnert sich: „Sobald ich erkannte, wer sie war, kehrte eine Flut von Erinnerungen in mein Gedächtnis zurück. Nicht alle waren angenehm. Manche waren sogar ausgesprochen unangenehm. Mochten meine Erinnerungen an meine Großmutter mütterlicherseits durchweg positiv sein – bei der Mutter meines Vaters sah die Sache ganz anders aus."

Moody bemerkte dann, als er der Erscheinung in die Augen sah: „Ich spürte sehr rasch, dass diese Frau, die da vor mir stand, auf äußerst positive Weise verwandelt war. Ich fühlte, dass sie Wärme und Liebe ausstrahlte und ein Mitgefühl, das mein Verständnisvermögen überstieg. Sie war zuversichtlich und humorvoll, und es umgab sie eine Atmosphäre von ruhiger Gelassenheit und Freude."

Für Moody war die Begegnung „etwas völlig Normales". Sie „hatte nichts Unheimliches oder Bizarres an sich". Es war „der normalste und befriedigendste Austausch", den er mit seiner Großmutter väterlicherseits je hatte. Sie stand vor ihm – und ebenso erstaunlich war, dass er dies einfach „akzeptierte und [fortfuhr, sich] mit ihr zu unterhalten". Sie hatte nichts „Gespenstisches oder Transparentes an sich, sondern schien vielmehr in jeder Hinsicht aus Fleisch und Blut zu sein". Sie sah aus wie jeder andere Mensch auch, „außer dass sie von so etwas wie Licht oder einer Vertiefung im Raum umgeben zu sein schien, so als sei sie etwas abgesondert oder abgehoben vom Rest ihrer physischen Umgebung".

Moody erinnert sich folgendermaßen an diese Begegnung:

Wir sprachen über alte Zeiten, spezielle Ereignisse aus meiner Kindheit. Und sie erinnerte mich immer wieder an verschiedene Begebenheiten, die ich bereits vergessen hatte. Sie enthüllte mir auch etwas sehr Persönliches über unsere Familiensituation, das mich sehr überraschte, aber im Rückblick doch außerordentlich plausibel klingt. ... [I]ch möch-

te sagen, dass ihre Enthüllung von entscheidender Bedeutung für mein Leben war und dass ich mich sehr viel besser fühle, seit ich dies von ihr gehört habe.

Ich meine „gehört" in fast buchstäblichem Sinne. Ich hörte sie klar und deutlich, nur dass da etwas Frisches, Elektrisierendes in ihrer Stimme war, das sie klarer und lauter erscheinen ließ als etwa damals vor ihrem Tod. Andere, die eine solche Erfahrung machten, sprachen von einer telepathischen Verständigung oder Kommunikation von „Geist zu Geist". Meine Erfahrung war ähnlich. Und obwohl der größte Teil der Unterhaltung über das gesprochene Wort geführt wurde, war ich mir doch ab und zu sofort ihrer Gedanken bewusst, und umgekehrt sie sich der meinen, wie ich spürte.

…

Und wie endete unsere Begegnung? Ich war so überwältigt, dass ich einfach „Lebewohl" sagte. Wir versicherten uns, dass wir uns wiedersehen würden, und dann ging ich einfach aus dem Zimmer. Als ich zurückkam, war sie nirgendwo mehr zu sehen. Die Erscheinung meiner Großmutter war verschwunden.

An diesem Tag fand eine Heilung unserer Beziehung statt. Zum ersten Mal in meinem Leben konnte ich ihren Humor wertschätzen und kann jetzt auch manche Kämpfe, die sie in ihrem Leben durchzustehen hatte, besser nachvollziehen. Nun liebe ich sie auf eine Weise, wie ich es vor dieser Erfahrung nicht getan hatte.

Diese Begebenheit hinterließ in mir die bleibende Gewissheit, dass das, was wir den Tod nennen, nicht das Ende des Lebens darstellt.[129]

---

129 Raymond Moody und Paul Perry, *Blick hinter den Spiegel. Botschaften aus einer anderen Welt*, Goldmann, München 1994, S. 41-44.(Moody entwickelte ein Verfahren für „herbeigeführte Erscheinungen", bei dem sich der Proband oder die Probandin mehrere Stunden lang entspannt, Moody von dem oder der Verstorbenen erzählt – gute und schlechte Erinnerungen – und dann mindestens eine Stunde lang alleine in einer kleinen, schwach erleuchteten Kammer mit schwarz gestrichenen Wänden bleibt, wo er oder sie auf einem bequemen Sessel sitzt und in einen Spiegel schaut, der so angebracht ist, dass er oder sie sein eigenes Spiegelbild nicht sehen kann.) Mehrere hundert Berichte von Menschen, die eine Begegnung mit Verstorbenen erlebt haben, finden sich in Bill und Judy Guggenheim, *Trost aus dem Jenseits. Unerwartete Begegnungen mit Verstorbenen*, Scherz, München 2010.

Schaffen Sie sich eine heilige Zeit und einen heiligen Raum, in dem Sie Ihr Herz und Ihren Verstand einer echten Verbindung zu geliebten Angehörigen und Freunden öffnen können, die die Welt der Lebenden verlassen haben. Finden Sie verschiedene Möglichkeiten, wie Sie die Verbindungswege zwischen den Lebenden und Toten herstellen und ausbauen können. Ein Erinnerungs-Symbol, ein Bild, ein Brief oder ein Lied, kann sich dabei als hilfreich erweisen.

Bemühen Sie sich, mit der Seele des Verstorbenen in Kontakt zu bleiben, und gönnen Sie sich dazu Zeit im formlosen persönlichen Gebet, in stiller Meditation oder Visualisierung oder setzen Sie andere Techniken ein, die Ihnen helfen, sich mit dem Verstorbenen zu verbinden. Nutzen Sie die *Meditation über Vergebung und Liebende Güte*, die in Kapitel Sieben ausführlich beschrieben wird, um der Seele auf ihrem Weg in den nachtodlichen Welten weiterhin Vergebung und liebevolle Gedanken zu senden.

Rufen Sie sich Ihre Dankbarkeit gegenüber dem Verstorbenen ins Gedächtnis, und denken Sie daran, was Sie von ihm oder ihr gelernt haben. Sagen Sie aus vollem Herzen Dank für alles, was Sie von ihm oder ihr bekommen haben und was Sie emotional, intellektuell und spirituell bereichert hat.

Wenn Sie so Ihr Herz im spontanen, persönlichen Gebet Gott öffnen, können Sie, so dürfen Sie hoffen, über sich hinauswachsen. Wenn Sie das Göttliche anrufen und ans Göttliche rühren, können Sie für die Seele auf ihrem nachtodlichen Weg dauerhaft um Mitgefühl und Gnade bitten.

Die folgende Visualisierung hat sich bereits für viele als hilfreich erwiesen und könnte auch Ihnen helfen, sich immer wieder an einen Verstorbenen zu erinnern und seine Seele auf ihrem nachtodlichen Weg zu unterstützen. Regelmäßig an einem oder mehreren besonderen Tagen im Jahreslauf ausgeführt, kann diese Visualisierung außerdem Ihre Verbundenheit mit der Seele des Verstorbenen stärken.

Visualisierung zum Totengedenken

Einleitende Hinweise: *Schaffen Sie eine warmherzige, offene Atmosphäre, eine Umgebung voll heiterer Gelassenheit, die Ihnen Raum bietet, über Ihr normales Realitätsverständnis hinauszugehen. Dämpfen Sie das Licht in Ihrem Zimmer.*

Schließen Sie die Augen, setzen Sie sich ruhig hin und bringen Sie Ihren Körper zur Ruhe. Atmen Sie ganz normal ein und aus und spüren Sie dem Atem nach, wie er in Ihren Körper hinein- und wieder herausströmt. Gleichen Sie Ihre Atemzüge einander an, so dass Ein- und Ausatmung gleich lang sind.

Fühlen Sie sich von Wärme und Liebe umgeben. Atmen Sie mit jedem Atemzug Wärme ein. Spüren Sie, wie diese Wärme Sie nährt.

Lassen Sie sich Zeit. Es gibt überhaupt keinen Grund zur Eile.

Visualisieren Sie Ihren verstorbenen Angehörigen oder Freund. Stellen Sie sich sein Gesicht vor Ihrem inneren Auge vor. Sehen Sie sein Lächeln. Hören Sie seine Worte. Spüren Sie seine Gegenwart. Öffnen Sie Ihr Herz und Ihren Verstand und lassen Sie zu, dass sich ein Gespräch entwickelt.

Fragen Sie ihn, wie es ist, an dem Ort, wo er sich jetzt befindet.

Bitten Sie den Verstorbenen, sich auf ein Gespräch mit Ihnen einzulassen und Ihnen zu erzählen, worauf er in seinem Leben besonders stolz ist. Fragen Sie dann, wessen er sich am meisten schämt. Was bereut er am meisten?

Fragen Sie den geliebten Menschen: Wenn er sein Leben noch einmal leben und eine einzige Sache anders machen könnte, was wäre ihm dann am wichtigsten?

Fragen Sie den Verstorbenen, wie man sich an ihn erinnern soll.

Konzentrieren Sie sich dann auf eine ganz bestimmte Situation zwischen Ihnen und dem Verstorbenen. Versuchen Sie sich vorzustellen, wie der Verstorbene sich den Ablauf des Ereignisses gewünscht hätte, damit er nun nichts bereuen muss.

Was bleibt noch unausgesprochen, ungelöst? Hören Sie zu. Lassen Sie das Strahlen seiner Liebe bei Ihnen sein.

Abschließende Hinweise: *Versprechen Sie, in Kontakt zu bleiben. Verabschieden Sie sich und nehmen Sie den Verstorbenen herzlich in den Arm. Kehren Sie dann ins Hier und Jetzt zurück. Lassen Sie sich Zeit und kommen Sie ganz langsam wieder. Kehren Sie mit Ihrer Aufmerksamkeit allmählich in Ihren Körper zurück. Spüren Sie wieder, dass Sie im Zimmer sind, und öffnen Sie dann die Augen.*

Nutzen Sie, wenn nötig, neben der Visualisierung zum Totengedenken auch die *Meditation (oder Visualisierung) über Vergebung und Liebende Güte*, die ebenfalls in Kapitel Sieben erklärt ist, um eine ehemals stürmische Beziehung zu dem Verstorbenen weiter zu verbessern und unbearbeitete Dinge anzugehen.

Manchmal müssen wir noch schwelenden Groll auflösen. Wenn wir der Seele eines lieben Menschen liebende Güte und Vergebung senden, die ja im Spirituellen Judentum sehr wichtig sind, dann bewirkt dies oft, dass sowohl der Lebende als auch der Verstorbene ganz in diese strahlende Liebe eingehüllt werden.

Mit den Jahren verändern sich unsere Gefühle gegenüber den Verstorbenen im Allgemeinen – sie werden milder. Oft gelingt es, einen ganz neuen Bezug zum Verstorbenen aufzubauen.

An einer neuen Beziehung zu schmieden, trägt auch dazu bei, dass die Seele des Verstorbenen heilen und daher die höheren Formen emotionaler, intellektueller und spiritueller Glückseligkeit erfahren kann. Wenn wir unsere Erinnerungen an die Vergangenheit neu ordnen, dann schenken wir aus der Sicht des Spirituellen Judentums nicht nur uns selbst Vergebung, sondern auch der Seele eines lieben Verstorbenen.

Außer Gebeten, Meditationen und Visualisierungen finden spirituell Suchende weitere besondere Möglichkeiten, eines lieben Angehörigen oder Freundes zu gedenken und mit ihm zu kommunizieren.

Am Todestag ihres Vaters entzündete Alexandra, eine Psychotherapeutin aus Kalifornien, eine Kerze, spielte eines der Lieblingsmusikstücke ihres Vaters und tanzte dazu. Sie sagte: „Bei meinen Bewegungen spürte ich sein Fehlen und die Leere. Und dann spürte ich das Leben."[130]

Vielleicht hilft es Ihnen, an einem Abend mit einem schönen Sternenhimmel nach draußen zu gehen und mit der Seele Ihres geliebten Menschen ein Gespräch aufzunehmen. Konzentrieren Sie sich dabei auf einen hellen Stern als Symbol Ihres lieben Verstorbenen. Im Gespräch mit seiner Seele kann sich eine jahrelange Trennung auflösen – oder ein bereits existierendes Kommunikationsfenster noch weiter öffnen.

Irgendwann beendet die Seele ihre Zeit im Paradies. Dann betritt sie die nächste Stufe ihres nachtodlichen Weges.

---

130 Ellen Uzelach, „The Eye of Mourning", *Common Boundary* 12, Nr. 6, November/Dezember 1994, S. 39, 41.

Kapitel Neun

SPIRITUELLE VEREINIGUNG: RÜCKKEHR ZUM URSPRUNG DES LEBENS UND REINKARNATION

Wenn die Seele eines Verstorbenen ihre Entwicklung im Paradies abgeschlossen hat, kehrt sie zum Ursprung zurück, ins Göttliche Schatzhaus der Seelen, um sich auf die Wiedergeburt in einem neuen physischen Körper vorzubereiten. Mit der Reinkarnation der Seele auf der irdischen Welt schließt sich der Kreis ihres Weges nach dem Tod. Die Wiedergeburt gibt einer Seele die Gelegenheit, frühere Fehler wiedergutzumachen und ihr Potenzial zu mehren, indem sie durch ihre Gedanken, Worte und Werke als neuer Mensch auf Erden ihre physischen, emotionalen, intellektuellen und spirituellen Eigenschaften verbessert.

Rückkehr zum Ursprung des Lebens

Bevor eine Seele wiedergeboren wird, versammelt sie sich mit anderen Seelen an einem Ort, den die jüdische Überlieferung als die transzendente Seelenwelt bezeichnet. Jede Seele kehrt zum Göttlichen Ursprung allen Lebens zurück, in die Welt, in der sie bei Gott ist.[131]

Jüdische Quellen besagen, dass die Seele auf ihrem nachtodlichen Weg zum Schatzhaus der Seelen zurückkehrt, der Ort der Entstehung und des

---

131 Simcha Paull Raphael, *Jewish Views of the Afterlife*, Jason Arsonson 1994, S. 154-156, 313f., 392; Gershom Scholem, *Von der mystischen Gestalt der Gottheit: Studien zu Grundbegriffen der Kabbala*, suhrkamp taschenbuch wissenschaft, Frankfurt 1977, S. 201.

Vergehens aller Seelen. Das Göttliche Schatzhaus der Seelen wurde oft mit dem biblischen Bund des Lebens, dem Bündel der Lebendigen (1. Samuel 25, 29)[132], gleichgesetzt.

Wiederholt sprachen die Rabbinen von einem Göttlichen Schatzhaus als einem Bereich, in dem die Seelen der Gerechten zusammenkommen. Die Rabbinen nahmen diese transzendente Seelenwelt als einen nachtodlichen Versammlungsort wahr, als einen Speicher für die gerechten Seelen, der sich in den höchsten Göttlichen Sphären befindet und in dem sich jede körperlose Seele auf ihre irdische Wiedergeburt in einem physischen Körper vorbereitet.

Über dieses Schatzhaus für jene Seelen, die ihre nachtodliche Reise durch Fegefeuer und Paradies abgeschlossen haben, lehrten die Mystiker: „[D]ie Tugendhaften, die für würdig befunden werden, im „Bündel der Lebendigen" eingebunden zu werden, haben das Vorrecht, die Herrlichkeit [Gottes] zu schauen, und ihre Wohnstatt ist höher als die der heiligen Engel ..." (Sohar V, 182b) Denken Sie auch an das Jiskor-Gebet zum Totengedenken (Möge Gott gedenken) aus Kapitel Acht, in dem darum gebeten wird, die Seele möge, „in den Bund des Lebens eingebunden werden".

Reinkarnation: Die Wiedergeburt der Seele in einem neuen physischen Körper

Obwohl die Vorstellung von der Reinkarnation das moderne Denken stark anspricht, stellt der empirische Nachweis dafür immer noch eine Herausforderung dar. Es gibt allerdings überzeugende Indizien. Der amerikanische Professor für Psychiatrie und Medizin, Dr. Ian Stevenson, hat, insbesondere in Indien, wissenschaftliche Studien mit kleinen Kindern durchgeführt, die sich spontan an frühere Leben erinnerten. Stevenson dokumentierte über zweitausendsechshundert Fälle, die auf Reinkarnation schließen lassen. Wurden diese Kinder mit ihren Familien aus frühe-

---

132 Bibel-Übersetzung von Martin Buber und Franz Rosenzweig in *Die Schrift,* Bücher der Geschichte, Schmuel I 25, 29. (Anm. d. Ü.)

ren Leben in Kontakt gebracht, so erkannten sie ohne weitere Hinweise Geschwister und Eltern. Stevenson fand außerdem Beispiele dafür, dass Geburtsnarben und Muttermale, die jemand in diesem Leben hat, Verletzungen entsprechen, die seinem Körper in früheren Erdenleben zugefügt worden sind.[133]

Beweise für die Reinkarnation lassen sich auch durch unter Hypnose angeleitete Rückführungen in frühere Leben erbringen. In seinem Erfolgsbuch *Die zahlreichen Leben der Seele*[134] berichtet der amerikanische Psychiater Dr. Brian L. Weiss von Catherine, einer jungen Laborantin, die wegen ihrer chronischen Ängste vor Wasser, vor dem Ersticken, vor der Dunkelheit und vor dem Sterben zu ihm kam. Nach einem Jahr erfolgloser konventioneller Psychotherapie empfahl Weiss ihr, es einmal mit Hypnose zu versuchen. Nach mehreren Sitzungen leitete er sie an, sich an jenen Zeitpunkt zurückzuversetzen, zu dem ihre Symptome zum allerersten Mal aufgetreten waren. Catherine beschrieb sich als junge Frau im Jahre 1863 vor unserer Zeitrechnung. Sie erinnerte sich an eine Sturmflut, die ihr Dorf zerstörte. Catherine entdeckte immer mehr frühere Leben, und dementsprechend verschwanden viele Symptome.

Ungeachtet dieser modernen Fallstudien finden sich weder in der Bibel noch in der rabbinischen Literatur Anhaltspunkte für den jüdischen Glauben, wonach die Seele eines Verstorbenen in einen neuen Körper eintritt. Vielmehr sprechen erst die jüdischen Mystiker, beginnend mit dem Sohar, von der Reinkarnation (auf Hebräisch *Gilgul*) als Wiedergeburt der Seele und ihrem Neueintritt in einen physischen Körper.

Aufbauend auf diesem kabbalistischen Denken, spielte die Reinkarnation auch unter den chassidischen Juden eine wichtige Rolle. Der Baalschemtow persönlich bezeichnete sich als Wiedergeburt des Rabbi Saadia Gaon – des ersten bedeutenden Philosophen des mittelalterlichen Judentums, der von 882 bis 942 u.Z. gelebt hat.[135]

---

133 Ian Stevenson, *Reinkarnationsbeweise,* Aquamarin, Grafing 2002. Eine Zusammenstellung der Indizien, die für die Idee der Reinkarnation sprechen, findet sich in Liz Hodgkinson, *Reincarnation: The Evidence*, Piatkus 1989.

134 Brian L. Weiss, *Die zahlreichen Leben der Seele*, Goldmann, München 2005.

135 In *Praise of the Baal Shem Tov: The Earliest Collection of Legends About the Founder of*

Rabbi Levi Jizchal von Berditschew, liebevoll der Berditschewer Rebe genannt, der von 1740 bis 1810 lebte und unter den Chassidim einer der ganz Großen war, galt als Reinkarnation von Rabbi Akiba.[136] (Rabbi Akiba war einer der zehn Gerechten, die von den Römern nach dem Bar-Kochba-Aufstand, bei dem sich die Juden zum zweiten Mal gegen die Römer erhoben [132-135 u.Z.], als Märtyrer ermordet wurden. Er legte den Grundstein für die Zusammenstellung und Gestaltung der biblischen Deutungen, die später in der Mischna festgeschrieben wurden, welche heute einen Teil des Talmud bildet.)

Es wird auch eine Geschichte über Rabbi Abraham Jehoschua Heschel von Apta erzählt, den Aptaer Raw, der von 1755 bis 1825 lebte und behauptete, er sei zehn Mal auf der Welt gewesen. In jenem Teil des Gottesdienstes in der Synagoge am Nachmittag von Jom Kippur, in dem es um die Geschichte des jüdischen Volkes geht, pflegte der Aptaer Rebe bei der Lesung der Liturgie über den Hohepriester am Tempel in Jerusalem stets zu sagen: „So sprach ich" statt „So sprach er".[137]

Doch welchem Zweck dient die Reinkarnation im jüdischen Glauben? Durch die Wiedergeburt kann eine Seele ihre guten Werke, Worte und Gedanken weiter verbessern und möglicherweise begangenes Unrecht aus den letzten Leben wiedergutmachen. Außerdem kann die Seele weitere physische, emotionale, intellektuelle und spirituelle Reinigung erfahren, indem sie ihre Aufgaben – die bei jedem Menschen andere sind – abschließt, bis sie schließlich ihre höchste Bestimmung, nämlich die Vereinigung mit Gott, erreicht, von der an späterer Stelle in diesem Kapitel noch die Rede sein soll. Doch die Seele kann dadurch nicht nur zu ihrem eigenen Nutzen nach Vollendung streben, sondern die Reinkarnation gibt einer gerechten Seele auch die Möglichkeit, anderen Liebe und Mitgefühl zu schenken und ganz allgemein der Menschheit selbstlos zu dienen.

Hasidism, übers. und hrsg. von Dan Ben-Amos und Jerome R. Mintz, Jason Aronson 1993, S. 106f.

136 Jerome R. Mintz, *Legends of the Hasidim: An Introduction to Hasidic Culture and Oral Tradition in the New World*, University of Chicago Press 1968, S. 93

137 Mintz, *Legends*, S. 93, 182 und Gedalyah Nigal, *Magic, Mysticism and Hasidim: The Supernatural in Jewish Thought*, übers. von Edward Levin, Jason Aronson 1994, S. 52f., 238 Anm. 11.

Der Mutter eines kleinen Mädchens, das im Alter von noch nicht einmal drei Monaten im Schlaf gestorben war – ein tragischer, unerklärlicher Fall von plötzlichem Kindstod – war eine chassidische Geschichte erzählt worden. Man wollte ihr damit erklären, dass eine besondere Seele zu ihr gesandt worden war, die nur noch einen kurzen Aufenthalt zu ihrer Vervollkommnung brauchte. Diese Geschichte hat ihrem Leid einen spirituellen Sinn gegeben. Sie erzählt sie folgendermaßen nach:

Einer liebevollen, guten jüdischen Frau wurde ein Kind geboren, das nur zwei Jahre lebte und dann ganz plötzlich verstarb. Die Mutter ging zum Rebe, der ihr den Segen für das Kind gegeben hatte, und der erzählte ihr eine seltsame Geschichte über einen gewissen Juden, der zu einem herausragenden Mitglied seiner Gemeinde herangewachsen, doch als Kind leider mehrere Jahre lang an andere Völker verloren gewesen war. Nur durch einen besonderen Funken, den diese einzigartige Seele besaß, vermochte sie, ihrer fremden Herkunft zu entsagen und zum Judentum zurückzukehren. Als diese Seele nach 120 Jahren wieder mit ihrem Schöpfer vereint wurde, so berichtet die Geschichte, befand Gott, dass ihr – so wunderbar die Werke auch waren, die sie auf Erden vollbracht hatte – doch eines fehlte. Zwei Jahre lang war sie von einer Fremden aufgezogen worden. Deshalb musste diese besondere, schöne Seele für die Dauer von zwei Jahren auf die Erde zurückkehren, zu einer guten, fürsorglichen jüdischen Mutter. Diese Seele war ihr Kind gewesen, das zwei Jahre lang gelebt hatte und dann verstorben war.[138]

Eine andere chassidische Erzählung schildert anschaulich die Bedeutung der Demut, eines wichtigen Elements unseres Verhaltens gegenüber anderen, und behauptet, dass ein Mensch auch wiedergeboren werden kann, um eine einzige „schlechte" Tat, ein einziges schlechtes Wort oder einen einzigen schlechten Gedanken aus ihrem unmittelbar vorangegangenen Leben zu sühnen:

---

138 Roockie Billet (1995), *We Will Get Better, We Must Get Better"*, aus *Jewish Insights on Death and Mourning*, Jack Riemer, New York, Schocken, S. 289.

Dem Maggid von Zloczow (Rabbi Jechiel Michal von Zloczow, ein chassidischer Rabbi, der von 1721 bis 1786 lebte) erschien einst in einer Neujahrsnacht ein Mann, der in seiner Stadt Vorbeter gewesen und vor kurzem verstorben war. „Was machst du hier?", fragte er.

„Es ist dem Rabbi bekannt", antwortete der Tote, „dass in dieser Nacht die Seelen neu geschaffen werden. Ich bin solch eine Seele."

„Und warum haben sie dich wieder ausgeschickt?", fragte der Maggid weiter.

„Ich habe hier auf Erden", berichtete der Tote, „ein untadeliges Leben geführt."

„Und dennoch", fuhr der Maggid fort zu fragen, „musst du noch einmal in die Welt eingehen?"

„Vor meinem Tode", sagte der Tote, „habe ich meine Handlungen durchforscht und habe befunden, dass ich stets recht gehandelt habe. Darüber schwoll mir das Herz, und in dieser Stunde starb ich. Nun aber haben sie mich wieder auf die Welt geschickt, den Hochmut gutzumachen."

Um diese Zeit wurde dem Maggid ein Sohn geboren. Es war Rabbi Seew Wolf [von Zbaraž]. Er war sehr demütig.[139]

Weitere Einzelheiten zur Reinkarnation

Zu allen Zeiten haben sich die jüdischen Weisen gefragt, wer wiedergeboren wird.[140] Die jüdischen Mystiker glaubten, dass nur diejenigen wie-

---

139 Martin Buber, *Die Erzählungen der Chassidim*, Manesse, Zürich 1948. (Anm. d. Ü.: Der letzte Abschnitt fehlt in der deutschen Original-Ausgabe. Über Rabbi Seew Wolf von Zbaraž wird an späterer Stelle berichtet, er sei vom Tag seiner Bar-mizwa an „still und liebreich" gewesen.)

140 Ich schöpfe hier aus Raphael, *Afterlife*, S. 314-320, 392-394, Scholem, *Gottheit*, S. 193-247; David A. Cooper, *God is a Verb: Kabbalah and the Practice of Mystical Judaism*, Riverhead 1997, S. 117-120, 265-269; Rifat Sonsino und Daniel B. Syme, *What Happens After I Die? Jewish Views of Life After Death*, UAHC Press 1990, S. 46-53; Yonassan Gershom, *Kehren die Opfer des Holocaust wieder?* Verlag am Goetheanum, Dornach 1997, S. 65-88, 183-203; Gershon Winkler, *The Soul of the Matter: A Psychological and Philosophical Study of the Jewish Perspective on the Odyssey of the Human Soul Before, During, and After „Life"*, The Judaica Press 1982, S. 17-19.

dergeboren würden, die bestimmte sexuelle Sünden begangen hatten, außerdem Ehepaare, die keine Kinder bekamen, und diejenigen, die nicht heirateten.[141] In diesen Fällen, so die beharrlich vertretene Auffassung der Mystiker, diente die Reinkarnation als Gottes ausgleichende Strafe.

Durch die Wiedergeburt erhielt die Seele als göttliches Geschenk ein weiteres Leben, um das nachzuholen, worin sie ihrer ehemaligen Bestimmung nicht hatte gerecht werden können oder um alte Sünden wiedergutzumachen. Ganz besonders wichtig war, dass man Kinder großzog, denn dies galt bei den Mystikern als ein zentraler Aspekt unseres Daseins auf Erden. Keiner konnte über die irdische Welt hinausgelangen, der nicht in seinem Leben mindestens ein Kind bis zum Erwachsenenalter großgezogen hatte.

Im Laufe der Zeit wandelte sich die Auffassung der jüdischen Mystiker von der Reinkarnation. Stand sie zunächst nur Frevlern offen, so betraf sie später Frevler und normale oder mittelmäßige Menschen und schließlich auch die Gerechten. Durch Reinkarnation konnte außerdem ein vollkommen gerechter Mensch anderen helfen, einen höheren Grad an spiritueller Vollkommenheit zu erlangen.

Über eine allgemein bejahende Einstellung zur Reinkarnation hinaus bleiben die Einzelheiten recht verworren. Die jüdischen Mystiker vermochten (und vermögen noch immer) nicht, sich in einigen brennend interessanten Einzelheiten zu einigen, zum Beispiel wer wiederkehrt und wie viel Zeit zwischen den einzelnen Inkarnationen verstreicht. Gemäß den jüdischen Weisen schwankt die Häufigkeit der Rückkehr einer Seele zwischen vier Mal bei Gerechten und bis zu hundert oder sogar tausend Wiedergeburten bei der Seele eines Frevlers.[142] Anscheinend ist außerdem die Anzahl der Reinkarnationen für die Gerechten, deren Seelen zum Wohle der ganzen Welt wiedergeboren werden, völlig unbeschränkt.

Streit entbrannte auch darüber, wann die Seele in den neuen Körper eingesetzt wird. Das Spektrum der Möglichkeiten umfasst: Bei der Emp-

---

141 Scholem, *Gottheit*, S. 205-207.
142 Ebd., S. 197, 208.; Nigal, *Magic*, S, 53, 238f. Anm. 12, Gershom, *Kehren die Opfer des Holocaust wieder?*, S. 85, 176f.

fängnis, vierzig Tage nach der Empfängnis, unmittelbar vor dem Moment der Geburt oder sogar bis zu fünf Tage nach der Geburt. Ein Zweig der rabbinischen Schriften behauptet, der Embryo sei während der ersten vierzig Tage nach der Empfängnis bloße Flüssigkeit im Mutterleib (Talmud, Jewamot 69b). An anderen Stellen weist der Talmud darauf hin, dass ein Fötus im Mutterleib kein eigener Mensch ist, vermutlich weil ihm eine Seele fehlt (Arachin 7a, Sanhedrin 76b). Demnach wird der Fötus erst dann zum Menschen, wenn sein Kopf oder der größte Teil seines Körpers bei der Geburt heraustritt.

Und schließlich ist unklar, ob ein Mensch stets mit demselben oder einem anderen Geschlecht geboren wird. Unfruchtbarkeit wurde von den jüdischen Mystikern mit der Vertauschung der Seelen bei der Reinkarnation erklärt. Wird eine männliche Seele in einem weiblichen Körper geboren (oder eine weibliche Seele in einem männlichen Körper), so macht dies den Träger unfruchtbar.[143]

Einige jüdische Mystiker verfochten die Vorstellung von der Seelenwanderung, eine Haltung, die ein grundlegendes Element östlicher Religionen ist. Seelenwanderung bedeutet, dass ein Mensch, der sich schwerer Verfehlungen schuldig gemacht hat, wieder als Tier, insbesondere als Huhn oder Hund, oder auch als Pflanze, Blume oder sogar als unbelebter Gegenstand, also zum Beispiel als Stein, auf die Erde zurückkommen kann.[144]

Mehrere chassidische Erzählungen schildern anschaulich die bereinigende Wirkung der Seelenwanderung. Eine Geschichte erzählt von Rabbi Sussja von Hanipol (der von 1718 bis 1800 lebte und der jüngere Bruder von Rabbi Elimelech von Lisensk war), als dieser mit seinem Diener auf Reisen war. Unterwegs sahen sie Vögel, die mit ihren Schnäbeln auf einen Baum einhackten. Rabbi Sussja sagte, in dem Baum befände sich eine gewanderte Seele, und nun sei ihre Bereinigung vollzogen.[145]

Indem sie in einem Fisch wiedergeboren wird, können schwere Fehler einer Seele bereinigt werden, insbesondere wenn sie von einem Gerechten

---

143 Scholem, *Gottheit*, S. 218f.
144 Nigal, *Magic*, 55-62; Raphael, *Afterlife*, S. 318f.; Winkler, *Soul*, S. 21f.
145 Nigal, *Magic*, S. 55f.

verspeist wird. Rabbi Simcha Bunam von Pžysha (der von 1767 bis 1827 lebte) begab sich einmal, so heißt es in einer Erzählung, an einen Fluss und sah dort einen großen Fisch, der sich aufs Boot warf. Rebe Bunam berichtete: „Ich nahm den Fisch und führte seine Reinigung [selbst] aus, indem ich das Kol Nidre über ihn sprach.[146]

Eine weitere Geschichte handelt von Rabbi Joseph, dem Vater von Rabbi Judel von Chudnor. Eines Freitags erschien Rabbi Joseph seinem Sohn nachts in einem Traum. Er offenbarte seinem Sohn, dass er in einem großen Fisch wiedergeboren war, den ein Gerechter sich zum Schabbatmahl erworben habe.[147]

Die meisten jüdischen Mystiker kamen jedoch zu dem Schluss, dass Seelen nur als Menschen wiedergeboren werden. Der Grund dafür ist recht einfach. Nur durch die Wiedergeburt als Mensch kann die Seele ihren Entwicklungs- und Reinigungsprozess fortsetzen.

Trotz dieser Uneinigkeiten in den Details ist jedoch eines klar. Der jüdische Glaube besagt, dass nur sehr wenige Seelen nicht wiedergeboren werden müssen.

Reinkarnation im Realitätstest

Wenn wir tatsächlich wiedergeboren werden, warum erinnern sich dann die meisten Menschen nicht an ihre früheren Leben? Eine Erklärung dafür findet sich in einer mittelalterlichen Schrift, die beschreibt, wie eine Seele sich für ihre Wiedergeburt auf der irdischen Welt vorbereitet. Dem Verfasser dieser Schrift zufolge begleiten zwei Engel die Seele vor ihrem Eintritt in den Mutterleib oder währenddessen. Ein Licht, das über die Seele gehalten wird, ermöglicht ihr, vom einen Ende der Welt bis zum anderen zu schauen. Ein Engel begleitet die Seele ins Paradies, damit sie dort das Schicksal der gerechten Seelen erschaut. Danach wird ihr das Schicksal der Frevler im Fegefeuer gezeigt. Die Seele erhält Informationen und eine

---

146 Ebd., S. 58.
147 Ebd., S. 59.

Vorschau ihres kommenden Lebens, auch der Orte, an denen sie leben, sterben und begraben werden wird. Der Verfasser der Schrift fährt fort:

Wenn die Zeit gekommen ist, dass [die Seele] aus dem Mutterleib in die Welt treten soll, dann spricht [ein] Engel zu der Seele: „Deine Zeit ist gekommen, dass du in die offene Welt trittst." Widerstrebend fragt die Seele: „Warum willst [du], dass ich in die offene Welt trete?" Der Engel antwortet: „Wisse, dass du, da du gegen deinen Willen geschaffen worden bist, nun auch gegen deinen Willen geboren werden wirst, und gegen deinen Willen sollst du sterben und gegen deinen Willen Rechenschaft über dich ablegen vor dem [Heiligen, gesegnet sei Er]." Doch die Seele sträubt sich dagegen, den Ort zu verlassen, an dem sie sich befindet. Der Engel [berührt] das Kindchen an der Nase, löscht das Licht über seinem Kopf und führt es gegen seinen Willen in die Welt hinaus. Augenblicklich vergisst das Kind alles, was seine Seele gesehen und [gelernt] hat, und kommt weinend auf die Welt, denn es verliert einen Ort der Geborgenheit und Sicherheit und Ruhe.[148]

Aber warum erinnern wir uns zumeist nicht an unsere früheren Leben? Für unsere Amnesie gibt es eine schlüssige Erklärung. Jeder Mensch hat im irdischen Leben, hier und jetzt, eine Rolle zu spielen. Die Kenntnis unserer Vergangenheit könnte daher sowohl unserer heutigen Rolle als auch unserem freien Willen zuwiderlaufen. Ein Wissenschaftler, der Rückführungen in frühere Leben mittels Hypnose macht, sagt: „Dieses Vergessen hat insofern einen hohen Wert, als es die Seele daran hindert, sich nach der Glückseligkeit des körperlosen Zustandes in einem Bereich zurückzusehnen, den sie hinter sich gelassen hat, und ihr erlaubt, ein neues Leben zu beginnen, ohne durch das verwirrende Echo vergangener Taten und Untaten behindert zu werden."[149]

---

148 Louis Ginzberg (Hrsg.), *Legends of the Jews*, übers. von Henrietta Szold, Jewish Publication Society 1968, Band I, S. 58f.; „The Formation of the Child" in *The Chronicles of Jerahmeel* IX, 8; übers. von M. Gaster, Ktav 1971, S. 21.

149 Joel L. Whitton und Joe Fischer, *Das Leben zwischen den Leben. Ein Forschungsbericht aus der Welt jenseits unserer physischen Existenz*, Goldmann, München 1998, S. 73.

Allerdings behält die Seele wohl jene dauerhaften Lektionen und Wahrheiten, die für ihre physische, emotionale, intellektuelle und spirituelle Entwicklung in ihrer jetzigen Inkarnation von Bedeutung sind, im Gedächtnis. Meist können wir uns nicht an Einzelheiten erinnern, wer wir einmal waren und wen wir in früheren Leben gekannt haben; wir können weder Daten noch Orte nennen. Doch die positiven Lektionen und Wahrheiten, die die Seele früher bereits gelernt hat, können hoffentlich zum Wohl nicht nur des Einzelnen, sondern ganz allgemein der gesamten Menschheit genutzt werden. Einige Menschen können sich aber an exakte Details aus einem oder mehreren früheren Leben erinnern, insbesondere durch Rückführungen unter Hypnose. Rabbi Yonassan Gershom hat Fallgeschichten über Reinkarnationen von Menschen zusammengetragen, die den Holocaust erlebt haben. Dazu gehört auch Abbye Silverstein, die am 10. März 1953 geboren wurde und damit zu den geburtenreichen Jahrgängen zählt. Ihre Eltern waren einfache Arbeiter in der New Yorker Bronx. Abbye erinnert sich:

… [M]ein Zuhause [war] in geistiger Hinsicht verödet. Grund dafür war der Tod meines Großvaters mütterlicherseits unmittelbar vor meiner Geburt sowie die Vernichtung seiner ganzen Familie aus Russland im Holocaust. Diese noch frische Tragödie lastete auf unserer Familie und ließ in unserem täglichen Leben keine Wärme aufkommen; unsere Gespräche beschränkten sich weitgehend auf die Notwendigkeiten des täglichen Lebens. Meine Familie lebte in einer unterschwelligen Trauer dahin, doch wie wollte ich dies als Kind durchschauen? Ich umarmte meine Eltern und meine Großmutter, drücke sie heftig an mich und – manchmal – beschwichtigten sie mich darin. Es war, als ob jedes Familienmitglied in einem Zimmer für sich wohnte und nicht gestört werden wollte. Ich fühlte mich wie nicht zu der Familie gehörig, wie eine Fremde in einem fremden Land; ich sehnte mich nach meiner eigenen Familie … So fand ich meinen Trost im Meditieren und Beten.

…

Mit sieben Jahren sah ich im Fernsehen (PBS – Public Broadcasting System) den ersten Dokumentarfilm über den Holocaust und weinte herzerweichend. Meine Mutter nahm das etwas humorvoll und sagte, man könnte meinen, ich wäre dabei gewesen. Aber für mich war das kein Witz. In meinem Inneren hörte ich eine Stimme, die sagte: „Ja, ich war dabei."

Ich erlebte weitere Rückerinnerungen oder Erlebnisse von „Durchsickern", die ich mir nicht erklären konnte. Der Anblick eines Mercedes-Benz auf der Boston Post Road beunruhigte mich zutiefst, und wenn ich in einem Auto in schneller Fahrt auf einer kurvenreichen Strecke fuhr, wurde ich von Angst gepeinigt. ...

Oft stieg in mir das Bild eines dunkelhaarigen bärtigen Mannes auf, und es war mir, als hätte ich zu ihm eine Liebesbeziehung gehabt. Jahrelang suchte ich ihn in meinen Beziehungen zu Männern. Ich sehnte mich nach seiner Liebe, seiner Nähe, seinem Geist und seinem Herzen. Erst als er mir später auf der Astralebene erschienen war, fand ich ihn auch in diesem Leben wieder.

...

Während meiner Universitätszeit ließ ich mit zwanzig Jahren eine Abtreibung bei mir durchführen. Danach ging ich nach Hause, um mich zu erholen, und hatte einen merkwürdigen Traum:

Ich trug Kleider von 1930 und verließ ein Universitätsgelände mit gotischen Gebäuden. Ich drehte mich nach dem Gelände um, schaute ein bestimmtes Gebäude mit großen farbigen Glasfenstern an und sagte ein letztes Lebewohl. Dann schritt ich auf einen schwarzen Mercedes-Benz zu. Auf dem Fahrersitz saß ein dunkelhaariger bärtiger Mann. Noch einmal schaute ich zurück, um Auf Wiedersehen zu sagen. Wir fuhren davon, und das Wort TOD erschien vor meinen Augen.

Beim Erwachen fühlte ich mich sehr beunruhigt. Den Schlüssel zum Verständnis dieses Traumes fand ich erst viel später, als die erste Rückführung in vergangene Leben die Erinnerungen zutage förderte, die in meinem höheren Selbst verborgen lagen.

...

Am Wochenende vom 1. bis 3. Dezember 1978 wurden meine Gebete durch eine Reihe von Träumen erhört. Der letzte Traum gab mir den entscheidenden Fingerzeig, der zu meiner ersten Rückführung in vergangene Leben führte.

Mir erschien ein dunkelhaariger bärtiger Mann in moderner Kleidung. Er stellte sich als Richard (in deutscher Aussprache) vor und teilte mir folgendes mit: „Du und ich waren ein Liebespaar. Wir waren in einem früheren Leben verheiratet und starben gemeinsam. Wir sind zurückgekommen, um wieder zusammen zu sein und die Arbeit fortzusetzen, die wir begonnen haben. Dies wird bald geschehen."

Es war mir klar, dass es sich bei dem Mann des Traumes um den gleichen dunkelhaarigen Mann handelte, von dem ich schon immer geträumt hatte. Aber in den folgenden Monaten hatte ich mich mit allerlei konkreten Angelegenheiten zu befassen: Ich musste die Trennung und die Scheidung von meinem Mann überstehen und Ordnung in mein Leben bringen. Dann, eines Tages im Juli 1979, als ich nach Hause kam, um zu meditieren, begegnete mir in der Meditation die astrale Erscheinung des dunkelhaarigen Mannes von meinem Traum im Dezember. In meinem alltäglichen Ich war ich schockiert und verärgert, dass er in meinen ureigenen Bereich eingedrungen war; mein höheres Selbst jedoch fühlte sich glücklich, wieder mit ihm vereinigt zu sein.

Gleichzeitig fragte ich mich, ob ich nicht mehr bei Sinnen sei. Ich vertraute mich Freunden an, die sich mit seelischen Vorgängen auskannten. Sie waren sich einig, dass für mich eine Rückführung in vergangene Leben notwendig sei, denn bei mir gäbe es mit diesem Mann „unerledigte Angelegenheiten" aus meiner letzten Inkarnation. Zwei Tage danach wurde ich von einem Fachmann hypnotisiert, der sich auf diese Tätigkeit spezialisiert hatte. Die Geschichte, die ich jetzt mitteilen werde, kam im Laufe mehrerer Rückführungssitzungen nach und nach ans Licht. Indem ich die Bruchstücke zusammenfügte, begann ich die Erscheinungen zu verstehen, die zwischen meinem jetzigen und meinem vergangenen Leben „durchsickerten".

…

In meinem Holocaust-Leben war ich Anna, eine deutsch-jüdische Frau, die mit ihren Eltern und jüngeren Geschwistern in einem Arbeiterviertel von Berlin aufwuchs. Wir waren eine eng verbundene traditionelle Familie, in der Liebe und Wärme herrschten. Der Sabbat wurde jede Woche mit dem ganzen Familienclan gefeiert: Großeltern, Onkel, Tanten und Vettern aßen, beteten und sangen zusammen.

Anna war sehr hübsch, aber sie betrachtete ihre körperliche Schönheit gegenüber ihren intellektuellen Fähigkeiten als zweitrangig. Sie wollte Psychiatrie-Ärztin werden und besuchte die Universität in Heidelberg, wo sie ihrem späteren Mann Richard begegnete. Er war in einer Familie von Reformjuden der höheren Gesellschaftsklasse aufgewachsen, die Anna nicht akzeptierte. Doch Richard heiratete sie trotzdem, entgegen dem Wunsch seines Vaters. Anna und Richard waren richtige Seelengefährten, physisch, empfindungsmäßig, geistig und in ihrer Gesinnung vollkommen aufeinander abgestimmt. Nichts vermochte sie zu trennen.

An der Universität waren sie von der gleichen Leidenschaft erfüllt und verfolgten dieselben Lebensziele: Bewusstsein zu entwickeln und Menschlichkeit zu fördern. Er widmete sich der Politik und dem Rechtsleben, sie der Psychologie und Medizin. Sie gingen auf in der Geschichte ihrer Zeit, und Richard schloss sich an der Universität einer Dissidentengruppe an.

Im Frühling 1933 erlitt Anna eine Fehlgeburt. Hitler gewann die Wahlen. Nun wurden die Dissidenten von den Braunhemden verfolgt. Richard bestand darauf, dass Anna und er das Land verlassen und sich in England in Sicherheit bringen sollten, denn manche ihrer Freunde waren schon zusammengeschlagen und belästigt worden. So brachen sie ihre Studien ab und packten ihr Hab und Gut, um sich in England in Sicherheit zu bringen.

Als sie in Richtung Frankreich durch den Wald fuhren, überkam Richard eine Wut auf die Deutschen, die sich von Hitler derart blenden ließen. Ebenso aufgebracht war er über seinen Vater, der die politische Situation verkannte, sowie über den Verlust seiner Freunde, seiner Träume und seiner Zukunft.

Richard schien die Beherrschung verloren zu haben, und Anna war verängstigt und fühlte sich hilflos. Sie bat ihn, langsamer zu fahren, denn er raste mit halsbrecherischer Geschwindigkeit durch die kurvenreiche dunkle Waldstrecke. Längere Zeit herrschte Schweigen zwischen ihnen. Plötzlich tauchte in einer Kurve ein mächtiger Baum vor ihnen auf …

Was Anna als Nächstes begriff, war, dass ihr Geist den Körper verlassen hatte und sie tot war. Ebenso Richard. Sie standen im Geist beieinander und betrachteten ihre Leichen. Das Auto war in einen Baum gekracht, und Richard wurde die Brust durch das Steuerrad eingedrückt. Anna war in die Windschutzscheibe gestürzt.

Anna schrie: „Wir sind tot! Wir sind tot! Nur der Körper stirbt. Das Bewusstsein stirbt nie! Das Bewusstsein lebt ewig!“ Dann schaute sie Richard an und fragte: „Warum hast du das getan?“

Er antwortete feierlich: „Ich hatte eine Vision. Ich hörte eine Stimme, die mich aufforderte, mit ihnen zu kommen. Sie würden uns retten. Dann sah ich Soldaten auf uns zukommen, die uns abführen wollten. Wir wurden durch Stacheldraht getrennt. Ich wusste, dass einer von uns sterben und der andere weiterleben würde. Ich fand es unerträglich, von dir getrennt zu sein … und als Nächstes sah ich den Baum. Ich konnte den Aufprall nicht mehr verhindern. Anna, bitte verzeih mir. Ist es nicht besser, durch Hände zu sterben, die von Liebe geführt werden, als durch solche, die vom Hass geleitet werden?“

Anna verzieh Richard. Sie verweilten, an die Erde gebunden, in der deutschen Landschaft und trafen andere entkörperte Geister, die sich wie im Schwebezustand zwischen dem dies- und jenseitigen Leben befanden. Eines Tages sahen Anna und Richard Soldaten (in Fleisch und Blut) auf der Straße marschieren und hörten Gewehrschüsse in der Entfernung. Sie gingen der Sache nach und fanden die Leichen von Juden in einer großen offenen Grube oder einem Grab. Anna schrie: „Sie töten uns! Sie töten die Juden! Richard, du hattest recht – du hast uns gerettet!"

Natürlich hatte er sie nicht vom Tode errettet. Aber er hatte sie vor der grässlichen Demütigung gerettet, von den Nazis gefoltert zu werden, nur weil sie Juden waren. Richard antwortete: „Anna, jetzt verstehst du, dass es besser ist, durch Hände zu sterben, die aus Liebe, als durch Hände, die aus Hass handeln." In diesem Moment hörten sie eine Stimme, die nach ihnen rief. Die Zeit war gekommen, dass sie die irdische Sphäre verlassen mussten. Weißgoldenes Licht erglänzte und zeigte ihnen den Weg zum Leben zwischen Tod und neuer Geburt.

In der geistigen Welt wurden sie durch einen Wächter empfangen, der neben einer großen Tür stand. Er geleitete sie zu einem Empfangstisch im großen Saal. Eine Frau hieß sie willkommen und erklärte ihnen, dass sie ihr Leben nun in dieser Welt weiterführen würden. Sie sagte ihnen, dass sie sich darin üben sollten, anderen zu helfen. Die Schrecken des Holocaust seien ihnen erspart geblieben, damit sie den Opfern dienen könnten. Sie würden in eine himmlische Schule geschickt, um bei den großen jüdischen Lehrern Religion, Philosophie, Psychologie und das Heilen der Seele zu lernen.

Annas erste Aufgabe in der geistigen Welt bestand darin, Neuankömmlinge aufzunehmen. Auf der Erde unten wurden die Juden ausgerottet, und ihre Seelen gelangten in rascher Folge in die Zwischenwelt. Sie hatte ihren Platz im großen Saal. Dieser entsprach „Ellis Island" im Himmel, geleitet vom „United Jewish Appeal" der Zwischenwelt. Die jüdischen Seelen kamen in Scharen, mit durch die Folter verkrüppelten und entstellten Astralleibern, aller Würde beraubt.

In ihrem Amt nahm Anna die wichtigen Daten für die Akasha-Chronik auf: Name, Geburtsort, Wohnort, Beruf, Familiengeschichte, Todesart und so weiter. Bald begegnete sie ihrer Mutter, ihrem Vater, ihrer Schwester, ihrer besten Freundin, als diese in der Reihe der Aufzunehmenden standen. Sie waren im Holocaust umgekommen. Wie die übrigen Juden, wurden auch sie in den Teil der jenseitigen Welt geschickt, der „Nur für Juden" gekennzeichnet war – nicht um sie abzusondern, sondern um ihnen einen Ort zur Verfügung zu stellen, wo ihre verwundeten Seelen in Geborgenheit heilen konnten.

Dieser jüdische Teil des Himmels war in Länder, Städte und Dörfer eingeteilt, die der Heimat der Verstorbenen auf der Erde entsprachen. Schwarze Bretter wurden nach geographischen Gebieten errichtet, auf denen für die ankommenden Seelen Hinweise standen, wo ihre Angehörigen zu finden waren. Alles, was auf der materiellen Ebene zurückgelassen worden war, wurde in der geistigen Welt wieder aufgebaut, um diesen schwer verwundeten Seelen beim Übergang in die Wiederverkörperung während des „Baby-Booms" zu helfen. Es gab sehr viel Arbeit, die in kurzer Zeit verrichtet werden musste.

Anna war glücklich in der Zwischenwelt, und ihr Leben war sehr produktiv. Sie wurde mehrmals „befördert", bis sie Leiterin eines Heilungszentrums wurde. In dieser Funktion nahm sie an einer Beratung von Leitern solcher Heilungszentren teil, bei der Ideen ausgetauscht wurden, wie diese Holocaust-Seelen geheilt werden und wie sie den Übertritt in ein neues Erdenleben vollziehen könnten.

Als der Krieg 1945 zu Ende ging, wurde die jüdische Abteilung geöffnet, und die Menschen durften sich in andere Gebiete der Zwischenwelt begeben. Annas Mann Richard bereitete sich als einer der ersten des „Baby-Booms" für eine neue Inkarnation vor. Anna hingegen wollte nicht gehen. Richard versprach, dass sie sich eines Tages finden würden, dann sagte er ihr Lebewohl. Anna trauerte über den Verlust ihres Mannes, war aber zufrieden, dass sie in der Zwischenwelt bleiben konnte. Es war ihr klar, dass das Leben immer weitergeht, und sie wollte nicht wieder die Beschränkungen eines physischen Leibes annehmen.

Aber 1950 konnte sich Anna nicht länger in der Zwischenwelt halten. Die Zeit für ihre Wiederverkörperung war gekommen, doch die ihr zugedachte Mutter erlitt eine Fehlgeburt. Anna war erleichtert, denn sie war eigentlich noch nicht für eine Wiederkehr bereit. Drei Jahre danach wurde ihr gesagt, dass sie sich im Moment der Zeugung mit einem Embryo verbinden und nicht bis zum Moment der Geburt warten solle, weil ihre Mutter eine Bindegewebsgeschwulst hatte. Indem Anna sich bei der Empfängnis in ihren Schoß hineinbegab, konnte sie sicherstellen, dass der Fötus überlebte und ihr neuer Körper wurde.

Widerstrebend stimmte Anna zu. Mit Hilfe ihrer beiden geistigen Führer, Ruth und Isaak, schloss sie den Vertrag für ihr neues Leben auf Erden. Die ersten vierzig Jahre würden mit Kampf, physischen und seelischen Schmerzen, intellektuellen und geistigen Herausforderungen, Lernen und dem Abgelten von karmischer Schuld erfüllt sein. Nach dieser Zeit sollte sie in materieller Hinsicht gut gedeihen und Gott wieder als Heilerin dienen können. Ihre Führer versprachen ihr, sich während ihres Erdenlebens für sie einzusetzen und dafür zu sorgen, dass sie mit der geistigen Welt verbunden bliebe.

Anna schlüpfte in den dunklen Schoß, hielt aber in meditativer Trance – durch einen Strahl weißen Lichtes – den Kontakt mit der geistigen Welt aufrecht. Sie verharrte in diesem meditativen Zustand bis zu ihrer Geburt, am 10. März 1953 um 3.25 Uhr morgens. In diesem Moment wurde der Lichtstrahl angeschnitten, und Anna wurde in der physischen Welt als Abbye Silverstein geboren.[150]

Reinkarnation im übergeordneten Zusammenhang: Hilfe bei der Antwort auf schwierige Fragen

Reinkarnation könnte helfen, die offensichtlichen „Ungerechtigkeiten" zu erklären, die wir auf der Welt beobachten. Wir haben uns alle schon einmal gefragt, warum offensichtlich „gute" Menschen im Leben körperlichen oder emotionalen Schmerz und Widrigkeiten erleiden müssen. Manchmal haben wir auch selbst die Willkür des „Schicksals" erlebt.

---

150 Abbye Silverstein, „Die Heilerin heilt sich selbst", in Yonassan Gershom, *Kehren die Opfer des Holocaust wieder?*, Verlag am Goetheanum, Dornach 1997, S. 254-261.

Oder wir haben aufgrund unserer äußeren Erscheinung oder unseres Akzents die unterschiedlichsten Formen der Ablehnung erfahren. Oder wir müssen in Angst leben. Warum?

Viele fragen nach dem Sinn des tragischen und scheinbar sinnlosen Todes junger Menschen bei Verkehrs-Unfällen. Oder des Leidens der dreijährigen Jenny: Sie war nicht einmal einen Meter groß, wog nur gut zwanzig Kilo und hatte fast keine Haare mehr auf dem Kopf. Gezeichnet von ihrem Krebsleiden, saß sie im Krankenhausflur und weinte jedes Mal, wenn jemand vorbeiging. Langsam verfiel sie in ihrem Bettchen und war schließlich sogar zu schwach, um gebadet zu werden. Vor ihrem Tod ähnelte Jennys Körper dem einer alten Frau.

Doch aus der Sicht des jüdischen Glaubens gewinnt am Ende immer das Gute. Ein „guter" Mensch leidet vielleicht auf dieser Welt infolge von Worten und Werken, die er in einem früheren Leben gesagt und getan hat. Unserer Vergangenheit können wir nicht entkommen, aber durch unser heutiges Verhalten können wir ihre Folgen verändern.

Seelen werden wiedergeboren, damit sie Gelegenheit erhalten, sich neuen und oft recht schwierigen Herausforderungen zu stellen und sie zu bewältigen. Bei der Auseinandersetzung mit diesen Herausforderungen und den damit verbundenen Lernerfahrungen schreitet jede Seele in ihrer Entwicklung voran, wird weiter gereinigt und erfüllt so ihr spirituelles Potenzial.

Wie wir gesehen haben, gibt es nach jüdischem Glauben noch eine weitere Welt, in der alles wieder ausgeglichen wird. Die Gerechtigkeit kommt vielleicht spät, aber letzten Endes kommt sie immer. Die Gerechten, die auf dieser Welt leiden, werden in die Glückseligkeit des Paradieses eingehen. Die irdischen Freuden der Frevler sind vergänglich und führen sie auf den Weg ins Fegefeuer.

Bevor wir unsere Diskussion vertiefen und die Reinkarnation in diesen übergeordneten Zusammenhang einordnen, ist es hilfreich, wenn wir uns einmal ansehen, wie eine bestimmte Seele und „ihr" Fötus zusammengebracht werden. Im Schatzhaus der Seelen, von dem in diesem Kapitel bereits an früherer Stelle die Rede war, wartet jede Seele, so heißt es, auf die

Anweisungen für ihre nächste Inkarnation. Eine mittelalterliche Schrift, der zufolge die Seele unmittelbar nach der Empfängnis in den Embryo eintritt, erklärt den Prozess der Zusammenführung wie folgt:

Seele und Körper des Menschen werden auf folgende Weise mitein-ander vereint: Wenn eine Frau empfangen hat, trägt Laila, der Engel der Nacht, den Samen vor Gott, und Gott bestimmt, was für ein Mensch daraus werden soll – ob Mann oder Frau, stark oder schwach, reich oder arm, schön oder hässlich, groß oder klein, dick oder dünn – und Er verfügt auch alle seine übrigen Eigenschaften. Einzig Frommheit oder Bosheit werden der eigenen Entscheidung des Menschen überlassen. So-dann gibt Gott dem Engel, dem die Aufsicht über die Seelen zugewie-sen ist, ein Zeichen und spricht: „Bring mir die Seele So-und-so, die im Paradies verborgen ist, deren Name So-und-so lautet und deren Gestalt So-und-so aussieht." Der Engel holt die bestimmte Seele, und die Seele verneigt sich, wenn sie vor die Gegenwart Gottes tritt, und wirft sich vor dem Ewigen nieder. In diesem Moment erlässt Gott den Befehl: „Tritt in diesen Samen ein." Die Seele öffnet den Mund und bittet: „O Herr der Welt! Ich bin ganz zufrieden in der Welt, in der ich lebe seit dem Tage, da Du mich ins Dasein riefst. Warum wünschst Du nun, dass ich in diesen unreinen Samen eintrete, ich, die ich heilig und rein bin und Teil Deiner Herrlichkeit?" Gott tröstet sie: „Die Welt, in die du durch mich eintreten wirst, ist besser als die Welt, in der du gelebt hast ..., und als ich dich er-schaffen habe, so war es einzig zu diesem Zweck." Sodann wird die Seele gezwungen, gegen ihren Willen in den Samen einzutreten, und der Engel trägt ihn wieder in den Schoß der Mutter.[151]

Nach jüdischem Glauben besteht die nächste Inkarnation der Seele aus einer Mischung aus Gottes Lenkung, Göttlicher Vorsehung und Gnade sowie aus dem freien Willen des Menschen. Gott zeichnet den künftigen Kurs der Seele vor, behaupten die Mystiker. Dazu sagt Er insbesondere

---

151 *Legends of the Jews*, Band I, S. 56f.; „The Formation of the Child", in *The Chronicles of Jerahmeel* IX, 1-4; S.19f.

den weniger entwickelten Seelen, welches ihre Aufgabe sein wird und wie sie diese erfüllen können.[152] Die Seele erhält ihre körperlichen Eigenschaften sowie die Lebensumstände, auf die sie treffen wird; außerdem bekommt sie ihre Anweisungen und erfährt, welche besonderen Lektionen sie lernen muss, um einen höheren Grad der Vollkommenheit zu erreichen. Der Seele kann ein Geistführer beigegeben werden, so wie es bei Anna/Abbye der Fall war. Bei weiter fortgeschrittenen Seelen wird die nächste Inkarnation oft nur in groben Umrissen vorgegeben. Jede Seele wird mit der Aufgabe wiedergeboren, sich zu verbessern und zugleich zur Vervollkommnung der Welt beizutragen.

Mit fortschreitender Entwicklung der Seele können die Inkarnationen schwieriger werden. Ein beeinträchtigter physischer Körper, eine schwierige zwischenmenschliche Beziehung oder zermürbende Armut, um nur drei Beispiele zu nennen, erfüllen alle einen Zweck im göttlichen Plan. Unsere Lebensumstände helfen uns, unsere Seele weiterzuentwickeln.

Zugleich beharrt der jüdische Glaube auf dem freien Willen. Sie können frei entscheiden, wie Sie auf die Umstände reagieren, in denen Sie sich befinden, wie Sie sie wahrnehmen und erleben, wie Sie deuten, was Ihnen im Leben widerfährt, und welche Entscheidungen Sie treffen. Durch den Gebrauch Ihrer kreativen Vorstellungskraft und Ihres konstruktiven Willens sind Sie dafür verantwortlich, wer Sie sind und was Sie aus Ihrem Leben machen.

Durch Ihren Verstand und Ihr Denken erschaffen Sie die Welt, die Sie sehen. Wie Sie deuten, was Ihnen widerfährt, bestimmt Ihre innere Ruhe (oder Unruhe). Deshalb wird über die Zukunft eines Menschen nicht im Mutterleib oder bei der Geburt entschieden, sondern es liegt an unserem Willens, sie zu gestalten – selbstverständlich innerhalb gewisser Rahmenbedingungen.

Mitten im Ringen um dieses recht instabile Gleichgewicht zwischen der Göttlichen Lenkung unseres Lebens und unserem freien Willen sollten wir unbedingt begreifen, dass unser Dasein und alles, was uns während

---

152 Whitton und Fisher, *Das Leben zwischen den Leben*, S. 66.

unseres Aufenthalts auf der Erde geschieht, seine tiefgreifenden Gründe hat, auch wenn wir sie nicht zu erkennen vermögen. Jede Erfahrung enthält eine Lektion; jede Beziehung ist eine Lektion; und jede Aufgabe stellt uns vor eine Lektion.

Es gibt auch keine unglücklichen Zufälle in Gottes Plan mit Ihnen. Jede Situation schenkt Ihnen die Möglichkeit, sich der Gegenwart Gottes und Seiner Liebe bewusster zu werden. Eine herausfordernde und schwierige Zeit bietet Ihnen Gelegenheit, den tieferen spirituellen Sinn Ihres Lebens (wieder) zu entdecken.

Gott schickt uns eine große Bandbreite an Erfahrungen – die Menschen, denen wir begegnen; die Beziehungen, die wir eingehen; den physischen und emotionalen Schmerz, den wir erfahren, und auch die anderen Widrigkeiten, auf die wir treffen – damit wir die Chance haben zu lernen. Oft sind diese Chancen recht schwierig und anspruchsvoll, aber immer sind sie als eine Hilfe angelegt, damit wir spirituell wachsen, uns reinigen und vervollkommnen können. Aus der Sicht des Spirituellen Judentums ist uns der freie Wille insbesondere deshalb gegeben, damit wir lieben und vergeben und Entscheidungen im Sinne der Mitmenschlichkeit treffen können.

Sehen wir uns zwei Beispiele an, die anschaulich zeigen, wie Leben und Tod aus der Sicht der Hinterbliebenen betrachtet werden können. Eltern kleiner Kinder, die an unheilbarem Krebs oder inoperablen Herzfehlern sterben – um zwei tragische Situationen zu nennen – haben mir gesagt, dass ihr Kind selbst im Sterben noch ihr Lehrer war. Für viele dieser Eltern hatte sich ihre traditionelle Rolle als Vater oder Mutter und Lehrerin oder Lehrer umgekehrt. Erinnern Sie sich an die dreijährige Jenny, von der in diesem Kapitel bereits kurz die Rede war. Ihr liebevoller Geist lebt als tröstliche Präsenz im Herzen ihrer Eltern weiter. Sie spüren, dass die Beziehung zu ihr ununterbrochen weitergeht. Sie inspiriert sie immer noch, aus ganzem Herzen zu leben und der Welt ein spirituelles Geschenk zu machen, indem sie anderen selbstlos dienen.

Der Verfasser eines einflussreichen amerikanischen Buches über den Umgang mit dem Tod und eine schlichte Beerdigung erzählt, dass seine Mutter, eine liebenswerte Frau, an Typhus starb, als er erst wenige Monate alt war. Sein Vater und er zogen daraufhin zu dessen Eltern. In den ersten sechs Lebensjahren wurde die älteste Schwester des Vaters zur Pflegemutter des Jungen. Nun, da seine Frau nicht mehr da war, schenkte der Vater seine Zuneigung fast gänzlich seinem Sohn. So nutzte er seine Trauer als schöpferische Lebenskraft und wurde zu einem liebevolleren, warmherzigeren Menschen.[153]

Mitten im Schmerz über den Tod können die Lebenden zugleich an ihrer Erfahrung mit Trauer und Leid wachsen. Denken Sie einmal darüber nach: Wie reagieren Sie auf tragische Ereignisse und Umstände? Können Sie sie meistern und über sie hinauswachsen? Oder lassen Sie sich davon unterkriegen?

Im Meistern der Herausforderungen, die uns das Leben stellt, liegen für jeden Menschen unzählige Chancen zu wachsen und an sich zu arbeiten sowie insbesondere bedingungslose Liebe und Vergebung zu zeigen. Hoffen wir, dass unsere Seele sich in ihrer jetzigen Inkarnation in einer oder mehreren der vier in Kapitel Drei besprochenen Dimensionen weiterentwickeln kann: In der körperlichen (in unserem Handeln), der emotionalen (in unserem Reden), der intellektuellen (in unserem Denken) oder in der spirituellen.

Der konstruktive Umgang mit den Launen, Härten und Lernerfahrungen des Lebens erweitert das Bewusstsein und die Wahrnehmungsfähigkeit der Seele, fördert ihre spirituelle Entwicklung und ermöglicht so jedem Menschen, durch aufeinanderfolgende Inkarnationen Gott immer näher zu kommen. Denken Sie daran, dass Sie durch Ihren Verstand und Ihr Denken sowie durch die Art und Weise, wie Sie mit Gegenwart und Zukunft umgehen, Sinn im Leben finden und Ihre Zukunft gestalten können. Häufig müssen wir allerdings erkennen, dass das ziemlich schwer ist.

Der angesehene, mittlerweile verstorbene Existenzanalytiker Viktor E. Frankl erzählt von einem seiner Patienten, einem osteuropäischen Rabbi, der den Holocaust überlebt, aber seine erste Frau und sechs Kinder in

---

153 Ernest Morgan, *Dealing Creatively with Death: A Manual of Death Education and Simple Burial*, 12. Überarbeitete Auflage, hrsg. von Jennifer Morgan, Barclay Hause 1990, S. 31.

Auschwitz verloren hatte und dessen zweite Frau unfruchtbar war. Der Rabbi, ein orthodoxer Jude, war verzweifelt, weil er keinen Sohn haben würde, der nach seinem Tod Kaddisch für ihn sagen könnte. Frankl blieb beharrlich:

Ich unternahm einen letzten Versuch, ihm zu helfen, und fragte ihn, ob er nicht hoffe, seine Kinder im Himmel wiederzusehen. Doch auf meine Frage brach er in Tränen aus – und jetzt kam der wahre Grund für seine Verzweiflung zum Vorschein: Er erklärte, dass seine Kinder, da sie als unschuldige Märtyrer [zur Heiligung des Namens Gottes] gestorben waren, des höchsten Platzes im Himmel würdig seien, er selber aber als alter, sündiger Mann nicht erwarten könne, dass ihm derselbe Platz zugewiesen werde. Ich gab nicht auf, sondern erwiderte: „Ist es nicht vorstellbar, Rabbi, dass genau darin der Sinn liegt, dass Sie Ihre Kinder überlebt haben, damit nämlich am Ende auch Sie, obwohl Sie nicht so unschuldig sind wie Ihre Kinder, würdig werden, im Himmel bei ihnen zu sein? Steht nicht in den Psalmen geschrieben, dass Gott alle unsere Tränen aufbewahrt? [Psalm 56, 9] Vielleicht war also keines Ihrer Leiden umsonst." Durch diese neue Sichtweise, die ich ihm eröffnen konnte, fand er zum ersten Mal seit vielen Jahren Entlastung von seinem Leiden.[154]

Die Erfahrungen, die wir als wiedergeborene Seelen auf Erden machen, dienen, im übergeordneten Zusammenhang gesehen, einem wichtigen Zweck. Als Erziehungsprozess geben diese Interaktionen unserem Leben Sinn und Ziel und lassen uns, so dürfen wir hoffen, klarer erkennen, dass es eine dauerhafte spirituelle Realität gibt.

Reinkarnation kann also helfen, die scheinbaren Ungerechtigkeiten und Schicksalsschläge, die im Rahmen eines einzigen Lebens unbegreiflich wären, glaubhaft zu erklären. Alle unsere irdischen Schmerzen und unser Leid erinnern uns an die Vergänglichkeit unserer materiellen Existenz.

---

154 Viktor E. Frankl, *Man's Search for Meaning*, Washington Square Press 1984, S. 142f. (nicht identisch mit *Der Mensch vor der Frage nach dem Sinn*, Piper, München 1985, Anm. d. Ü.)

Ein konstruktiver Umgang mit den Herausforderungen des Lebens wirkt sich außerdem in spiritueller Hinsicht positiv auf den weiteren Verlauf unseres Seelenweges in dieser und in den nachtodlichen Welten aus.

Verbindungen zwischen den Lebenden und der Seele eines Verstorbenen außerhalb der Wiedergeburt: Gutartige und böse Besessenheiten

Nicht alle Seelen treten jedoch in einen neuen physischen Körper ein – entweder bei der Empfängnis, im Laufe der Schwangerschaft oder im Moment der Geburt (bzw. kurz danach). Manche Seelen Verstorbener bleiben im Kontakt mit den Seelen der Lebenden. Gemäß der jüdischen Mystik und nach jüdischem Volksglauben gibt es solche unterschwelligen, sich anklammernden Verbindungen sowohl in Gestalt gutartiger als auch in Form bösartiger Besessenheiten.[155]

Bei einer gutartigen Besessenheit erhält ein lebender Mensch, so sagen die Mystiker, eine zweite Seele, die seiner Seele aufgeprägt oder einverleibt wird. Diese zusätzliche Seele kann den Menschen bis zum Tod begleiten oder ihn aus eigenem Antrieb auch früher verlassen. Die Dauer des Verbleibs hängt, so heißt es, von Verhalten, Worten und Gedanken des oder der Besessenen ab.

Eine gutartige Besessenheit tritt normalerweise zu einem guten Zweck ein. Die Begegnung mit dieser zweiten gerechten Seele kann dem lebenden Menschen helfen, Vollkommenheit zu erreichen. Eine gutartige Besessenheit kann mithin die guten Eigenschaften stärken sowie das Bewusstsein erweitern – und damit die physische, intellektuelle oder spirituelle Entwicklung eines lebenden Menschen fördern. Die zweite Seele kann dem lebenden Menschen auch hilfreiche Unterstützung schenken, indem sie ihn nämlich über aktuelle und künftige Ereignisse in Kenntnis setzt und ihm dazu Rat erteilt.

---

155 Ich schöpfe aus Raphael, *Afterlife*, S. 321-324; Nigal, *Magic*, S. 67-107; Winkler, *Soul*, S. 20f., 23, 49-65, Gershom, *Kehren die Opfer des Holocaust wieder?*, S. 84f. ; Brener, *Mourning & Mitzvah*, S. 200ff.; Sonsino und Syme, *What Happens*, S. 48-50.

Als eine Form der vorübergehenden Reinkarnation kann eine gutartige Besessenheit, so lehrten die jüdischen Mystiker, außerdem der Seele eines gerechten Verstorbenen, dessen Reinigung fast vollständig abgeschlossen ist, helfen, eine erneute Inkarnation zu vermeiden. Durch den Eintritt in die Seele eines lebenden Menschen kann die körperlose Seele gute Werke, Worte oder Gedanken vollbringen und so die Verdienste erlangen, derer sie bedarf, um ihre früheren Verfehlungen auszugleichen. Auch das eigene wohlwollende Verhalten, die Worte oder Gedanken des lebenden Menschen können der Seele helfen, ihre Unvollkommenheiten zu beheben.

Hat die gerechte Seele ihre Aufgabe abgeschlossen, kehrt sie im Allgemeinen in die geistigen Welten zurück. Während der gesamten Dauer der gutartigen Besessenheit, so betonen die jüdischen Weisen, erleidet die Seele des lebenden Menschen nicht die Qualen eines Besessenen und behält ihre Eigenständigkeit.

Wegen der Schwere der Sünden, die sie zu Lebzeiten begangen hatten, galten manche Seelen als von der Reinkarnation ausgeschlossen. Zwar baten diese Seelen inständig darum, ins Fegefeuer eingelassen zu werden, doch sie waren so stark verunreinigt und verdorben, dass die Wächter-Engel an den Toren ihnen den Zutritt verwehrten.

Nach dem jüdischen Volksglauben und gemäß den Legenden, die etwa ab dem 17. Jahrhundert entstanden, fand eine solche Seele – ein sogenannter *Dibbuk* – keine Ruhe, sondern war der Barmherzigkeit der Engel ausgeliefert, die sie zwangen, in einem Zwischenzustand umherzuwandern. Schließlich suchte der Dibbuk, eine wandernde, sich anklammernde Seele, Zuflucht bei einem lebenden Menschen. Er drang in dessen Körper ein und betrachtete ihn als seinen Besitz. Man glaubte, dass der Dibbuk – eine böse, rachsüchtige Besessenheit – und sein Opfer gleichzeitig im Körper des Opfers existierten.

Böse Geister besetzten empfängliche Menschen, die vielleicht eine oder mehrere heimliche Sünden begangen und damit ihre geschwächte Seele dem Dibbuk geöffnet hatten. Im Allgemeinen galt der Dibbuk als bösartiger Einfluss, der sich eines lebenden Menschen auf unterschiedlichste, ziemlich schreckliche Weise bemächtigte und dadurch zum Beispiel Geisteskrankheiten auslöste. Vor der Moderne nahmen jüdische Mystiker an, Menschen mit emotionalen Problemen seien von bösen Geistern besessen.

Im Wege einer bösartigen Besessenheit durch einen Dibbuk nahm eine dämonische Seele Körper und Geist eines lebenden Menschen in Besitz, zerrüttete oder zerschlug ihn und schädigte damit sowohl den Menschen als auch sich selbst. Sollten beide sich wieder erholen können, musste sie ausgetrieben werden.

Das jüdische Schauspiel *The Dybbuk*[156] erzählt von dem jungen, mittellosen Jeschiwa-Studenten Khonen. Khonen erfährt, dass seine geliebte Leah, die Tochter eines wohlhabenden Kaufmanns, durch eine arrangierte Verbindung mit einem vermögenden Mann verlobt werden soll. In dem Versuch, reich zu werden, wendet sich der Student der kabbalistischen Magie zu. Als er von Leahs Verlobung hört, stirbt Khonen, den unaussprechlichen Namen Gottes auf den Lippen.

Für Leah und ihren Bräutigam wird die Hochzeit vorbereitet und die Verlobungsfeier ausgerichtet. Als der Moment der Verlobung naht, erscheint Leah in einem tranceartigen Zustand und äußert sich besorgt über die Seelen und Geister der Verstorbenen. Nach der Rückkehr von einem Besuch am Grab ihrer Mutter wird Leah besessen. Khonen ist wiedergekehrt, um als böser Geist, als Dibbuk, in sie zu fahren.

Leah wird zu einem Exorzisten gebracht. Einem entsprechend befähigten Rabbi gelingt der Exorzismus, und der Dibbuk verlässt Leahs Körper. Unmittelbar vor der Trau-Zeremonie jedoch zieht sich Leahs Seele aus ihrem Körper zurück und begleitet ihren verstorbenen Geliebten auf seiner ewigen Wanderschaft.

Dibbuks wurden mittels jüdischer Exorzismus-Riten ausgetrieben, die auch eine Form der Wiedergutmachung enthielten.[157] Ein charismatischer

---

156 S. Ansky, *The Dybbuk: Between Two Worlds*, übers. von S. Morris Engel, Nash Publishing 1974. Das Stück wurde 1914 von S. Ansky geschrieben, der von 1911 bis 1914 als Ethnograf in der Ukraine chassidische Geschichten und Legenden gesammelt hatte. (Eine Jeschiwa ist eine jüdische Hochschule für das Talmud-Studium. Anm. d. Ü.)

157 Nigal, *Magic*, S. 107-133; Winkler, *Soul*, S. 67-85.

Gelehrter, der als ein Meister des Göttlichen Namens (ein Baalschem) bekannt war, vollzog den Exorzismus. Bei dem Ritus wurden verschiedene Gebete und Psalmen gesprochen (am wichtigsten war Psalm 91); er enthielt mehrere Beschwörungsformeln, darunter verschiedene Kombinationen des Gottesnamens und das Versprechen der Sühne für den Dibbuk. Im Rahmen des Ritus wurde außerdem der Schofar (ein Widderhorn) geblasen, es wurden sieben Thoras (Pergamentrollen, auf denen die Fünf Bücher Mose von Hand niedergeschrieben sind) aufgestellt, schwarze Kerzen entzündet und ein Leichenhemd angelegt. Außerdem ließ der Exorzist den Besessenen oft Schwefeldämpfe einatmen, um dem Geist den Mund zu öffnen, damit dieser seinen Namen verriete und aus dem Körper des Opfers ausfahre. Wurde dem bedrängten Geist öffentlich befohlen auszufahren und dabei intensiv gebetet, so trat oft die erhoffte Wirkung der Göttlichen Energien auf den Dibbuk ein. Nach der erfolgreichen Austreibung des Dibbuk kamen die meisten Opfer wieder zu Kräften und zeigten eine deutliche Verbesserung ihres körperlichen und geistigen Befindens.

Durch die Besessenheit und Austreibung, so glaubte man, erlangte die wandernde Seele einen höheren oder geringeren Grad der Reinigung, je nachdem, welche Umstände sie veranlasst hatten, zur Erde zurückzukehren und eine bösartige Besessenheit auszulösen. Nach ihrer Reinigung konnte die Seele ihre Wanderung wieder aufnehmen und vielleicht sogar durch Fegefeuer, Paradies sowie das Göttliche Schatzhaus schließlich zur Wiedergeburt in einem menschlichen Körper gelangen.

Das höchste Ziel: Vereinigung mit Gott

Durch neue Chancen, auf Erden gute Werke zu tun, freundliche Worte zu sprechen und wohlwollende Gedanken zu denken, ermöglicht die Reinkarnation einer Seele, ihr Potenzial ganz auszuschöpfen und einen höheren Grad an körperlicher, emotionaler, intellektueller und spiritueller Vollkommenheit zu erlangen. Durch aufeinanderfolgende Wiedergeburten kann sich eine Seele weiterentwickeln und einen Sinn für die tieferen Dimensionen Gottes gewinnen. Dadurch, dass eine Seele immer wieder reinkarniert, erreicht sie schließlich die vollständige Reinigung und Vollkommenheit.

Für die Mystiker schreitet die Seele nach und nach ihrem endgültigen Ziel entgegen: Der Vereinigung mit Gott, womit der Kreislauf ihres Geborenwerdens und Sterbens auf der irdischen Welt endet. Wenn wir den Heiligen als ein unabhängiges Wesen betrachten, dann ist diese Vorstellung von der Vereinigung vielleicht am ehesten als ein Anrühren Gottes oder eine Verschmelzung des eigenen Willens mit dem Willen Gottes zu verstehen, so dass beide im Grunde dasselbe sind. [158]

Auf dem langen und beschwerlichen Weg der Seele ist Zeit ein relativer Wert. Einige gerechte Seelen erreichen die gewünschte Verwirklichung eines spirituellen Lebens, die Vereinigung mit Gott, weit eher als andere.

Traditionelle jüdische Rituale um der Seele ihren Weg im Jenseits leichter zu machen

Wie in Kapitel Acht besprochen, dienen zwei jüdische Rituale, nämlich erstens das Sprechen des Gebets der Trauernden (Kaddisch) jedes Jahr am Todestag eines Elternteils (oder eines anderen nahen Verwandten) und zweitens die Gebete bei vier jährlichen Gedenk-Gottesdiensten (*Jiskor*), dazu, das Band zwischen den Lebenden und der Seele des Verstorbenen zu festigen.

Ausgehend von der Annahme, dass zwischen den Hinterbliebenen und der Seele des Verstorbenen ein Kommunikationsfenster besteht, erhöhen das Kaddisch-Sagen (das Sprechen des Gebetes der Trauernden) und die Teilnahme an Gebets-Gottesdiensten zum Totengedenken in der Gemeinde die Verbundenheit zwischen den Lebenden und den Toten. Wie bereits in Kapitel Acht erklärt, hoffen die Hinterbliebenen, dass durch ihre Ge-

---

158 Raphael, *Afterlife*, S. 326; Gershom, *Kehren die Opfer des Holocaust wieder?*, S. 169.

bete die Seele, wenn sie sich kurz vor ihrer Wiedergeburt im Schatzhaus der Seelen befindet, bei Gott für die Lebenden eintritt, was wiederum zu günstigen Auswirkungen auf Erden führt.

Vorschläge für Spirituell Suchende

Weil die Beziehung zwischen den Lebenden und den Seelen, die irgendwann wieder in einen Fötus (oder nach der Geburt in ein Baby) eingesetzt werden sollen, fortbesteht, sollten Sie sich bemühen, die Verbindung zwischen dieser Welt und den jenseitigen Welten zu stärken. Nehmen Sie sich zumindest einmal im Jahr am Todestag (oder am Geburtstag) eines Elternteils (oder eines anderen nahen Verwandten) Zeit, sich auf diesen Menschen zu besinnen und Ihre Verbundenheit mit ihm zu pflegen (oder wiederherzustellen). Versuchen Sie, regelmäßig bei einer oder mehreren besonderen Gelegenheiten im Jahr mit der Seele zu kommunizieren. Intensivieren Sie das Gefühl der Partnerschaft, das Sie zuvor in der Beziehung zu der Seele des Verstorbenen aufgebaut haben.

Bleiben Sie, wie bereits in Kapitel Acht ausgeführt, in Kontakt mit der Seele, gönnen Sie sich Zeit zum formlosen persönlichen Gebet, zur stillen Meditation oder zur Visualisierung. Wenden Sie sich im spontanen persönlichen Gebet an Gott. Schütten Sie Ihm Ihr Herz aus und bitten Sie auch weiterhin um Mitgefühl und Gnade für den Geist des Verstorbenen auf seinem nachtodlichen Weg.

Senden Sie der Seele mit Hilfe der *Meditation über Vergebung und Liebende Güte* aus Kapitel Sieben verzeihende und liebevolle Botschaften. Nutzen Sie die *Visualisierung zum Totengedenken* aus Kapitel Acht, um eines lieben Verstorbenen zu gedenken, und versuchen Sie, seiner Seele in den nachtodlichen Welten zu helfen. Diese Techniken stärken die Verbundenheit zwischen den Lebenden und der Seele eines Verstorbenen und helfen, diese auf ihre Wiedergeburt auf der Erde vorzubereiten.

Selbst nach der Reinkarnation bleibt eine Verbindung. Ist der Verstorbene bereits reinkarniert, so nützt ihm alles, was wir in seinem Namen oder zu seinem Gedenken tun. Denn dadurch werden in seinem neuen Leben Hindernisse aus dem Weg geräumt und sein emotionaler, intellektueller und spiritueller Fortschritt gefördert. Angehörige und Freunde können durch ihre eigenen guten Gedanken, Worte und Werke für eine reinkarnierte Seele zusätzliche Verdienste erlangen.

◆

Wir alle müssen uns mit den Schwierigkeiten, Härten und Widrigkeiten des Lebens auseinandersetzen. Erkennen Sie deshalb, dass jede Situation und Erfahrung im Leben den Samen zu unserem Wohl und zu unserem spirituellen Fortschritt in sich trägt. Schwierigkeiten werden uns im Leben aus einem ganz bestimmten Grund gegeben. Können wir in einem Prozess von Versuch und Irrtum „richtig" mit ihnen umgehen, machen diese Erfahrungen uns stärker, klüger und feinfühliger. So versteckt diese Möglichkeiten auch sein mögen, wir sollten alle immer versuchen, auf jede Schwierigkeit und jede Härte, die uns begegnet, eine kreative, wachstums-orientierte und lebensbejahende Reaktion zu finden. Herausfordernde Zeiten sind zugleich eine außergewöhnliche Chance, zur unvergänglichen Wahrheit unserer tieferen spirituellen Natur vorzudringen. Deshalb können wir alle im Geschehen des Todes die Botschaft des Lebens entdecken.

Kapitel Zehn

DIE BOTSCHAFT DES LEBENS IM SINN DES TODES: INNERER FRIEDEN FÜR DAS TÄGLICHE LEBEN

Die Ansichten des jüdischen Glaubens über den Tod, das nachtodliche Weiterleben der unsterblichen Seele und die Wiedergeburt schenken Trost und helfen, Ihr Herz zu heilen, Ihren emotionalen Schmerz zu lindern und Ihren spirituellen Durst zu stillen.

Das Judentum bekräftigt den Glauben an ein Leben nach dem Tod. Die zeitlose, unsterbliche Seele jedes Menschen überlebt den Tod des Körpers. Weil der Tod den Übergang in einen anderen Bewusstseinszustand darstellt, müssen Sie keine Angst vor dem Ende der irdischen Existenz haben. Mit dem Ablegen des physischen Körpers betritt die Seele eines Menschen eine spirituelle Welt und durchläuft dort eine Reihe transformativer Erfahrungen, die sie reinigen und ihre emotionale, intellektuelle und spirituelle Entwicklung fördern sollen.

Wie wir in Kapitel Vier gesehen haben, wurde der Tod bei den frommen Juden in alter Zeit bereitwillig angenommen. Leben und Tod wurden als Erfüllung von Gottes Bestimmung für jeden Menschen begriffen. Die Frommen nahmen Gott im Leben ebenso an wie im Tod. Sie sahen eine Verbindung zwischen der Welt der Lebenden und der Seelenwelt.

Wer Gottes Gnade im Leben annahm, hatte auch keine Angst vor dem Tod. Nach einer chassidischen Legende soll Rabbi Elimelech – eine der führenden Persönlichkeiten der chassidischen Bewegung, der die Idee entwickelte, dass ein Zaddik (ein vollendeter, gerechter Rabbi) der Lebensmittelpunkt seiner Anhänger sein sollte – außergewöhnlich fröhlich gewesen sein, als er dem Tod entgegenging. Auf die Bitte eines Anhängers nach einer Erklärung für seine ungewöhnliche Stimmung antwortete er:

„Warum sollte ich nicht fröhlich sein, da ich nun sehe, dass ich diese Welt bald verlassen und in die höheren Welten der Ewigkeit eingehen werde? Erinnerst du dich nicht der Worte des Psalmisten: Und wenn ich auch wanderte im finsteren Tal des Todes, fürchte ich kein Unheil, denn Du bist bei mir (Psalm 23, 4)? So zeigt sich die Gnade Gottes."[159]

Wenn wir uns Reb Elimelechs Antwort zu Herzen nehmen, dann verliert der Tod für uns hoffentlich seinen Schrecken. Unsere Angst vor der Auslöschung verringert sich oder schwindet ganz. Stattdessen bezeichnet der Tod dann den Beginn einer neuen Reise in Welten, die frei sind von irdischen Hindernissen.

Unsere Vorstellung davon, was nach dem Tod mit uns geschieht, beeinflusst unsere Lebensführung im Hier und Jetzt. Unsere Gedanken über den Tod bewirken ein Wiedererwachen.

Stellen Sie sich einmal vor, Sie fahren morgen Abend von der Arbeit nach Hause. Sie sehen die aufgeblendeten Scheinwerfer im Rückspiegel; sie hören die quietschenden Bremsen des Wagens hinter Ihnen und spüren den krachenden Aufprall auf Ihrem Heck. Dunkelheit senkt sich über Sie.

Stellen Sie sich vor, wie Sie Ihr Leben gerne geführt hätten. Was ist wirklich wichtig? Was würden Sie nun gerne ändern oder besser machen?

Sehen Sie als spirituell suchender Mensch aufrichtig und unumwunden der Tatsache ins Auge, dass Ihr Leben auf dieser irdischen Ebene endlich ist. Trotz aller technischen Fortschritte in der Medizin ist absolut sicher, *dass* Sie sterben werden; unklar ist nur *wann* und *wie*. Plötzlich, bei einem Verkehrsunfall; morgen; oder erst in vielen Jahren nach einer langen, schleichenden, schmerzhaften Krankheit.

---

159 *The Hasidic Anthology: Tales and Teachings of the Hasidim*, hrsg. und übers. von Louis I. Newman, Jason Aronson 1987, S. 70.

Die Vergänglichkeit der materiellen Welt anzuerkennen, angefangen von unserem Besitz bis hin zu unserem physischen Körper, eröffnet uns hier und jetzt ganz neue Lebensmöglichkeiten. Vergänglichkeit erfordert ein neues Maß an Verantwortungsbewusstsein und andere Entscheidungen. Machen Sie sich klar, dass wir spirituelle Wesen in einer spirituellen Welt sind. Unsere Existenz umfasst mehr als unseren physischen Körper und das gegenwärtige Erdenleben.

Wenn wir nun unseren innersten Wesenskern dem Leben – sowohl im Jetzt als auch im Jenseits – öffnen, dann lassen Sie uns noch einmal zu den Lebenswegweisern des Spirituellen Judentums zurückkehren, wie sie in Kapitel Zwei erklärt sind. Konzentrieren wir uns dabei auf praktische Methoden, Liebe und Mitgefühl zu entwickeln und Vergebung zu fördern.

Methoden zur Entwicklung von Liebe und Mitgefühl

Es ist wichtig, dass wir uns jeden Tag wieder neu dafür entscheiden, bedingungslose Liebe und Mitgefühl zu üben. Seien Sie das Werkzeug der Liebe, Minute für Minute, Tag für Tag, vom Anfang des Tages bis zu seinem Ende.

Beginnen Sie Ihren Tag mit der Liebe zu allen Menschen. Denken Sie daran, dass Sie und die ganze Menschheit eins sind. In uns allen strömt der gleiche Lebensfluss. Wir tragen alle dieselbe Göttlichkeit in uns. Weil wir eins sind, müssen wir uns auch als eins empfinden. Beginnen Sie den Tag mit Liebe, mit Gedanken der Güte, der Freundlichkeit und des Mitgefühls für jeden.

Es ist wichtig, dass wir Liebe und Mitgefühl durch praktische Anwendung entwickeln, jeder für sich und Tag für Tag. Nichts bindet besser Herz zum Herzen als ein Akt der Freundlichkeit, und nichts knüpft ein stärkeres Band von Seele zu Seele als ein liebevolles Wort. Nichts bringt größere Aufmunterung als ein mitfühlender Gedanke.

Seien Sie im Laufe des Tages jedermanns Hilfe und niemandes Feind. Erweisen Sie jedem Liebe, mit dem Sie in Kontakt kommen. Pflegen Sie ganz bewusst liebende Güte und lassen Sie sie in Ihre Gedanken, Werke und Worte einfließen.

Übersehen Sie die Schwächen anderer. Hacken Sie nicht auf ihren Fehlern oder negativen Eigenschaften herum.

Hegen Sie weder Bitterkeit noch Hass im Herzen. Errichten Sie keine Schranken, die Ihr Herz von anderen abschirmen. Verschließen Sie Ihr Herz nicht aus Angst, Vorurteilen, Kritiksucht oder Wut. Mit einem verschlossenen Herzen schneiden Sie sich vom Fluss der Liebe ab. Wenn die Liebe nicht fließen kann, erleben Sie Angst und Schmerz.

Sehen Sie im Denken und im Herzen nur das Gute in anderen. Eine mitfühlende Deutung der Worte und Werke anderer zeigt Ihnen diese Menschen von ihrer besseren und edleren Seite.

Denken sie immer daran, dass in uns allen Göttliche Attribute wohnen. Güte ist in jedem Herzen und Edelmut in jeder Seele. Sehen Sie nur das Gute und Göttliche in anderen, dann wird sich dadurch das Göttliche für Sie ausdrücken.

Bemühen Sie sich, jeden Tag kleine Akte der Freundlichkeit, Güte und Geduld zu vollbringen, die allmählich aufeinander aufbauen. Versuchen Sie, durch Ihr Handeln das Beste und Höchste in anderen zum Vorschein zu bringen, andere zu erheben und sie in ihrem eigenen Bemühen zu ermutigen und zu inspirieren. Geben Sie anderen durch Ihr Verhalten Würde und erweisen Sie ihnen Respekt.

Reden Sie während des gesamten Tages nicht schlecht über andere, egal aus welchem Grund. Meine Eltern ermahnten mich immer: „Wenn du über jemanden nichts Gutes sagen kannst, dann sage gar nichts." Ein guter Rat.

Trainieren Sie Ihre Zunge im Sprechen guter Worte. Reden Sie freundlich mit den Leuten und über sie. Verwenden Sie gute Worte. Worte, die Mut machen, die das Beste in anderen hervorlocken, die andere zu höheren Zielen und besserem Handeln inspirieren und die ein Ausdruck der Anerkennung sind, nicht Worte, die verletzen oder erniedrigen.

Ein freundliches Wort weckt Hoffnung in den Niedergeschlagenen. Es weckt die Lebensgeister in den Mutlosen, schafft Freundschaft sogar im Herzen Verfeindeter und verwandelt Feindschaft in Liebe.

Ein freundliches Wort hinterlässt einen dauerhaften positiven Eindruck. Damit ermutigen Sie andere und schenken ihnen Kraft. Sie gewinnen ihren Respekt und ihre Bewunderung.

Fragen Sie sich, ob es wichtige Menschen in Ihrem Leben gibt, denen Sie noch nicht gesagt haben, wie sehr Sie sie lieben und schätzen. Vielleicht haben Sie es ihnen sogar gesagt, aber schon lange nicht mehr oder nicht deutlich genug. Wenn dem so ist, dann rufen Sie sie an, schreiben Sie einen kurzen Brief oder schicken Sie eine E-Mail, worin Sie jedem Ihre Wertschätzung ausdrücken.

Denken Sie auch jeden Tag aufs Neue wieder daran, dass wir leben, um anderen zu dienen und der Menschheit Gutes zu tun. Widmen Sie einen Teil Ihres Lebens dem Einsatz für die Menschlichkeit durch selbstlosen Dienst an anderen.

Reichen Sie jeden Tag den Menschen in Ihrem Umfeld die Hand und erweisen Sie ihnen einen Dienst. Fragen Sie sich, was Sie tun können, um anderen das Leben ein wenig zu erleichtern, um ihr Leiden zu lindern und sie ein wenig glücklicher zu machen, indem Sie Hoffnung in ihren Herzen wecken und sie in ihrem Leid trösten.

Konkreter gesagt: Bieten Sie Ihre Zeit, Ihre Gebete, Ihr offenes Ohr, Ihren Rat, Ihre Begabungen und Ihr Geld an. Engagieren Sie sich ehrenamtlich für einzelne Mitmenschen oder Organisationen, und wenn es nur ein paar Stunden im Monat sind, denn so machen Sie Menschen eine Freude, die unter Einsamkeit, Hunger oder Krankheit leiden.

Denken Sie vor jeder Entscheidung an Ihr Ziel der bedingungslosen Liebe und des selbstlosen Dienstes an anderen. Fragen Sie sich jeden Tag: Wie viel Liebe gebe ich? Welchen Dienst erweise ich anderen?

Indem Sie an andere denken und sich für sie einsetzen, zeigen Sie nicht nur, dass Sie mit der ganzen Menschheit eins sind, sondern Sie geben auch Zeugnis davon, dass jeder Mensch Teil des fortwährenden Prozesses der Erschaffung und Heilung der Welt ist. Wenn wir anerkennen, dass uns allen unsere Menschlichkeit gemeinsam ist, dann können wir zusammen eine bessere Welt schaffen. Indem wir gute Werke tun, freundliche Worte sprechen und unseren höchsten Werten und Zielen folgen, kommen wir der Heilung der Welt, der Tradition des *Tikkun Olam*, wie es auf Hebräisch heißt, näher.

Denken Sie jeden Abend vor dem Einschlafen an einen oder mehrere Akte der liebenden Güte und des selbstlosen Dienens, die Sie im Laufe des Tages vollbracht haben. Führen Sie Tagebuch über Ihre Taten der liebenden Güte, des Mitgefühls und des Dienens, vielleicht sogar eingeteilt in verschiedene Rubriken. Sprechen Sie einen stillen Segen für die Menschen, die Sie lieben, und vielleicht für alle Erdenwesen sowie womöglich sogar für Leute, mit denen Sie nur schwer auskommen.

Denken Sie jeden Abend auch an die Gelegenheiten zu liebender Güte und selbstlosem Dienen in Wort oder Tat, die Sie haben verstreichen lassen. Entwickeln Sie ein Gespür für diese verpassten Chancen, für die unterschiedlichen Bedürfnisse anderer und für die Möglichkeiten, anderen zu Diensten zu sein.

◆

Wenn Sie freundliche Worte sprechen und gute Taten vollbringen, dann wird die Liebe Ihnen zur innersten Gewohnheit, und sie verdrängt routinemäßige Kritik, Angst und Argwohn.

Wenn Sie Ihr Herz mit Liebe zu allen Menschen füllen und diese Gefühle durch Ihr Reden und Handeln umsetzen, werden die Menschen auch mit Liebe darauf reagieren. Freundlichkeit erreicht das Herz und weckt die Liebe. Je mehr Sie lieben, desto mehr werden Sie geliebt. Sie werden feststellen, dass andere Ihnen herzlich verbunden sind. Eine alte Spruchweisheit sagt: „Willst du glücklich sein im Leben, trage bei zu anderer Glück. Denn die Freude, die wir geben, kehrt ins eigne Herz zurück." Alle Liebe und alles Mitgefühl, was aus Ihnen herausströmt, bringt Freude und Glück zurück.

Methoden, um leichter vergeben zu können

Wenn Sie überlegen, wie Sie vergeben können, wie Sie Ihr Herz vorsichtig wieder der Liebe öffnen und Ihre Sicht einer Situation, einer Beziehung oder eines menschlichen Verhaltens loslassen können, dann bitten Sie Gott aufrichtig, Ihr Denken, Ihre Wahrnehmung und Ihr Verständnisvermögen zu leiten und zu lenken.

Für Vergebung gibt es keine Zauberformel. Versuchen Sie gar nicht erst, herauszufinden, wie Sie in jeder beliebigen Situation oder Beziehung Vergebung erlangen oder gewähren können.

Vertrauen Sie darauf, dass der Heilige Ihnen den Weg weisen wird. Anerkennen Sie, dass Sie das nicht alleine vermögen. Ergeben und fügen Sie sich in den Göttlichen Willen. Erkennen Sie, dass es zu Schmerz und Leid führt, wenn Sie Ihr Herz verschließen, und der Entschluss zur Vergebung Sie von diesem Leid und diesem Schmerz befreit. Vertrauen Sie auf die spirituelle Identität des anderen und auf seinen Wesenskern als Kind Gottes. Wenn Sie Gott aufrichtig darum bitten, werden Sie den anderen Menschen neu sehen und einen Weg zu innerem Frieden finden können.

Die folgende Meditation über Vergebung hat sich für viele als hilfreich erwiesen, um Menschen zu vergeben, denen sie ihr Herz verschlossen hatten, oder um andere um Vergebung zu bitten. Meditieren Sie damit zweimal täglich jeweils etwa zehn bis fünfzehn Minuten lang.

Meditation über Vergebung

Einleitende Hinweise: *Schaffen Sie eine warmherzige, offene Atmosphäre, eine Umgebung voll heiterer Gelassenheit, in der Raum ist für die innere Reise. Dämpfen Sie das Licht im Zimmer ein wenig.*

Schließen Sie die Augen und setzen Sie sich ruhig hin. Bringen Sie Ihren Körper zur Ruhe und entspannen Sie sich. Atmen Sie ganz normal ein und aus und spüren Sie dem Atem nach, wie er in Ihren Körper hinein- und wieder herausströmt. Gleichen Sie Ihre Atemzüge einander an, sodass Einatmung und Ausatmung gleich lang sind. Dadurch wird der Körper entspannt und der Geist hellwach.

◆

Fühlen Sie sich von Wärme und Geduld umgeben.

Lassen Sie zu, dass alle Wut, die Sie auf andere verspüren, sich in diese Wärme und Geduld hinein auflöst.

Atmen Sie mit jedem Atemzug Wärme ein.

Spüren Sie, wie die Wärme Sie nährt.

Atmen Sie Geduld ein und spüren Sie, wie die Geduld in Ihnen eine innere Weite schafft und Ihr Herz öffnet.

Lassen Sie zu, dass aus der Wärme und der Geduld Vergebung entsteht.

Die Macht der Vergebung ist groß.

Lassen Sie alle Anspannung oder Verspannungen los, die Sie in sich verspüren und die vom Groll herrühren.

Lassen Sie den Stolz los, der an dem Groll festhalten will.

Lassen Sie den Schmerz alter Verletzungen abklingen.

Denken Sie an jemanden, der Ihnen absichtlich oder unabsichtlich Schmerz und Leid zugefügt hat, und senden Sie ihm oder ihr Vergebung.

Vergeben Sie ihm oder ihr so gut Sie können.

Lassen Sie die Vergebung wachsen.

Lassen Sie Ihr Urteil über den Anderen los und ersetzen Sie es durch Verständnis und Mitgefühl.

Lassen Sie den Groll verklingen.

Denken Sie an jemanden, dem Sie absichtlich oder unabsichtlich Schmerz und Leid zugefügt haben, und bitten Sie ihn oder sie um Vergebung.

Vergeben Sie sich selbst dafür, dass Sie zu Schmerz und Leid anderer beigetragen haben.

◆

Abschließende Hinweise: *Kommen Sie nun ins Hier und Jetzt zurück. Lassen Sie sich Zeit, und kommen Sie ganz langsam wieder. Lenken Sie Ihre Aufmerksamkeit allmählich wieder auf Ihren Körper. Spüren Sie, dass Sie wieder im Zimmer sind, und dann öffnen Sie die Augen.*

◆

Was die Vergebung anbelangt, so verlaufen Ursache und Wirkung, die in unserem Leben und im gesamten Universum eine wichtige Rolle spielen, auf einer langen Zeitschiene. Alles, was Sie tun, denken und sagen, stellt eine auslösende Ursache dar, die sich auf Sie und Ihre Umgebung auswirkt. Wenn Sie anderen vergeben, wird wiederum auch Ihnen vergeben werden, jetzt und in der Seelenwelt. Bleiben Sie in jeder Situation offen für die Heilung, den inneren Frieden und die Freiheit, welche die Vergebung schenkt.

Abschließende Gedanken

Denken Sie immer daran, Leben und Tod als ein Ganzes zu betrachten. Sie sind untrennbarerer Bestandteil eines zusammengehörigen Kontinuums. Wenn Sie den Tod wirklich verstehen und die Auffassung von einem Leben danach akzeptieren, dann sehen Sie das Leben aus einer anderen Warte.

Achten Sie Tag für Tag auf die kleinen und großen unmittelbaren und langfristigen Auswirkungen Ihrer Gedanken, Worte und Werke. Alle menschlichen Existenzen, auf der Erde und in der Seelenwelt, sind miteinander verwoben. Ob wir anderen helfen oder ihnen schaden – es kommt immer auf uns zurück, entweder jetzt oder im Jenseits. Wenn wir positiv handeln und reden, dann schenken wir anderen sofort und uns selbst in der Zukunft Glück. Umgekehrt gilt, wenn wir anderen schaden, dann schaden wir auch uns selbst, jetzt und im Jenseits.

Wenn wir erkennen, wie vergänglich das Leben und wie beständig die Veränderung ist, dann stellt der Tod die Chance zur Transformation der Seele und letzten Endes zur Wiedergeburt dar. So sehr wir auch am Leben und an unserem physischen Körper festhalten möchten, wir müssen doch die Realität des Todes anerkennen und unser Verhalten ändern, indem wir vergeben und die Vergangenheit loslassen. Lassen wir uns davon inspirieren, unser Klammern, unsere Gier und unser Verlangen aufzugeben und uns von unseren vergänglichen Anhaftungen ans Materielle zu befreien. Doch geben wir niemals unsere bedingungslose Liebe und unser Mitgefühl auf, unsere Fähigkeit, anderen zu vergeben, und unsere Demut.

Das Spirituelle Judentum bietet eine Botschaft der Liebe und der Inspiration, jetzt, während des Sterbeprozesses, im Tod und im Jenseits. Der jüdische Glaube hat eine Tradition des ewigen Optimismus. Nie ließ der Psalmist die Hoffnung sinken. Getragen vom Glauben an Gottes Güte und Hilfe, hat das jüdische Volk zu keiner Zeit die Hoffnung aufgegeben. In der Welt nach dem Holocaust fällt es vielen schwer, optimistisch zu bleiben; besonders schwer ist dies, wenn Krankheit und mit ihr Schmerz und Leid uns befallen und die Zukunftsaussichten düster sind.

Der Glaube an Gott, dass alles gut wird, dass Güte und Barmherzigkeit des Ewigen niemals ausbleiben, gehört zu den herausragendsten Lehren des Judentums. Ein auf Glaube und Vertrauen gegründeter Optimismus schenkt uns die Gewissheit, dass Gott uns nicht bloß erschaffen hat, um uns wieder zu zerstören. Gott reißt nicht mit der Wurzel aus, was Er gepflanzt hat.

Spiritueller Optimismus ist wichtig, wenn wir im Leben und schließlich auch im Tod Leid und Unrecht zu erdulden haben. Spiritueller Optimismus hilft uns, unsere Verzweiflung zu überwinden und zu glauben, dass der Kosmos, in dem wir leben, keine bloße Anhäufung von Materieteilchen und Energie ist, aus der zufällig Leben und Denken entstanden sind. Betrachten Sie das Universum vielmehr als grundsätzlich gut; als einen Ort, der für die Entwicklung des Bewusstseins sinnvoll und geeignet ist. Der Kosmos dient als Arena für die Evolution des Geistes, hier können unsere Bemühungen als Einzelne und als Gemeinschaft etwas bewirken. Streben Sie daher danach, Gott bei der Vollendung des Göttlichen Schöpfungsplanes zu helfen.

Spiritueller Optimismus erkennt an, dass das Mögliche auch erreicht werden kann, und fordert uns daher zu einer lebensbejahenden Haltung auf. Spiritueller Optimismus motiviert uns, den Funken der Güte in jedem Menschen zu entzünden, indem wir jedem helfen, sein höchstes Selbst zu verwirklichen. Jetzt, während wir noch am Leben sind, sollten wir uns selbst und anderen sagen: „Gehe ins Licht."

Wenn Sie feststellen, dass Sie wenig liebevoll, erbarmungslos oder pessimistisch handeln oder reden, dann fragen Sie sich: „Was mache oder rede ich da eigentlich?" Sagen Sie sich: „Halt! Ich mache bzw. sage das ja schon wieder. Ich muss mich entscheiden." Die Entscheidung liegt bei Ihnen. Jetzt ist Ihr Wille, Ihre Disziplin gefragt.

Richten Sie sich innerlich auf die Ethik und die Tugenden des Spirituellen Judentums aus, wie sie in Kapitel Zwei erklärt sind. Stimmen Sie sich auf diese Werte ein und lassen Sie sich davon leiten. Am Anfang kann das recht schwierig sein. Vielleicht geben Sie immer wieder alten Werten und Einstellungen nach.

Bemühen Sie sich aber, Ihre innere Disziplin zu stärken. Sagen Sie sich: „Ich entscheide mich stattdessen für Liebe, Vergebung und inneren Frieden." Wenn Ihnen nicht gefällt, was Sie erleben, wie Sie reden oder was Sie tun, dann können Sie sich dafür entscheiden, anders zu reden oder zu handeln.

Denken Sie auf Ihrem Lebensweg immer daran, nicht müde zu werden und sich nicht desillusionieren zu lassen. Lassen Sie nie die Hoffnung sinken. Das Judentum lehrt uns, fröhlich zu sein. Deuten Sie das Leben positiv. Disziplinieren Sie Ihr Denken, damit Sie dem Zugriff der Depression entgehen. Trainieren Sie Ihr Herz, damit es der Mutlosigkeit die Tür weist. Betrachten Sie die Traumata des Lebens als Herausforderungen, nicht als Bedrohungen. Versuchen Sie, bis zu einem gewissen Grad die Oberhand zu behalten, wenn Sie sich Problemen gegenübersehen, die irgendwie lösbar sind, und lassen Sie nicht zu, dass Sie hilflos oder hoffnungslos werden.

Rabbi Nachman von Bratzlaw – der Urenkel des Baalschemtow, der seine Anhänger zu ungeahnten Höhen der Bindung an Gott und der damit verbundenen Freude führte – ermahnt uns:

Verzweifle niemals! Nie!
Es ist verboten, die Hoffnung aufzugeben![160]

---

160 *The Empty Chair: Finding Hope and Joy*, übertragen von Moshe Mykoff und The Breslov Research Institute, Jewish Lights Publishing 1994, S. 110.

Ausgewählte Literaturvorschläge

Buber, Martin, *Die Erzählungen der Chassidim*, Manesse 1949
Wer eine Seele rettet, rettet die ganze Welt. Das Martin Buber-Lesebuch, Crotona 2010

Doore, Gary, *Gibt es ein Leben nach dem Tod?*, Kösel 1994

Friedman, Richard Elliot, *Wer schrieb die Bibel? So entstand das Alte Testament*, Anaconda 2007

Gershom, Yonassan, *Kehren die Opfer des Holocaust wieder?*, Verlag am Goetheanum 1997

Guggenheim, Bill und Judy, *Trost aus dem Jenseits. Unerwartete Begegnungen mit Verstorbenen*, Scherz 2010

Kübler-Ross, Elisabeth, *Über den Tod und das Leben danach*, Silberschnur 1984
Das Rad des Lebens, Knaur 1997

Levine, Stephen, *Wege durch den Tod. Who Dies*, Kamphausen 1991, 9. Auflage 2010

Longaker, Christine, *Dem Tod begegnen und Hoffnung finden. Die emotionale und spirituelle Begleitung Sterbender*, Piper 1998

Moody, Raymond A., *Leben nach dem Tod*, Rowohlt 1977, rororo
11. Auflage 2009
mit Paul Perry, *Das Licht von drüben*, Rowohlt 1989, rororo 5.
Auflage 2010
mit Paul Perry, *Blick hinter den Spiegel*, Goldmann 1994

Saunders, Cicely und Baines, Mary, *Leben mit dem Sterben. Betreuung und medizinische Behandlung todkranker Menschen*, Huber 1991

Scholem, Gerschom, *Von der mystischen Gestalt der Gottheit*, suhrkamp taschenbuch wissenschaft 1977

Steinsaltz, Adin, *Die dreizehnblättrige Rose. Von den Geheimnissen der Kabbala und ihrer Bedeutung für unser Leben*, Crotona 2011

Stevenson, Ian, *Wiedergeburt*, Aquamarin 1992
Reinkarnationsbeweise - Geburtsnarben und Muttermale belegen die wiederholten Erdenleben des Menschen, Aquamarin 2011
Reinkarnation in Europa. Erfahrungsberichte, Aquamarin 2005

Weiss, Brian L., *Die zahlreichen Leben der Seele. Chronik einer Reinkarnationstherapie*, Goldmann 2005

Wieseltier, Leon, *Kaddisch*, Hanser 1998

Wolfson, Ron, *7 Fragen, die dir auch im Himmel gestellt werden*, Crotona 2010
Der Himmel sucht Mitarbeiter – Gottes Aufgabenliste für seine irdischen Helfer, Crotona 2011

Ausgewählte Bücher über das Sterben, den Tod und das Leben danach aus den Verlagen Aquamarin und Crotona

Berman, Phillip L., *Wir sind nicht getrennt vom Himmel. Mystik und Nahtod-Erfahrungen*, Crotona, Amerang 2012

Coppes, Christophor, *Der Himmel ist ganz anders.* Aquamarin, Grafing 2012

Dahlke, Rüdiger, *Von der großen Verwandlung – Wir sterben und werden weiterleben,* Crotona, Amerang 2011

Imhof, Beat, *Wie auf Erden so im Himmel,* Aquamarin, Grafing 2012

Meli, Erica, *Sterben in Achtsamkeit. Liebevolle Begleitung auf dem Weg in eine andere Welt*, Aquamarin, Grafing 2009
Ich halte deine Hand. Von einem geliebten Menschen Abschied nehmen, Aquamarin, Grafing 2011

Nahm, Michael, *Wenn die Dunkelheit ein Ende findet: Terminale Geistesklarheit und andere ungewöhnliche Phänomene in Todesnähe*, Crotona, Amerang 2012

Stolp, Hans, *Bleib, mein goldener Vogel. Ein sterbendes Kind erzählt,* Crotona, Amerang 2011
Der Weg ins Jenseits, Aquamarin, Grafing 2004

Stolp Hans und van den Brink, Margarete, *Begegnungen im Lichtreich,* Aquamarin, Grafing 2011

Über den Autor

Lewis D. Solomon ist ordinierter Rabbiner und Theodore Rinehart Professor für Wirtschaftsrecht an der Law School der George Washington University, wo er über vierzig Jahre lang Unternehmens- und Steuerrecht gelehrt hat. Nach seinem Abschluss an der Cornell University promovierte er an der Yale Law School; er ist Mitglied des Obersten Gerichts des Staates New York. Rabbi Solomon wurde vom Rabbinical Studies Department des New Seminary ordiniert, war als Gast-Rabbiner in vielen jüdischen Gotteshäusern tätig und leitete viele Gottesdienste zu wichtigen Stationen des Lebens. Er ist Mitglied der Rabbinical Fellowship of America International sowie Autor (oder Co-Autor) von über dreißig Büchern und fünfzig Artikeln. Rabbi Solomon leitet Kurse zum jüdischen Jenseits-Verständnis sowie zu Grundbegriffen des Judentums und hält Vorträge über jüdische Spiritualität. Mit seiner Frau Jane Stern Solomon lebt er in Washington D.C. Das Ehepaar hat einen Sohn, Michael.

INDEX

Adin Steinsaltz

Die dreizehnblättrige Rose
Von den Geheimnissen der Kabbala
und ihrer Bedeutung für unser Leben

Israels berühmtester Rabbi und sein
Meisterwerk über die Kabbala.

Die Vorstellungen, was Kabbala
wirklich meint, gehen weit auseinander.
Außerhalb der jüdischen Tradition wird
ihr Schwerpunkt häufig auf magisch-
numerologischer Ebene angesetzt, doch
das trifft nicht den Kern der Dinge. In Wahrheit geht es bei der Kabbala
um Lebenskunst und um ein Leben im Einklang mit der GÖTTLICHEN
GEGENWART. Die Kabbala will nicht den Anderen oder die Umstände
verändern, sondern es geht ihr um die Veränderung des Einzelnen.

Rabbi Adin Steinsaltz gilt weltweit als eine der größten Autoritäten zur
Kabbala. Er wird in Israel und in der ganzen Welt verehrt wegen seiner tiefen
Menschenkenntnis und seiner Weisheit des Herzens.

Die „Dreizehnblättrige Rose" ist eine Perle jüdischer Mystik, ohne jemals
weltabgehoben zu sein. Immer steht im Text der Mensch und sein Leben
im Alltag im Mittelpunkt, doch stets geht der Blick über die alltägliche
Wirklichkeit hinaus auf eine höhere Dimension, die alles Erdengeschehen
durchwirkt. Wahre Kabbala zeigt sich überall dort, wo sie ein Menschenleben
verändert und die verborgene Gegenwart Gottes in allem Geschaffenen
aufleuchten lässt.

Jüdische Spiritualität und Lebensweisheit in praktischer und poetischer
Vollendung. Eine wundervoll glitzernde Perle der Mystik!

ISBN: 978-3-86191-019-0, 160 Seiten, Hardcover

Inspiration und Ermutigung für den Tag

Ron Wolfson

7 Fragen, die Dir auch im Himmel gestellt werden

Stellen Sie sich vor, Sie kommen nach dem Abschluss Ihres Erdenweges an die Himmelspforte, wo ein freundlicher Engel bereits auf Sie wartet. Sie begrüßen ihn und möchten dann freudig die himmlischen Reiche betreten. Da erhebt er machtvoll seine Stimme und spricht: „Entschuldigung, ich hätte da noch ein paar Fragen!"

Um in diesem Augenblick keine „böse Überraschung" zu erleben, empfiehlt es sich, vorher dieses wundervolle Buch von Ron Wolfson gelesen zu haben. Ein Werk voller Lebensweisheit, manchmal nachdenklich, immer humorvoll und niemals mit erhobenem Zeigefinger. Dieser außerordentlich hilfreiche „Wegweiser zum Himmel" ist ein Buch für den Alltag, um schon auf Erden jene Güte, Nachsichtigkeit und Liebe walten zu lassen, die einstmals den „Engel an der Himmelspforte" veranlassen werden, mit einem wissenden Lächeln das Tor zu öffnen!
ISBN: 978-3-86191-007-7, 216 Seiten

Martin Buber

Wer eine Seele rettet, rettet die Welt
Das Martin Buber Lesebuch

Martin Buber war der bedeutendste Kenner der Spiritualität des Ostjudentums. Seine sorgfältig gesammelten und aufbewahrten „Erzählungen der Chassidim" gehören heute zur spirituellen Weltliteratur.

Das „Martin Buber Lesebuch" enthält seine tiefsinnigsten Geschichten, Legenden und Glaubensüberzeugungen aus einer religiösen Welt, die im 20. Jahrhundert fast völlig der Vernichtung anheimgefallen wäre. Es ist allein das Verdienst Bubers, jene einzigartigen Geistesschätze der Nachwelt erhalten zu haben.
ISBN: 978-3-86191-002-2, 144 Seiten

Phillip L. Berman

Wir sind nicht getrennt vom Himmel
Mystik und Nahtod-Erfahrung

Der Harvard-Theologe Phillip Berman
durchlebte selbst eine Nahtod-Erfahrung,
die ihn so tief bewegte, dass er sich
intensiv mit der Erforschung dieses
außergewöhnlichen Phänomens befasste.
Je länger er sich in die Thematik vertiefte
und die Erfahrungsberichte zahlloser
Betroffener studierte, desto augenfälliger
wurde seine Erkenntnis: Die Erlebnisse
der großen Mystiker und die Erfahrungen des Nahtod-Geschehens sind
nahezu deckungsgleich!
Die Essenz von Bermans Forschung lautet daher: Alles Leben ist eins!

Die Schau der Mystiker, die in der Stille Jahre in der Versenkung verbrachten,
führt zu den gleichen Einsichten, die jenen Menschen zuteil wurden, die
plötzlich und unerwartet in eine höhere Wirklichkeit eintreten durften.
ISBN: 978-3-86191-026-8, 192 Seiten

Alles Leben ist eins!